KB123448

姜瑋의 開化思想 研究

姜瑋의 開化思想 研究

초판 1쇄 발행   2018년 1월 17일

지은이 ㅣ 이헌주
펴낸이 ㅣ 윤관백
펴낸곳 ㅣ 도서출판선인

등 록 ㅣ 제5-77호(1998.11.4)
주 소 ㅣ 서울시 마포구 마포대로 4다길 4 곳마루 B/D 1층
전 화 ㅣ 02) 718-6252 / 6257
팩 스 ㅣ 02) 718-6253
E-mail ㅣ sunin72@chol.com

정가   30,000원

ISBN   979-11-6068-145-1   94910
ISBN   978-89-5933-425-2   (세트)

동아대학교 석당학술총서 35

姜瑋의 開化思想 研究

이 헌 주

도서
출판 선인

古歡堂 姜瑋

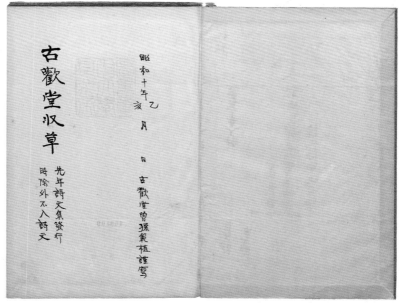

『古歡堂收草』·『古歡堂集』(규장각 소장)

『古歡堂收草』(광인사본) 간행 때 정치적 이유로 배제되었던 강위의 詩文을 모아 1935년 증손 姜範植이 철필로 정서하여 두 권의 책으로 묶은 것이다. 문호 개방 전후 시기 강위의 역할과 개화사상가로서의 진면목을 잘 보여주는 글이 다수 실려 있다.

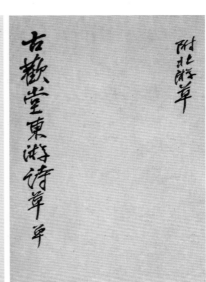

『古歡堂東游詩草』(서울대 중앙도서관 소장) 표지와 「續東游艸」 내용 일부

강위가 두 차례 일본 여행과 뒤 이은 중국 상해 방문 때 지은 시를 모은 시집으로 그의 친필본으로 추정된다. 「속동유초」(1882)에는 강위가 갑신정변의 주역인 김옥균·박영효 등과 긴밀한 관계였음을 보여주는 시들이 다수 실려 있다. 김옥균·박영효·서광범·변수 등의 이름에 강위의 아들 堯善이 한 것으로 추정되는 먹칠이 되어 있다.

책머리에

　민주화의 열기로 우리 사회가 들썩이던 1980년대 중반에 고려대학교 사학과에 입학하였다. 매캐한 최루 가스가 일상화된 캠퍼스에서 당초 대학원에 진학하여 한국 고대사를 공부하려던 필자의 관심은 자연스레 한국 근현대사로 옮아가게 되었다. E. H. Carr가 역사는 "현재와 과거의 끊임없는 대화"라고 말했듯이, 역사학은 마땅히 현재의 시대적 과제를 해결하는 데 기여해야 한다고 믿었기 때문이었다. 분단과 독재로 표현되는 역사적 과제를 해결할 열쇠를 찾기 위해서는 일제 강점기, 더 나아가 개화기 역사부터 연구하는 것이 좋겠다고 생각하였다.

　문호개방에서 국권상실로 이어지는 개화기 역사를 연구하는 것은 결코 신명나는 작업일 수 없다. 실패한 역사의 원인을 규명하는 작업인 탓이다. 필자는 석사과정에서 경제 주체에 주목하여 군산 개항 이후 외국 상인의 시장 침탈에 대응하는 조선 상인의 저항 양상을 통해 식민지화의 원인을 규명하고자 하였다. 박사과정 이후에는 개화파 정치세력과 그들의 사상에 주된 관심을 가졌으며, 그 결과는 2005년 2월

「姜瑋의 開國論 研究」라는 제목의 박사학위논문 제출로 이어졌다.

　　그동안 개항 전후의 중요한 역사적 사건을 다룬 연구들은 주로 조선의 내적인 동인보다 외적인 요인을 중심으로 사건을 설명하였다. 개항전후의 우리 역사가 외압에 대한 대응 양상으로 전개되었고, 조선에 가해진 외압이 몹시 강력했으므로 외적인 요인이 중요할 수밖에 없다. 하지만 외적 요인 못지않게 조선 내부의 능동적 움직임이나 조선의 정책 추진자들의 의도도 마땅히 주목되고 정당하게 평가되어야 한다. 필자가 강위에 주목한 이유는 개항 전후의 중요한 역사적 사건 현장에 직접 참여하여 조선 개화세력의 내적 움직임을 누구보다도 잘 보여주는 인물이기 때문이다. 조선 정부가 대일수교를 결정하고 『조선책략』 도입 이후 대미수교와 개화정책을 적극 추진한 것은 일본의 군사적 압박이나 청국의 권고 때문만은 아니었다. 당시 조선 정부 내에는 이를 적극적으로 추진하려한 개화세력의 능동적인 움직임이 당연히 있었다. 필자는 그동안 크게 주목받지 못했던 조선 개화세력의 능동적인 움직임을 강위를 통해 해명하고자 하였으며, 기존의 통설로 받아들여지던 사실에 대해서도 다소 도발적인 문제 제기를 하기도 하였다.

　　이 책은 필자의 박사학위논문을 수정·보완한 것이다. 논문 제출 후 일부 장·절을 쪼개어 미진한 부분을 보완하여 여러 학술지에 게재하기도 하였으나, 책은 좀 더 짜임새 있게 다듬고 보충해서 내자는 핑계로 미루어두었다. 하지만 필자의 게으름 탓에 원하는 만큼의 보완도 못하고 시간만 한없이 지체하고 말았다. 강위 연구는 물론이고 개화사상 연구조차도 매우 찾아보기 어려운 현 상황에서 이 책의 출간이 관련 분야 연구의 활성화에 자그마한 기여는 할 수 있으리라는 믿음에 용기를 내게 되었다.

이 책을 내기까지 많은 분들의 은혜를 입었다. 석사학위논문을 지도해주신 강만길 선생님께서는 역사를 보는 안목을 알려주시고 학자로서의 태도를 몸소 보여주셨다. 박사학위논문을 지도해주신 최덕수 선생님께서는 특유의 섬세함으로 격려와 질책을 통해 필자가 학위과정 내내 긴장의 끈을 놓지 않고 논문에 집중하도록 해주셨다. 두 분 선생님의 가르침 덕에 아둔한 필자도 학자로서의 최소한의 소양을 갖출 수 있었다고 생각한다. 박사학위논문 심사과정에서 부족한 글을 찬찬히 읽고 문제점을 지적해주신 송병기 선생님, 조광 선생님, 주진오 선생님, 정태헌 선생님께도 깊은 감사를 드린다. 역사 공부에 입문하던 학부와 석사과정에서 역사적 안목과 방법론을 가르쳐주신 김정배 선생님, 박용운 선생님, 민현구 선생님, 유승주 선생님, 조광 선생님의 은혜도 결코 잊을 수 없다.

개화기 역사를 연구하면서 하원호·구선희·한철호·박은숙 선생님과 같은 훌륭한 선배들의 조언과 비판을 들을 수 있었던 것은 필자에게 큰 행운이었다. 아울러 고려대학교 대학원의 동학·후배들에게도 감사의 인사를 전한다. 책의 출간을 준비하는 과정에도 여러분의 적지 않은 도움을 받았다. 바쁘신 가운데서도 완성된 초고를 꼼꼼히 검토하여 수정 방향을 제시해주신 한철호·박은숙 선생님께 다시금 깊은 감사를 드린다. 선생과 학생이라는 이름으로 만나 지금은 같은 시기 연구자의 길을 걷고 있는 유바다·양진아 선생은 책 출간 소식을 누구보다 기뻐하며 완성된 원고를 꼼꼼히 교정해주었다.

척박한 인문학 연구 환경 속에서 필자가 연구자의 길을 계속 걸을 수 있었던 이면에는 부모님의 믿음과 희생이 자리한다. 불혹을 넘도록 시간강사를 전전하며 밥벌이도 제대로 못하는 아들에 대한 걱정이

크셨던 부모님께 뒤늦게 국사편찬위원회에 자리를 얻어 염려를 덜어
드린 게 그나마 효도였다. 지금까지 걱정만 끼치고 변변한 효도 한 번
못한 부모님께 이 책이 작은 위로가 되었으면 좋겠다. 궁핍한 살림살
이로 딸을 고생시키는 사위에 대해 싫은 내색도 없이 늘 격려해주신
장인·장모님께도 감사드린다. 아내는 책 간행을 앞두고 쉽지 않았을
학술서적의 첫 일반인 독자로서 최종원고를 읽고서 호평해 주었다.
고지식한 남편을 만나 늘 고생하면서도 잘 참아준 아내와 크게 엇나
가지 않고 건강하게 자라준 두 아들에게도 고맙다는 말을 전한다.

　끝으로 부족한 연구임에도 2017년도 석당학술총서의 출판지원 대
상으로 선정하여 책으로 출간할 기회를 주신 동아대학교 석당학술원
관계자 여러분께 깊은 감사를 드리며, 촉박한 일정에도 불구하고 책
을 예쁘게 만들어주신 선인출판사 편집부 여러분께도 감사드린다.

2018년 1월

이헌주

차 례

서론

19세기 중엽 동아시아 삼국은 이른바 '서구의 충격'에 휩싸이며 격심한 사회변동을 겪었다. 제1차 중영전쟁(1839~1842)에 패한 청국이 남경조약을 체결해 서구세계에 문호를 개방한 데 이어 일본도 1854년 3월 미일화친조약을 체결함으로써 문호를 열었다. 청일 양국의 패전 소식이 속속 전해지는 가운데 이양선의 출현 빈도가 증가함으로써 조선 내의 위기감도 고조되어 갔다. 특히 1860년 북경이 함락되고 함풍제가 열하로 피신했다는 소식이 전해지자 조선의 조야는 큰 충격에 휩싸였다. 대외적 위기감의 고조와 함께 조선 사회는 내부적으로도 심각한 체제모순에 봉착하였다. 1862년 임술민란에서 볼 수 있듯이 삼정문란으로 표현되는 조선 왕조의 가혹한 수탈에 맞서 민중들의 저항도 점차 격렬해지고 있었다. 이러한 대내외적 위기 상황 속에서 문호개방을 통해 서구의 우수한 제도와 문물을 수용함으로써 당면한 위기를 타개하고자 했던 것이 개화사상이었다.

개화사상은 한국 근대사에서 '위로부터의 근대화'를 달성하고자 한 부르주아적 변혁사상으로 평가되고 있다. 개화사상의 형성에는 대체로 실학적 전통을 잇고 있는 朴珪壽·吳慶錫·劉大致 등이 중요한 역할을 한 것으로 알려져 있다. 이들은 직접 연행사행을 통해 양무운동 단계의 청국을 견문하거나, 서양에 대해 소개한 洋務書의 영향을 받아 개화사상 형성의 선구가 되었다.[1] 하지만 오경석·유대치의 경우 그들 사상의 진면목을 보여주는 글을 남겨놓지 않았기 때문에 연구 성과가 많지 않고, 그나마도 후일의 회고나 정황론에 입각하여 이들

---

1) 李光麟, 1973,『開化黨 研究』, 일조각 ; 1979,『韓國開化思想研究』, 일조각 ; 姜在彦, 1980,『朝鮮の開化思想』, 岩波書店(1981,『한국의 개화사상』, 비봉출판사) ; 1984,『近代朝鮮の思想』, 未來社(1985,『한국의 근대사상』, 한길사).

의 역할이 강조되고 있는 실정이다. 이들 외에도 姜瑋·申櫶·李東仁 등의 역할도 주목받았지만, 개화사상 형성 과정에서 이들이 한 역할 이 충분히 밝혀졌다고 보기 어렵다. 따라서 초기 개화사상 연구는 곧 박규수 연구라고 해도 과언이 아닐 정도로 대부분의 연구가 박규수에 편중되어 이루어졌다.[2]

　박규수는 연암 박지원의 손자로 북학을 계승하여 개화사상으로 이 끈 가교 역할을 한 인물로 커다란 주목을 받았고, '제너럴 셔먼호' 사 건이나 '일본서계' 등과 관련하여 비교적 풍부한 글을 남기고 있어 그 사상에 대해서도 다각도의 검토가 이루어졌다. 그 결과 박규수가 개 화사상을 형성한 시점은 1850년대 후반설,[3] 1860년대설,[4] 1870년대 설[5]의 세 갈래로 정리되었다. 또한 박규수의 사상적 위치에 대해서는 '실학자',[6] '開國論者',[7] '東道西器論者',[8] '개화사상가'[9] 등 다양한 평

---

2) 박규수의 개화사상을 다룬 대표적인 연구 성과를 소개하면 다음과 같다. 이 완재, 1989, 『初期開化思想硏究』, 민족문화사 ; 윤소영, 1995, 「轉換期の朝鮮 の對外認識と對外政策」, お茶の水女子大學 博士論文 ; 손형부, 1997, 『朴珪壽 의 開化思想硏究』, 일조각 ; 原田環, 1997, 『朝鮮の開國と近代化』, 溪水社 ; 이 완재, 1999, 『朴珪壽硏究』, 집문당 ; 송병기, 1994, 「朴珪壽의 對美開國論」, 『李基白先生古稀紀念 韓國史學論叢(下)』, 일조각 ; 김명호, 1996, 「朴珪壽의 '地勢儀銘幷序'에 대하여」, 『진단학보』 82 ; 1999, 「1861년 熱河問安使行과 朴 珪壽」, 『한국문화』 23 ; 2001, 「대원군정권과 박규수」, 『진단학보』 91 ; 2003, 「제너럴셔먼호 사건과 박규수」, 『대동문화연구』 42 ; 2005, 『초기 한미관계의 재조명』, 역사비평사 ; 2008, 『환재 박규수 연구』, 창비.
3) 송병기, 1994, 위의 논문.
4) 신용하, 1985(b), 「김옥균의 개화사상」, 『동방학지』 46·47·48합집 ; 손형 부, 1997, 위의 책.
5) 이광린, 1979(a), 「강위의 인물과 사상」, 『한국개화사상연구』, 일조각, 42~43쪽 ; 1989, 「개화사상의 형성과 그 발전」, 『한국사시민강좌』 4 ; 강재언, 1981, 『한국의 개화사상』, 비봉출판사, 130쪽 ; 김명호, 1999, 「1861년 熱河問安使行 과 朴珪壽」, 『한국문화』 23, 2쪽.

가가 내려졌다. 동일한 인물에 대해 이처럼 평가가 엇갈리는 것은 개화사상가로서 박규수가 지닌 한계 때문이다. 박규수가 강화도조약 다음 해인 1877년 1월에 사망했고, 그가 남긴 글들이 '대미개국', '대일개국'을 주장하는 '개국론'[10] 수준에 머문 점을 고려하면 그를 '개화사상가'로 적극적으로 평가하기에는 무리가 있어 보인다. 일본이나 미국에 문호를 열어야 한다는 '개국론'과 근대 변혁사상으로서의 '개화사상' 사이에는 여전히 적지 않은 간극이 있기 때문이다. 그러므로 개화사상이 어떻게 형성되었는가를 좀 더 명확하게 밝히기 위해서는 박규수에 편중되어왔던 초기개화사상 연구의 외연을 강위·신헌·이동인 등으로 폭넓게 확대해야 할 필요가 있다.

본 연구는 개화사상의 초기적 전개양상인 초기개화사상, 즉 개화사

---

6) 이완재는 박규수의 개국론을 개화사상의 원류일 뿐이지 그 자체가 개화사상은 아니라고 하면서 박규수를 실학의 최종단계에 위치하여 개국을 주장한 실학자로 규정하였다(이완재, 1989, 『初期開化思想研究』, 민족문화사 ; 1999, 『朴珪壽 研究』, 집문당).

7) 原田環, 1997, 『朝鮮の開國と近代化』, 溪水社. 하라다 다마키는 조선의 개화는 단순히 근대화만이 아니라 청으로부터의 독립, 즉 兩截體制의 폐절에서 찾아야 한다며 박규수는 개국론자였지 開化論者는 아니었다고 보았다.

8) 盧大煥, 1999, 「19세기 東道西器論 形成過程 研究」, 서울대 국사학과 박사학위논문(2005, 『동도서기론 형성 과정 연구』, 일지사). 동도서기론은 개화사상가들에게 공통적으로 나타나는 서기수용 논리로서 개국론 및 개화사상과 병렬적으로 비교하기에는 곤란한 개념이다. 개국론과 개화사상이 사상의 내용에 기반한 개념인 데 반해 동도서기론은 내용보다는 논리 구조에 따른 용어이기 때문이다.

9) 이광린, 강재언, 손형부의 연구를 비롯하여 대부분의 연구가 여기에 속한다.

10) 최근 조선 역사에서 개국이라는 용어는 건국을 뜻하는 의미로 쓰이므로 문호를 열 것을 주장하는 견해를 개국론으로 표현하는 대신 '문호개방론'으로 부르자는 주장이 제기되기도 하였다(김도형, 2014, 『근대 한국의 문명전환과 개혁론 −유교 비판과 변통−』, 지식산업사, 61쪽).

상 형성의 문제를 보다 심층적으로 해명하는 데 목적을 두고 있다. 이를 위하여 19세기 중반 대내외적 위기상황에 조응하여 형성·발전되어갔던 초기개화사상의 전개 양상을 강위의 사례를 통해서 추적해 보고자 한다. 박규수·오경석·강위 등 초기개화사상가들에게서는 서양의 침략에 대한 우려 속에서 海防論을 형성한 점, 양요를 통해 서양의 실체에 대한 이해가 깊어지면서 차츰 개국론자로 변해갔던 점 등을 포함하여 많은 공통점이 발견된다. 개화사상 형성 문제를 해명하려 할 때 강위에 특별히 주목해야 하는 이유는 다음과 같다.

첫째, 강위가 개항을 전후한 시기의 대표적인 지식인으로서 대외적 위기의 고조에 따른 대외인식의 변화과정을 극적으로 보여주는 인물이라는 점이다. 그는 丙寅洋擾 時期에 서양의 침입에 대비한 방어책을 담은 상소를 쓴 바 있고, 대일수교 교섭 때에는 일본과 수교할 것을 역설했으며, 1880년 제2차 수신사행에서 돌아온 이후에는 『朝鮮策略』의 논리를 옹호하며 聯美論을 주장하였다. 말하자면 그는 서양의 도전에 직면하여 위기의식 속에서 어양론(해방론)을 제시하는 단계를 거쳐 문호개방을 통해 서양의 근대문물을 수용하려는 개국론 단계의 대외인식에까지 이른 선구적 개화지식인의 전형이라 할 수 있다. 특히 개화사상의 선구로 평가되는 박규수나 오경석이 강화도조약 체결 직후 죽거나 병석에 누워 사실상 그 역사적 역할을 다한 데 반해, 그가 갑신정변 발발 직전인 1884년 3월까지 생존하면서 미국과의 수교 성사에도 기여했던 점은 개국론으로 표현되는 초기개화사상이 본격적인 개화사상으로 어떻게 발전해 가는가를 살필 실마리로 주목받아 마땅하다.

둘째, 그가 비록 재야의 지식인으로서 별다른 관직을 갖지는 못했지만, 개항 전후의 중요한 역사적 사건의 현장에 참여하여 조선 정부의 개화정책 결정과 추진에 기여했다는 점도 그가 주목되어야 할 이유다. 그는 중요한 역사의 현장에 직접 참여하여 자신의 신념을 실현시키기 위해 노력했던 실천적 지식인이요 활동가였다. 즉, 그는 병인양요기에는 총융사 신헌의 요청에 따라 프랑스군의 침략에 대비한 방어책을 마련하였고, 강화도조약 체결 때에도 접견대관 신헌을 수행하여 조약 체결을 조력하였다. 또한 조선 정부가 대미수교·개화정책을 추진하는 계기가 된 제2차 수신사행에 김홍집을 수행하여 참여하였고, 귀국 후에는 유생들의 격렬한 척사운동에 맞서 대미수교와 개화정책의 정당성을 주장하여 조정의 정책 추진에 힘을 실어주었던 것이다. 그의 사상이 한낱 재야 지식인의 탁상공론에 그치지 않고 조정의 개화정책 추진에 직·간접적으로 영향을 끼쳤다는 점은 신분적 한계를 뛰어넘어 초기개화사상 연구에서 그가 조망되어야 할 이유인 것이다.

셋째, 강위가 1870년대 중반부터 80년대 전반에 걸쳐 청국과 일본을 각각 세 차례, 두 차례나 여행하면서 급변하는 국제정세의 흐름을 읽고 이에 대한 폭넓은 식견을 갖추었다는 점이다. 개화사상이 대외적 위기에 대한 대응과정에서 형성된 사상조류라는 점을 감안할 때, 그가 수차례의 해외여행을 통해 획득한 경험은 조선의 문호개방과 초기 개화정책을 추진하는 과정에서 중요한 밑거름이 되었다. 특히 그가 1873년과 1874년 2년 연속 동지사행에 참여하여 연행일기인 「北游日記」와 「北游談草」·「北游續談草」 등의 筆談錄을 남기고 있는 점은 의미가 크다. 이들 기록은 박규수·오경석 등 다른 초기 개화사상가들에게서는 발견되지 않는 자료인데, 그가 연행과정에 획득한 정보의

실체를 구체적으로 담고 있어 그의 개국론은 물론 박규수·오경석 등
의 사상을 이해하는 데도 도움이 된다.

강위에 대한 연구는 개화파나 개화사상의 형성을 다루는 과정에서
간략하게 언급되는 경우가 대부분이고 본격적인 연구 논문은 많지 않
은 실정이다. 이는 사상가로서의 강위의 진면목을 보여주는 자료가
알려지지 않은 데 기인한 바가 크다. 강위에 대한 연구 성과를 개략적
으로 소개하면 다음과 같다.

먼저 1976년 발표된 李光麟의 「강위의 인물과 사상」을 들 수 있
다.[11] 이 글은 강위의 사상과 그 역사적 역할에 대해 주목한 최초의
논문으로서 연구사적 의미가 대단히 크다. 사실상 강위에 대한 최초
의 본격적 연구인 이 논문에서 필자의 문제의식은 부제에서도 드러나
듯이 '실학에서 개화사상으로의 전환의 일 단면'을 강위를 통해서 밝
히는 데 있었다. 필자는 강위의 가계와 저작, 교유관계, 외교활동, 개
화사상 등 강위의 생애 전반에 대한 고증을 통해 그가 실학자에서 개
화사상가로 전환되어가는 과정을 짜임새 있게 그려내었다. 이 논문의
업적은 무엇보다도 강위에 대한 방대한 자료를 수집, 섭렵하여 소개
함으로써 개화사상가로서의 강위의 중요성을 학계에 알린 데 있을 것
이다. 또한 논문 집필 과정에서 국내외에 산재해 있던 강위의 저작을
수집·정리하여 영인본으로 출간하여 후일의 연구에 토대를 제공한
점도 지적되어야 할 것이다. 그러나 최초의 연구이면서 단편논문이라
는 한계로 인한 것으로 보이지만, 강위의 사상이 어떠한 계기로 변하

---

11) 이광린, 1976, 「姜瑋의 人物과 思想」, 『동방학지』 17집(『한국개화사상연구』
    (1979, 일조각)에 재수록).

는가에 관심이 집중되다보니 변화해 가는 사상이 구체적으로 어떠한 내용을 담고 있는가에 대한 엄밀한 분석은 이루어지지 못하였다.

다음으로 언급해야 할 글은 1986년 발표된 金顯琪의 「강위(1820~1884)의 개화사상연구」이다.[12] 이 논문은 강위가 실학자에서 개화사상가로 변화해 가는 내적인 연관에 주목했다는 점에서 이광린과 문제의식 면에서 일치한다. 이 논문에서 주목할 점은 「擬三政捄弊策」을 통해서 강위의 실학자적 면모를 밝히고 「북유담초」·「북유속담초」 등 연행 때 남긴 필담록을 통해 강위의 사상적 전환의 문제를 살피고 있다는 점이다. 하지만 구체적인 텍스트를 통해 강위의 사상이 가지는 면모와 변화를 살피려 한 그의 시도는 분석의 면밀함에서 아쉬움이 적지 않다.

다음으로 국문학 분야에서 나온 주목할 만한 강위 연구로서 朱昇澤의 일련의 연구를 들 수 있다.[13] 주승택은 1984년 「개화기의 한시연구」라는 제목의 석사논문에서 최초로 강위에 관심을 갖게 된 이후 지속적으로 강위 연구에 매진하였다. 1991년에 나온 박사학위논문 「강위의 사상과 문학관에 관한 고찰」을 포함한 그의 연구 성과는 대부분 연구의 초점이 강위의 詩 세계에 대한 해명에 두어졌기 때문에 역사학의 관심과는 다소 차이가 있다. 하지만 1991년 발표된 「강위의 저술

---

12) 김현기, 1986, 「姜瑋(1820~1884)의 開化思想研究」, 『경희사학』 12·13.

13) 朱昇澤, 1986, 「秋琴 姜瑋의 思想과 文學觀」, 『韓國學報』 43 ; 1991(a), 「姜瑋의 著述과 '古歡堂集'의 사료적 가치」, 『규장각』 14 ; 1991(b), 「姜瑋의 開化思想과 外交活動」, 『한국문화』 12 ; 1991(c), 「姜瑋의 思想과 文學觀에 대한 考察」, 서울대 국문 박사학위논문 ; 1997, 「姜瑋의 現實認識과 憂國詩」, 『안동한문학논집』 6 ; 2002, 「姜瑋와 黃遵憲의 비교 연구」, 『大東漢文學』 17 ; 2006, 「강위의 연행록에 나타난 한중 지식인의 교류양상」, 『한국문화연구』 11.

과 '고환당집'의 사료적 가치」와 「강위의 개화사상과 외교활동」 두 편의 논문은 주목할 만한 가치가 있다. 두 편의 글을 통해서 필자는 그동안 망실된 것으로 알려졌던 일부 글들이 『고환당집』이라는 이름으로 규장각에 소장되어 있음을 밝히고 대체적인 내용을 소개하였다. 전자가 강위의 저술 전반을 서지학적으로 소개하면서 『고환당집』이 갖는 사료적 가치에 주목할 필요가 있음을 강조한 것이라고 한다면, 후자는 『고환당집』에 수록된 「沁行雜記」, 「擬疏」, 「擬誥」, 「駁鄂羅不可先聯議」 등의 내용을 비교적 소상하게 다루면서 강위의 사상과 외교적 활동을 밝히고 있다. 그러나 이들 연구 성과는 세밀한 연구 논문이라기보다는 사료를 전체적으로 소개하는 성격이 강하여 당시의 시대상황과 관련하여 심도 있는 분석이 필요한 실정이다. 한편 1997년 張善喜는 박사학위논문 「한국 근대의 한시 연구 −강위의 시 활동을 중심으로−」에서 강위가 중심이 된 사대부 시단인 '南村詩壇'과 중인 시단인 '六橋詩壇'에 참여했던 인사들의 사회적 · 정치적 활동과 문학관을 다루면서 강위가 시단 활동을 통해 교유한 인물들에 대해 비교적 소상하게 밝히고 있다.[14)

  이상의 연구사 검토를 통해 대체로 다음과 같은 사실을 확인할 수 있었다.

  강위가 실학에서 개화사상으로 사상적 전환을 한 인물이라는 점, 개화사상가로의 사상적 전환의 외적 요인으로 청국에서 들어온 양무서와 5차례에 걸쳐 이루어진 외유가 결정적인 영향을 미쳤다는 점, 사

---

14) 張善喜, 1997, 「한국 근대의 한시 연구 −강위의 시 활동을 중심으로−」, 전남대 국문과 박사학위논문.

상적 전환의 내적 요인으로 실학적 학풍이 중요한 역할을 했다는 점
등을 모든 연구에서 공통적으로 인정하고 있다는 사실이다.

하지만 이들 연구에서는 공통적인 문제점도 발견된다.

강위가 개화사상가로 도약하는 데 실학적 학풍과 양무서 및 외유가
중요했음을 지적하면서도 사실상 구체적인 분석은 결여되었거나 미
진했다는 점이다. 강위가 추사 김정희의 제자이기 때문에 실학적 학
풍을 지니고 있었고, 또 그로 인하여 외부의 자극을 계기로 개국론자
로, 나아가서 개화사상가로 발전할 수 있었다는 일종의 학문적 선입
견이 작용하고 있는 것이다. 현재 실학이라는 개념 설정 자체에 대해
서조차 연구자들 사이에 논란이 되고 있는 실정임을 감안한다면,[15]
단순히 실학의 선진성에 의존하여 사상적 도약의 요인을 찾는다는 것
은 많은 무리가 따를 수밖에 없다. 따라서 강위가 계승한 실학적 학풍
의 구체적 내용 규명, 그리고 강위가 양무서나 외유를 통해서 얻은 정
보와 자신의 경험과 판단으로 수용한 부분, 당시의 정치적 상황 등에
대한 구체적인 분석이 무엇보다도 절실하다. 아울러 그러한 분석이
전제될 때만이 사상적 도약의 구체적인 요인에 대한 해명이 가능할
것이다.

본 연구에서는 다음과 같은 점에 유념하면서 강위가 개국론을 형성
하고 그것의 실현을 위해 활동하는 모습을 살피고자 한다.

개항 전후의 중요한 역사적 사건들에 대해 조선의 내적 움직임에
주목한 고찰을 할 필요가 있다는 점이다. 개항 전후의 조선 역사가 외

---

15) 실학의 개념에 대해서는 조광, 1998, 「실학의 발전」, 『한국사』 35, 207~215쪽
참조.

압에 대한 대응의 양상을 띠면서 전개되었고, 조선에 가해진 외압의
강도를 고려하면 외적인 요인의 강조는 어찌 보면 너무도 당연하다.
하지만 외적 규정성의 지나친 강조는 역사적 사건에 내재한 조선의
내적 동인과 의도에 대한 경시로 이어져 자칫 우리 역사를 타율적으
로 이해할 위험성까지도 내포한다. 조선 내부의 능동적 움직임이나
조선의 정책 추진자들의 의도는 마땅히 주목되어야 하고 또한 그에
따라 정당하게 평가되어야 하리라 본다. 따라서 본 연구에서는 개항
전후 조선에 가해진 외압의 규정성과 외적 자극의 실체를 인정하면서
도, 그러한 외부적 자극에 조응하여 나타난 조선 사회 내부의 움직임
을 자주적 개국론자 강위의 활동을 중심으로 살펴볼 것이다.

19세기 중엽 이후 조선이 직면한 대내외적 위기를 대외개방과 근대
적 개혁을 통해 극복하려 했던 개화사상의 범주를 지나치게 협소화시
켜 이해해서는 안 된다는 점이다. 주지하듯이 개화사상은 어양론(해
방론) → 개국론 → 개화사상의 발전단계를 거쳐 형성된 것이었다. 서
양에 대한 대결의식 속에서 문호개방을 거부한 해방론 단계를 개화사
상의 범주로 묶을 수는 없겠지만, 적어도 문호개방을 통해 서양의 근
대문물을 받아들이려 한 개국론 단계는 초기적 형태의 개화사상으로
보아야 할 것이다.16) 따라서 본 논문에서 초기개화사상이라는 용어는

---

16) 개화사상의 개념과 범주를 어떻게 볼 것인가에 대해서는 논자에 따라 적지
   않은 이견이 존재한다. 개국론에서 계몽운동기 선각자들의 사상에 이르기까지
   다양한 경향의 근대지향적 사상을 개화사상의 범주에 포함시키는 것이 일반
   적이지만, 이완재나 하라다 다마키의 경우처럼 이 시기 조선의 개화는 '근대
   화'뿐 아니라 '독립'도 담보해야 한다며 갑신정변을 일으킨 개화당의 사상만
   을 개화사상으로 한정해서 보고자 하는 입장도 있다(原田環, 앞의 책, 3~26쪽
   ; 이완재, 1999,『박규수연구』, 223~251쪽 참조). 하지만 개화사상의 범위를 극
   도로 엄밀하게 제한하려 한 이러한 견해는 19세기 후반 격동기의 변혁사상으

개국론과 동일한 의미로 사용되었다.

　개화사상의 형성 문제를 강위의 사례를 통해 구체적으로 밝혀 보려는 본 연구에는 또한 적지 않은 어려움이 있다.

　우선 한미한 무반가계라는 신분적 한계 속에서 이루어진 여러 활동에서 그의 역할과 위상을 어떻게 평가하는 것이 적절한가 하는 점이다. 그가 오랜 기간 신헌에게 의탁하여 문객 생활을 했다는 점, 연행이나 대일수교 교섭 당시 반당으로 참여한 점 등을 본다면 그의 위상을 책사 정도로 평가하는 것이 적절할 수도 있다. 그러나 후술하겠지만 그의 문집이 간행될 때 鄭健朝, 金弘集, 金允植, 李建昌 등이 서문을 쓰고 있는 점, 金玉均이 그를 특별한 예우로 대했다는 점, 이건창이 강위의 시제자임을 자처했던 점 등으로 볼 때, 그의 위상은 책사라기보다는 오히려 선생 혹은 사상가에 더 가까웠던 것으로 보인다. 또한 별다른 방어책을 남기지는 않았지만 그가 신미양요 직후 강화도 현지의 전적지를 살펴본 행동은 누구의 지시나 요청이 아니라 서양의 침략에 대한 그의 우려에 따른 것으로 책사의 행동으로 보기는 어려울 것이다.[17] 신분적 한계를 이유로 그의 역할과 위상이 폄하되어서도 안 되겠지만, 그의 신분적 한계가 분명했던 만큼 그의 역할과 위상을 지나치게 과장해서도 안 될 것이다.

　강위의 신분적 한계에서 파생된 문제겠지만, 그의 글 중 많은 숫자가 代作이라는 것도 난점이다. 특히 본 연구에서 중요하게 다루는 강

로 출현한 개화사상이 지니는 다양한 사상적 모색을 자칫 간과하는 우를 범할 수 있다.

17) 朴文鎬, 「姜秋錦老人六十一壽序」, 『壺山全集(壹)』, 583쪽, "辛未洋匪犯江都害中軍 京師震駭 人多奔竄山谷 老人獨杖策入江都 按視昨戰處 見中軍之馬死於野 揖守城將而使之埋 然後汎海南歸".

위의 대외인식이 드러나는 글 중 상당수가 대작이기 때문에 어려움은 더욱 가중된다. 대작의 경우 그 글을 의뢰자의 작품으로 보아야 할 것인지, 대작자의 저술로 이해해야 할 것인지 명확히 판단하기가 쉽지 않다. 대작을 의뢰자와 대작자의 공감대가 형성된 가운데 나온 공동창작으로 이해하는 것도 무난한 방법일 수는 있겠지만,[18] 사상의 문제를 논할 때에는 보다 엄밀한 접근이 이루어져야 할 것이다. 따라서 대작이 이루어진 배경과 과정, 글에 반영된 지식과 경험 등에 대한 면밀한 검토가 필요하리라 생각된다. 강위가 남긴 대작 중 국가의 안위나 외교에 관한 중요한 글은 대부분 신헌, 김홍집, 정건조 등을 대신한 것이었다. 그중에서도 신헌을 위한 대작이 가장 큰 비중을 차지하였던 것은 강위가 왕성하게 활동한 30대 중반 이후 10여 년간 그에게 의탁하여 문객생활을 하였기 때문이다.

  본 연구에서는 강위가 남긴 대작들을 그 자신의 생각이 담긴 글로 이해해도 무리가 없다는 판단하에 논의를 진행할 것이다. 이러한 판단의 근거는 글의 내용이 의뢰자가 아니라 강위의 지식과 경험을 반영한 것으로 보이기 때문이다. 이에 대해서는 본론에서 해당 대작을 이용할 때 자세히 설명할 것이다. 또한 강위가 자신의 생각과 다른 대작에 대해서는 자신의 견해는 다르다는 것을 분명히 밝히고 있는 점에도 주목할 필요가 있다. 강위가 1862년 무주 백성들의 강요로 작성한 「代茂朱民人請捄近弊狀」에서 '此文是應求之作 非愚主見如此'라는 협주를 단 것이나, 1882년 도일 당시 쓴 「復長崎縣令內海忠勝君書」에도 제목 옆에 협주를 통해 '代人作 故非僕意如此'라고 밝힌 것 등이 그

---

18) 주승택, 1991(c), 앞의 논문, 79~80쪽.

예이다. 이는 아무런 언급이 없는 대작은 그의 뜻에 부합되는 것으로 추론할 간접적인 근거가 된다.

본 연구에서는 기존 연구에서 큰 주목을 받지 못했던『고환당집』을 중심으로 그의 개국론이 형성되고 전개되는 과정을 면밀히 검토하고자 하였다.『고환당집』은 갑신정변 직후라는 정치적 상황 때문에 문집 간행 과정에서 배제되었던 유고를 1935년 강위의 증손 姜範植이 필사하여 1책으로 엮은 것이다.[19]『고환당집』에는『강위전집』에 보이지 않는「請勸設民堡增修江防疏」,「沁行雜記」,「駁鄂羅不可先聯議」,「擬誥」를 비롯하여 개국론자로서의 강위의 진면목을 잘 보여주는 글들이 실려 있어 본 연구에서 면밀하게 분석하였다. 모두 6장으로 된 본서의 구성을 개략적으로 소개하면 다음과 같다.

Ⅰ장에서는 강위의 생애와 학문 일반에 대해서 서술함으로써 40대 이후 본격적으로 현실 참여 활동에 나섰던 강위의 삶을 이해하기 위한 토대로 삼을 것이다. 한미한 무반가계 출신이지만 신분에 맞는 평범한 삶을 거부한 채 평생을 白頭로서 동분서주했던 그의 삶을 더듬어 보는 것은 그의 치열한 사상적 모색을 이해하는 밑거름이 될 것이다. 이를 위해 그의 가계와 교유관계, 그리고 학문 형성 과정 등을 살펴보고, 그의 개화사상 형성과 관련하여 18~19세기 서울과 근기 지방을 중심으로 광범하게 확산되었던 북학적 기풍을 다룰 것이다. 이 과정에서 단편적인 내용이기는 하지만 강위가 1873년 남긴 연행일기인「북유일기」를 통해서 그가 북학론자들의 대청인식을 계승·발전시키

---

19)『고환당집』에 대한 서지학적인 설명은 주승택, 1991(a), 앞의 논문에 자세하다.

고 있음을 밝힐 것이다.

Ⅱ장에서는 1862년 임술민란 발생 당시 강위가 남긴 「擬三政捄弊策」
에 대해 다룰 것이다. 먼저 그가 「의삼정구폐책」을 어떠한 경위에서
저술하게 되었는지를 살펴보고, 그 구체적인 내용에 대해 분석하고자
한다. 이를 통해 그가 임술민란의 발생 원인을 어떻게 진단했고, 민생
안정을 위한 대책으로 어떠한 대안을 제시하였는가를 살펴볼 것이다.

Ⅲ장에서는 19세기 중반 대외적 위기가 고조되는 상황에서 강위가
서양인의 침략에 대한 방어책으로 작성한 「請勸設民堡增修江防疏」
(이하 「江防疏」)를 살펴볼 것이다. 먼저 「강방소」가 어떤 배경 속에서
작성된 것인지를 밝힘으로써 그동안 잘못 알려졌던 상소의 작성 시점
을 바로잡을 것이다. 이어서 「강방소」에 제시된 어양책을 다산 정약
용의 민보방위론을 계승한 측면과 魏源이 쓴 『海國圖志』의 해방책을
받아들인 측면으로 나누어 살펴보고, 비슷한 시기에 쓰인 다른 방어
책들과의 비교를 통해 그 성격을 분명히 할 것이다.

Ⅳ장에서는 강위가 자주적 개국론자로 변모하게 된 결정적인 계기
가 되었던 것으로 보이는 두 차례의 연행 과정에 대해 살펴볼 것이다.
강위는 두 차례 연행 과정에서 연행일기인 「북유일기」와 필담록인 「북
유담초」·「북유속담초」, 연행시집인 「北游草」·「北游續草」 등을 남기
고 있다. 이 중 「북유담초」와 「북유속담초」는 각각 1873년과 1874년
동지사행에서 이루어진 필담을 담은 기록으로 비교적 풍부한 내용이
담겨 있다. 이들 필담록의 분석을 통해 강위 등 조선 사신들이 주로
어떤 관심 속에서 어떠한 인물들을 만났으며, 또한 이들이 접한 정보
가 구체적으로 어떠한 것이었고, 1년의 시차를 두고 남긴 두 차례의
필담록을 비교 분석함으로써 강위 등이 받아들인 부분이 무엇이었는

지 등을 밝힐 것이다.

Ⅴ장에서는 강화도조약 체결 과정에서 강위가 표출하였던 개국론의 논리와 성격에 대해서 해명할 것이다. 우선 강위가 접견대관 신헌의 반당으로 대일교섭에 참여하게 된 배경과 그의 역할을 살펴봄으로써, 그가 단순히 신헌의 개인 수행원 역할을 한 것이 아니라 안팎의 어려움을 타개하고 대일수교를 성사시키는 실질적인 이론가 역할을 했음을 밝힐 것이다. 또한 그의 대일개국론의 바탕이 되는 정세인식과 일본관을 살펴보고, 그가 내세운 대일수교의 논리인 '開國不可避論'과 '舊好重修論'에 대해서 구체적으로 다룰 것이다. 이어서 강위가 대일수교의 논리로 제시한 '개국불가피론'과 '구호중수론'이 어디까지나 당시의 정치적 상황을 고려한 명분에서 나온 주장일 뿐 그의 생각이 그대로 반영된 것이 아님을 밝힐 것이다.

Ⅵ장에서는 제2차 수신사의 파견과 일본에서의 활동, 강위의 수신사행 참여 경위 등에 대해 살펴보고, 『조선책략』의 반입 경위와 영향, 강위가 「駁鄂羅不可先聯議」와 「擬誥」를 통해 제기한 聯美自强論의 성격을 다룰 것이다. 먼저 제2차 수신사의 파견과 강위의 수신사행 참여 경위를 살펴보고 수신사 일행의 일본에서의 활동을 다룰 것이다. 이어서 『조선책략』도입 이후 터져 나온 개화세력과 척사세력의 갈등 상황을 서술한 후 강위의 연미자강론의 내용을 통해 당시 개화세력의 대미수교 및 개화정책 추진 논리를 살펴볼 것이다.

본 연구에 이용된 주 자료는 전술한 『고환당집』 이외에도 1978년 아세아문화사에서 영인본으로 출간된 『姜瑋全集(上·下)』과 규장각에 소장된 『古歡堂收草』다.[20] 규장각에 소장된 『고환당집』과 『고환당수초』는 강위의 문집 간행에서 배제된 시문을 담고 있기 때문에 『강위

전집』과 상보관계에 있다. 이외에도『해국도지』・『조선책략』등은 그
의 사상 형성에 큰 영향을 끼쳤던 책으로,『李建昌全集』・『申櫶全集』・
『北槎談草』등은 그와 깊은 교분을 나눈 이들의 문집으로 그의 사상
을 이해하는 데 많이 참고하였다. 아울러『고종순종실록』・『승정원일
기』등의 연대기 자료와『同文彙考』・『淸季中日韓關係史料』・『修信
使記錄』・『日本外交文書』등 외교자료도 함께 활용하였다.

---

20)『고환당수초』(규장각 소장)도『고환당집』과 마찬가지로 강위의 증손 강범식
　　이 가전되는 시를 필사하여 묶은 것이다.

I

생애와 학문

강위의 초상화
1850년 겨울 李健弼이 그린 것으로 추정된다.

1. 생애와 교유관계

1) 가계와 생애

姜瑋는 본관이 晉陽으로 1820년 경기도 광주군 중부면 복정리에서 姜鎭華와 경주 박씨의 2남 중 둘째로 태어났다. 원래 문반 가계였던 그의 집안은 조선 중종 연간에 12代祖 姜熙臣이 기묘사화에 연루되어 관직에서 물러난 이후 쇠락을 거듭하여 그의 아버지 代부터는 科業을 바꾸어 무과에 응시하는 무반 가계로 바뀌게 되었다.

晉陽姜氏世譜에 의하면 강위의 아버지, 형, 맏아들, 손자 2명을 비롯하여 사촌, 조카 등 많은 이들이 무과에 합격하여 무관의 길을 걸었음을 확인할 수 있다. 부친 진화는 순조 때 무과에 합격한 후 公州營中軍·高原郡守·公州營將을 지냈고, 형 文瑾은 宣傳官廳 宣傳官·訓練院 主簿·五衛都摠府 經歷·개성부 중군·內司僕寺 兼司僕正 등을 지냈다. 강위의 맏아들인 堯善도 무과를 거쳐 훈련원 주부·端川府使를 지냈고, 요선의 두 아들 泰承과 泰兢도 무과에 합격하여 典圜局·鑛務局·度支部·監理署 등에서 위원·주사 등의 벼슬을 하였다.[1] 그의 가문은 무과에 합격해 하급 장교로 전전하다 군수나 부사 정도의 목민관을 지내면 성공했다고 할 전형적인 하급 무반가계라 할 수 있다. 이는 南行을 통해 출사한 후 무과 합격 이후 빠른 승진을 거쳐 무관의 당상직을 차지했던 신헌의 平山 申氏 가문과 같은 장신 집안과 극명하게 대비된다.[2]

---

1) 이광린, 1979(a), 「강위의 인물과 사상」, 『한국개화사상연구』, 일조각, 3~4쪽.

강위는 그 가계만 본다면 무과를 거쳐 하급 무관의 길을 걸어야 할 사회적 신분을 지니고 있었던 셈이다. 그러나 그는 자신의 신분적 한계에 안주하여 평범한 무관의 삶을 살기를 거부했다. 그는 무과에 응시하는 대신 문과에 대비해 功令을 익혔고 실제로 향시를 치르기도 했다.3) 하지만 문과에 합격하여 문관이 되고자 했던 그의 희망은 현실적 장벽 때문에 실현되기 어려웠다. 공령 공부를 시작한 지 수 년 만에 그는 문과를 포기하고 閔魯行을 찾아가 경학 연구에 몰두하기 시작했다.4) 가난한 집안 형편에 벼슬길까지 포기했으므로 강위와 그 가족은 평생을 가난으로 고통 받을 수밖에 없었다.

한미한 무반 가계라는 신분적 제약이 그의 삶을 얼마나 짓눌렀는가는 그가 일본을 방문 중이던 1882년 초 자신에게 繕工監 假監役이라는 벼슬이 내려졌다는 소식을 듣고 감격하여 지은 '長崎舟中 見家兒書 余間蒙天恩 授繕工監假監役之啣 感恩含涕 率成一絕'이라는 시에 잘 드러난다.5) 그가 사망하기 꼭 2년 전인 62세 때의 일이었다. 그러

---

2) 주승택, 1991(c), 「강위의 사상과 문학관에 대한 고찰」, 서울대 국문과 박사학위논문, 43~46쪽.

3) 『姜瑋全集(上)』, 「上黃孝侯侍郎鈺書」, 433쪽, "十一歲始就塾 課字書 十四歲習功令 赴鄉試".

4) 민노행의 본관은 驪興이고 자는 雅顏, 호는 杞園이었으며, 1777년 태어나 순조 22년(1822) 식년시에 생원과 3등에 합격하였고 음직으로 김포군수를 지냈다. 김정희와 교유하면서 김정희의 「實事求是說」에 後敍를 썼고 『呪聞別集』 12卷을 남겼다(한국역대인물 종합정보시스템 참조). 한편 장선희는 『阮堂先生全集』에 전하는 「送閔行臺丈書狀之行」 세 수를 김정희가 서장관으로 행차하는 민노행을 전송하는 시라고 하였으나 그가 서장관으로 연행했는지 여부는 명확히 확인되지 않는다(張善喜, 1997, 「韓國 近代의 漢詩 研究 −姜瑋의 詩 活動을 중심으로−」, 전남대 국문과 박사학위논문, 18쪽).

5) 『강위전집(상)』, 「東游續草」, 332쪽 ; 이광린, 1979(a), 앞의 논문, 4쪽 ; 주승택, 1991(b), 「강위의 개화사상과 외교활동」, 『한국문화』 12, 164쪽. 이광린은 『승

나 이는 스스로 협주로 '余家自變應武試以來 初得儒門宦名'이라 밝혔
듯이 무반가계로 전락한 이래 처음 얻은 문반 관직의 상징성에 대한
감회였을 뿐이었다. 오히려 그는 여러 차례 벼슬을 얻을 기회가 있었
지만, 이를 거절했을 만큼 관직에 대한 미련은 그다지 없었다. 壺山
朴文鎬는 강위의 회갑을 축하하며 쓴 序에서 다음과 같이 평하였다.[6]

> 노인은 약관 때부터 과거를 버렸고, 관직을 주려고 하면 갑자기 떠
> 나서 돌아보지 않았다. 사람들은 간혹 세상을 잊고 살기 때문이라고
> 의심하지만, 이는 분명 그렇지 않다. 생각건대 그가 과거와 벼슬을 달
> 가워하지 않는 까닭은 세상을 다스리고 백성을 구하려는 큰 뜻을 온축
> 하고 있기 때문이다.

강위의 생애에 대해서는 구체적인 자료가 미비하지만 그 자신이 남
긴 기록과 주변 인물들의 회고 등을 통해 그 대체적인 윤곽을 확인할
수는 있다.[7] 이에 대해서는 이미 이광린 · 주승택 등의 연구에서 상세

정원일기』 고종 19년 1월 13일조에 강위가 신병을 이유로 체직해 줄 것을 청
하여 고종이 윤허하는 기사를 근거로 1882년 1월 이전에 이미 그에게 가감역
관의 벼슬이 내려진 것으로 추정했다. 하지만 강위가 가감역관의 벼슬을 받
은 것은 체직되기 하루 전인 1882년 1월 12일이었다(『승정원일기』 고종 19년
1월 12일조).

6) 『壺山全書(壹)』, 「姜秋錦老人六十一壽序」, 583쪽. 정건조도 예조판서 圭齋 南
秉哲이 그를 수령으로 삼으려 한다는 사실을 말하며 만나보기를 권하지만,
강위가 이를 거절한 일화를 소개한 바 있다(『강위전집(상)』, 「의삼정구폐책
서」, 401~402쪽).

7) 『강위전집』에는 강위 자신이 남긴 「自序」·「上黃孝侯侍郞鈺書」와 정건조·
이건창·김홍집·김윤식 등이 쓴 序, 아들 요선이 쓴 「跋」, 그리고 李重夏의
「本傳」 등이 실려 있다. 이외에 『이건창전집』의 「姜古懽墓誌銘」, 『金澤榮全
集』의 「秋琴子傳」, 『許傳全集』의 「姜瑋傳」, 『호산전서』의 「강추금노인육십
일수서」 등이 강위의 삶을 회고하고 있다.

히 밝혀 새삼스레 덧붙일 내용은 많지 않다. 따라서 앞서 언급한 자료
와 선행연구를 바탕으로 그의 삶을 재구성하면서 기존 연구에서 일부
나타나는 오류를 바로잡고자 한다.

강위의 초명은 性澔이고, 이외에도 文瑋[8]·瑋·浩 등이 쓰였다. 그
의 자는 惟聖·仲武[9]·堯章·韋玉 등이고, 호는 秋琴·慈屺·古歡
堂·聽秋閣 등 다양했다. 이처럼 많은 이름과 자, 호를 사용한 강위의
행동에 대해 이건창은 "성품이 그 이름을 바꾸는 것을 좋아하여 자를
거듭 바꾸어 가히 기록할 수 없을 정도"라고 회고했다.[10] 이름을 수없
이 바꾼 점에서도 그의 유별난 성정이 드러나지만, 그는 사람이 쉽게
범접할 수 없는 기인의 풍모를 지녔던 듯하다.

김홍집은 강위와 가깝게 교유하기 이전에 그에 대해 가졌던 생각을
다음과 같이 회고하고 있다.

내가 젊은 시절에 들기를 姜慈屺는 당세의 瓌奇士여서 항상 바다와
산악을 두루 유람하여 궁벽한 물가와 가파른 낭떠러지 사이에도 자취
를 남겼다고 하였다. 그 사람됨을 보고서 가히 가까이 할 만하지 못하

---

8) 많이 쓰이지 않았지만 족보에 나타나는 강위의 이름은 文瑋였다(이광린,
  1979(a), 앞의 논문, 6쪽).
9) 허전, 『허전전집(사)』, 「강위전」, 464쪽. "姜瑋字仲武 號慈屺又號秋琴".
10) 『이건창전집』, 「강고환묘지명」, 1084~1085쪽 ; 이광린, 1979(a), 앞의 논문, 6쪽.
  이건창은 강위가 1882년 조정으로부터 가감역관의 관직을 받으면서 비로소
  이름을 瑋로, 자를 韋玉으로 정하였다고 하였다("其赴日本 朝廷子君假監役官
  名始定曰瑋字韋玉"). 이는 강위라는 이름과 위옥이라는 자가 1882년 이후 쓰
  이게 된 것으로 해석될 수도 있겠지만, 강위가 1873년 연행 때 남긴 친필 연
  행일기인 「북유일기」에 이미 강위와 위옥이 쓰이고 있음을 볼 때, 瑋와 韋玉
  을 포함하여 다양한 이름과 자를 사용하던 강위가 1882년 이후에는 이름은
  위, 자는 위옥만을 사용하였음을 지적한 것으로 이해된다.

다고 여겼다. 한참 후에 君이 서울에 왔는데, 또한 호를 추금이라 하고 痛飮과 賦詩로써 낙을 삼았고, 청이 있으면 문득 왔다가 그 뜻에 맞지 않으면 표연히 떠나곤 했다. 아는 자나 알지 못하는 자를 가릴 것 없이 모두 이르기를 "추금, 추금"하였고, 나도 비로소 한두 번 만나보았으나 오히려 그 속을 물어볼 수 없었다.[11]

김홍집도 일찍부터 강위의 명성을 듣고는 있었지만 그 사람됨 때문에 가까이 하기를 꺼렸고, 후에 한두 차례 만나 보았지만 속을 파악할 정도로 가까워질 수 없었다는 것이다. 주목되는 것은 강위의 사람됨을 "가까이 할 만하지 못하다."고 여겼다는 점이다.[12] 김홍집은 그의 어떤 점 때문에 이러한 선입견을 갖게 된 것일까?

우선 痛飮과 賦詩를 낙으로 삼는 강위의 무절제해 보이는 생활이 한몫을 한 것 같다. 실제로 강위는 술을 대단히 즐겨 술자리 초대에는 기꺼이 참석했고, 이 때문에 거의 항상 술에 취해 있었고 코까지 빨갛게 부어오를 정도였다.[13] 또한 술을 마실 때 폭음을 일삼고, 이야기

---

11) 김홍집, 「序」, 『강위전집(상)』, 369쪽, "余少日聞姜慈岊爲當世瓌奇士 常遍遊海嶽 放跡於窮溢絶崖之間 想見其爲人 而不可親 久之 聞君來都下 又號秋琴 痛飮賦詩以爲樂 有請輒往 非其意飄然去 不顧知與不知 皆曰秋琴秋琴云 余始一二覯 而猶未得叩其中".

12) 김홍집은 강위를 깊이 알게 된 후에는 그를 다음과 같이 극찬하였다. "君은 古人의 풍모와 고인의 마음을 지니고 일찍이 古學에 대해 얻음이 있었다. 평생 동안 떠돌아다닌 것은 옛 사람들에게 일찍이 없었던 바였는데, 고요한 산수의 기를 들이마시고 그 가슴속을 씻어내어 능히 깊이 생각하여 도에 합할 수 있었고 이치의 극진함을 생생히 밝힐 수 있었다. 말하는 것은 깊이 있고 커다란 주장이었고, 드나들며 천하사에 뜻을 드러내었는데, 홀로 변하지 않은 때에 그 변화를 보아서 장차 이 세상을 미연에 구하려 하였으니 그 마음이 어찌 지금 가히 미칠 수 있는 바이겠는가?"(김홍집, 앞의 글, 370쪽).

13) 『호산전서(일)』, 「강추금노인육십일수서」, 583쪽, "性嗜酒 每一醉或數日不食 若不得酒一日 輒心不樂 有邀之飮者卽往 以故罕有醒時 鼻爲之發赤".

나누는 것과 시를 지어 시사를 논하는 것을 즐기며 탄식하는 모습은 일견 무절제한 감정의 발산으로 느껴질 수도 있었을 것이다.[14]

　다음으로 남에게 굽히기 싫어하는 기질 탓에 貴顯者와 어울리기를 꺼렸던 강위의 행동도 한 요인이었을 것으로 생각된다.[15] 김택영은 "公卿이나 귀인이 간혹 사람을 보내어 만나기를 청하면 문득 밝게 응하고서 문에 이르면 슬그머니 달아나 버리는" 강위의 기행을 언급한 바 있는데,[16] 귀현자에 속한 김홍집의 눈에 이러한 모습이 곱게 보였을 리 없었을 것이다. 尹孝定이 쓴 『韓末秘史』에는 강위가 귀현자를 대하는 태도를 보여주는 일화가 소개되어 있다.

　　姜秋琴은 天性이 耿介하고 修養이 有素하야 凡塵世의 富貴利達과 貧賤憂戚에 一事도 其意를 介치 아니 하더라. … 秋琴은 何如한 宰相의 門前에 가드라도 床奴를보고 말할때에도 이랫습닛가 十歲丫鬟을보고 말할때에도 저랫습닛가 驅從・別陪・廳直・門客으로 至於主臺되는 宰相을 見하여도 其言辭가 如印一板하니 其意에 以爲人이면 人而已지 奴婢의 幼稚이나 富貴의 老長者나 人則一也 特別히 尊敬할 人格도 無하고 下待할 人格도 없다는 걸 表示하는 意思이니 恭勤하는 言詞로써 公侯宰輔를 凌駕하는式은 秋琴으로부터 始하였다.[17]

　강위가 부귀이달과 빈천우척에 구애됨이 없어 재상집에 가더라도

---

14) 『김택영전집(이)』, 「추금자전」, 183쪽, "痛飮酒善談笑 爲詩好論時事 俯仰傷歎".
15) 『이건창전집(하)』, 「강고환묘지명」, 1085쪽, "其與人游 寧就閭里少年酒食 不喜拘曲老生 又不喜貴顯者 惟鄭判書健朝 申大將櫶 以久相好 時時過之".
16) 『김택영전집(이)』, 「추금자전」, 183쪽, "公卿貴人 或遣人請見則輒陽應之 至門而潛逸去".
17) 尹孝定, 『韓末秘史』, '貴賤一視는 秋琴의 大驕', 교문사, 154쪽.

나이 어린 계집종에게 쓰는 말투나 재상에게 쓰는 말투나 한결같았다는 것이다. 윤효정은 이를 강위가 사람이면 사람일 따름이지 특별히 존경할 인격도, 하대할 인격도 없다는 뜻을 표현한 것이었다고 풀이했다. 실제로 강위는 "비록 백정이나 걸인이라 할지라도 그와 더불어 몸을 숙이고 예를 행했다."고 할 정도로 사회적 신분이나 지위에 초탈한 모습을 보였다.[18] 하지만 그의 이러한 행동은 신분적 질서가 엄존하는 현실 속에서 대단히 파격적인 것이었고, 귀현자 입장에서는 자신을 욕보이는 것이라고 느끼기에 충분했을 것이다.

　강위는 어려서 원인 모를 병에 시달리면서 옷 무게를 견디기 어려웠다고 할 정도로 몸이 허약했다. 건강 탓에 11세가 되어서야 비로소 서당에 가서 글을 배우기 시작했고, 14세 때에는 공령을 익혀서 향시를 치렀다.[19] 여기서 주목되는 점은 강위가 공령 공부를 하고 향시를 본 시점이다. "聽秋는 집이 廣陵이고 겨우 10여 세에 서울에 와서 내 집에서 묵은 자이다. 거의 20세가 되어 비로소 공령을 시작하여 장차 성취할 만했는데 홀연히 버리고 떠났다."고 한 정건조의 언급과 연관성이 있어 보이기 때문이다.[20]

　정건조는 回洞 鄭氏라 불리는 소론의 명문가 東萊 鄭氏 陽坡公派의 자손으로 강위보다 세 살 연하이다. 강위가 정건조의 집에 의탁하여 공부하게 된 연유를 정확히 알기는 어렵지만, 강위가 대단히 총명했

---

18) 『김택영전집(이)』, 「추금자전」, 183쪽, "雖屠兒丐人 亦與之鞠躬作禮".
19) 『강위전집(상)』, 「상황효후시랑옥서」, 433쪽, "某在弱齡 多奇疾 體羸不能勝衣 十一歲始就塾 課字書 十四歲習功令 赴鄕試".
20) 정건조, 「序」, 『강위전집(상)』, 5쪽. 강위의 집이 광릉이라는 정건조의 지적은 廣州를 착각한 것으로 보인다. 허전은 강위가 14세 때 경사에 올라와 정건조에게 의탁하고서 공령을 익혔다고 하였다(『허전전집(사)』, 「강위전」, 464쪽).

기 때문에 정건조의 글동무로 발탁되었을 가능성이 크다.[21] 강위가 민노행을 찾아가 배울 때에도 정건조와 반나절 함께 글을 읽기로 약속하고 허락을 받고 있는 것도 이러한 추정을 뒷받침한다.[22] 어려운 가정 형편으로 14세의 어린 나이에 집을 떠나 정건조의 집에 의탁하여 그의 과거 준비를 도우며 함께 공령을 익혔던 것이다. 이렇게 시작한 공령 공부가 강위의 입장에서는 달갑지는 않았을 것이고, 향시를 치러보기는 했지만 합격할 가능성이 거의 없는 문과 공부를 지속하기는 어려웠을 것이다. 그 결과 그는 문과 급제에 대한 꿈을 버리고 민노행을 찾아가 경학 연구에 몰두하게 되었다.

강위가 민노행을 찾아간 해가 언제였는지 정확히 알 수는 없다. 강위 자신의 글과 정건조의 회고에서 그 시점이 엇갈리고 있어 혼란은 더욱 가중된다.

① 24세에 처음으로 아버지의 가르침을 받은 이후 고질병이 조금 나은 듯하여 비로소 경학에 전념할 수 있었고 宋四子書도 겸하여 공부하였습니다. 수년 후에 기원 민노행 선생을 만나 경서의 뜻을 듣기를 청하니 선생은 책상을 어루만지며 오래도록 크게 한숨을 쉬시고, 이에 말씀하시기를 "내가 궁벽하게 거하면서 경전의 뜻을 연구한 것이 50년이지만 능히 한마디도 다른 사람에게 말할 수 없었다. 그대는 이것을 배워서 무엇을 하려고 하는가?" 하셨습니다. 저는 그 말을 기이하게 여겨 굳이 스승으로 섬기기를 청하였습니다. 4년 만에 선생이 돌아가셨는데, 돌아가시면서 완당 김정희 선생에게 위촉하여 가르침을 끝내주

---

21) 주승택, 1991(c), 앞의 논문, 50~51쪽. 정건조의 조부는 鄭文容이고, 부친은 헌종 연간에 대사헌을 지낸 鄭基一이다.
22) 정건조, 앞의 글, 5쪽, "悅杞園閔公魯行 與余約 半日往承師誨 半日與余讀 余感而許之".

도록 하셨습니다. 이때 김 선생은 바다 가운데 제주도 대정현에서 귀
양살이를 하고 계셨는데, 수륙 2천리 길을 찾아가 선생을 뵈오니 또한
크게 한숨을 쉬면서 말씀이 없기는 민 선생이 하신 것과 한결같았습니
다. 말씀하시기를 "그대는 나를 보지 못하는가? 경전을 연구한 효과가
이와 같은데, 이를 배워서 무슨 쓰임을 찾겠는가?" 하셨습니다. 저는
더욱 기이하게 여겨 끝내 제주도에 거하였습니다. 3년 후에 선생이 방
면되어 돌아왔으나, 얼마 되지 않아 또 북쪽 변방으로 귀양 가게 되셨
고, 저도 또한 따라갔습니다.[23]

　② 거의 20세가 되어 비로소 공령 공부를 시작하여 장차 성취할 만
하였는데 홀연히 버리고 떠났다. 기원 민노행공을 좋아하여 나와 약속
하기를 반나절은 가서 스승의 가르침을 받고 반나절은 나와 더불어 글
을 읽겠다고 하여 나도 감동하여 허락하였다. 이때에 종소리를 들으면
문득 갔는데 비록 바람 부는 새벽이나 비오는 밤이라도 조금도 폐함이
없었다. 이렇게 하기를 4년 만에 민공이 세상을 떠나고 이미 장례를
치르고 나서는 민공의 말씀이라 하면서 바다 가운데 제주의 대정현으
로 완당 김정희공을 찾아갔는데, 스스로 얻은 바가 기이하고 위대하다
고 생각하였다.[24]

---

23) 『강위전집(상)』, 「상황효후시랑옥서」, 433~434쪽, "二十四歲始承親敎 己之快
　　如貞痼頓愈 始得專意劬經 兼習宋四子書 數年遇閔杞園魯行先生 願開經旨 先
　　生撫案太息者久之 乃曰吾窮居治經訓五十年 不能以一語告人 子欲學此何爲
　　某異其言 固請師之 四年先生歿 臨逝囑阮堂金先生正喜終敎之 時金先生謫居
　　瀛海中濟州之大靜縣 水陸路二千 旣謁金先生 又太息不語 一如閔先生爲者 曰
　　子不見我乎 治經之效如此 學此究何用 某尤異之 遂居海外 三年先生宥還 不幾
　　何又竄北塞 某又從往".

24) 정건조, 앞의 글, 5쪽, "幾二十年 始治功令將成忽棄去 悅杞園閔公魯行 與余約
　　半日往承師誨 半日與余讀 余感而許之 於是聞鐘輒往 雖風晨雨夜不少廢 如是
　　者四年 及閔公卒 旣葬 述閔公之言 謁阮堂金公正喜于海中濟州之大靜縣 自以
　　爲所得奇偉".

사료 ①에 따르면 강위가 24세부터 부친에게서 경학을 익히고, 민노행을 찾은 것은 수년 후인 20대 후반이 된다. 강위 자신이 직접 쓴 글이니 주변 인물들이 회고한 글보다 신빙성이 높아 보이지만, 이는 강위가 시점을 착각했거나 어떤 이유에선가 사실과 다르게 적었던 것으로 보인다. 위의 사료에서 시점을 정확히 확인할 수 있는 것은 김정희가 제주 유배에서 풀려난 때이다. 김정희가 제주 유배에서 풀려난 시점이 1848년 12월이므로 이를 기준으로 역산하면, 제주에 거한 지 3년 후에 스승이 방면되었다 했으므로 그가 추사를 찾아간 것은 26세 때인 1845년경이 된다.25) 또한 기원에게서 4년 동안 배웠다고 했으므로 강위가 민노행을 찾아간 것은 22세 때인 1841년이 될 것이다.

사료 ②는 20세 직전부터 이미 공령 공부에서 마음이 떠난 강위가 민노행에게 배우기 위해 얼마나 많은 노력을 기울였던가를 보여준다. 당시 서울의 회동(지금의 회현동)에서 민노행이 은거하던 경기도 광주를 매일 왕복하면서 반나절씩 스승에게 배우고, 정건조와 함께 글을 읽는 것은 사실상 불가능에 가까운 일이었다. 민노행이 탐탁지 않았던 정건조가 제 풀에 꺾이기를 기대하면서 마지못해 힘든 조건을 달아 허락한 것을 강위는 4년 동안 하루도 거르지 않고 해냈던 것이다.26)

강위는 26세 때인 1845년 제주도의 유배지로 김정희를 찾아가 사제의 인연을 맺은 후 추사가 함경도 북청에 유배 중이던 1852년까지 그의 곁에 머물며 7년 동안 수학하였다.27) 아무리 스승 민노행의 위촉

---

25) 허전도 강위가 "완당 김정희를 좇아 바다 한가운데의 謫居地에서 3년 동안 가르침을 받았다."고 하였다(『허전전집(사)』, 「강위전」, 464쪽).
26) 주승택, 1991(c), 앞의 논문, 58~59쪽.

이 있었고 또 김정희가 당대의 이름난 석학이었다고는 하지만, 수륙
2천 리나 떨어진 원악도 제주의 유배지까지 찾아가 배운다는 것은 결
코 쉬운 일일 수 없다. 김정희가 제주 유배에서 방면되자 강위도 함께
서울로 돌아오게 되었는데, 돌아오는 배 위에서 강위는 전국 여행을
떠나겠다는 뜻을 밝히지만 스승의 만류로 포기하였다. 귀경 후 김정
희는 자신의 방대한 장서를 그에게 내어주며 두루 읽게 하여 그 학문
의 폭과 깊이를 더하게 하였다.[28]

　제주에서 서울로 올라오는 길에 전국 遊歷의 뜻을 내비쳤던 강위는
1852년 3월 김정희의 또 다른 유배지 북청에서 마침내 스승의 허락을
얻어 길을 떠날 수 있었다.[29]

　　학문을 이미 성취하자 마침내 사방으로 마음껏 떠돌아 다녔는데 동
　　해를 돈 것이 두 차례였다. 노자가 없어 항상 걸식했는데, 어떤 경우에
　　는 나무 열매나 풀을 먹기도 했다. 이름난 산과 깊숙한 곳, 사람의 자
　　취가 이르지 않은 곳에서는 한결같이 노숙을 했는데, 궁함이 극에 이
　　른 이후에야 중단했다. 도읍이나 변방의 요새지를 지나칠 때면 때때로

---

27) 『허전전집(사)』, 「강위전」, 464쪽. 허전에 의하면 강위가 김정희의 곁을 떠나
　　전국 유랑을 시작한 해는 추사가 북청으로 유배 간 다음 해인 1852년이다. 따
　　라서 강위가 스승 김정희에게 수학한 기간은 1845~1852년, 대략 7년 정도가
　　된다.

28) 정건조, 앞의 글, 5쪽, "金公宥還 君辭於海上欲遂縱遊域內 金公留之偕至京師
　　出其書使遍觀之".

29) 위와 같음, "及金公謫北靑 君又從往 踰年君乞遂踐初志 金公許之". 1853년 1월
　　19일 전라도 진도의 臨淮에서 쓴 「자서」에는 "지금 이 편에 기록하는 것은 대
　　개 내가 지난 해 춘삼월에 뜻하지 아니하게 멋대로 걸을 기회를 얻어서 曷懶
　　甸에서 辰韓에 이르기까지 4천여 리를 다닐 때의 것이다."라고 밝히고 있어
　　강위가 유랑길에 오른 것이 스승이 유배에서 풀려나기 전인 1852년 3월임을
　　알 수 있다(『강위전집(상)』, 「자서」, 14쪽 ; 주승택, 1991(c), 앞의 논문, 70쪽).

높은 곳에 올라 두루 살펴보면서 옛일을 추모하고 지금의 현실을 생각
하며 나지막하게 읊조렸다.[30]

위 인용문은 李重夏가 강위의 방랑시절을 묘사한 것이다. 전국을
두 차례나 돌면서도 가난한 형편에 노자를 지니고 다닐 수 없었다. 시
를 지어주고 밥을 얻어먹거나 나무 열매나 풀을 먹으면서 허기를 달
래야 했고, 인적이 없는 곳에서는 노숙도 다반사였다. 강위 자신이 방
랑시절을 회고하면서 남긴 시도 적지 않은데, 「三洞搜勝草」에 실린
'龍宮途中遇寒夜 飮示東溟上人'에는 "龍宮으로 가던 길에 큰 눈보라를
만나서 거의 죽게 되었는데, 海溟上人이 옷을 주어서 구해 주었다. 근
래에는 牟梁에서 또 큰 추위를 만났는데, 또한 점주를 만나서 구원받
아 소생하였다."라는 협주가 달려있다.[31] 그의 전국 유랑은 굶주림과
추위, 그리고 수차례 죽을 고비까지 넘겨야 했던 고난의 연속이었다.
그가 이렇듯 힘겨운 유랑을 했던 까닭은 무엇보다도 기질적으로 방랑
벽을 타고났기 때문일 것이다. 하지만 수년간 이어졌던 유랑생활이
단순한 취흥의 발산이라거나 무의미한 일은 아니었다. 여행을 통해
얻은 견문은 강위의 학문에 폭과 깊이를 더하였으며, 책에서 얻을 수

---

30) 이중하, 「본전」, 『강위전집(상)』, 371쪽. 김택영도 "노자가 없어서 항상 걸식하
였는데, 어떤 경우에는 나무 열매를 먹거나 물을 마셔 허기를 면했고, 사람이
살지 않는 곳에서는 노숙하면서 발자취가 미친 곳이 무릇 수만 리에 이르렀
다."고 강위의 전국 유랑을 묘사하였다(『김택영전집(이)』, 「추금자전」, 181쪽).
31) 『고환당수초』, 「三洞搜勝草」, '龍宮途中遇寒夜 飮示東溟上人', "龍宮途中遇
大風雪　幾殊　海溟上人出衣救之　近於牟梁中寒　又遇店主救甦"；주승택,
1991(c), 앞의 논문, 66~67쪽. 본 연구에서는 강위의 詩·文 중에서 문을 주된
분석대상으로 하였고, 시는 필요한 경우에 한해 제한적으로 다루었다. 아울
러 인용된 시의 번역과 해설은 주로 주승택의 박사학위논문을 참고하였다.

없는 현실감을 불어넣어 주었던 것이다.[32]

　강위가 전국 유랑을 끝낸 것은 1853년 1월경으로 추정된다. 별다른 생계의 방편이 없었던 강위는 가족을 이끌고 전라도 무주로 내려갔다.[33] 이때부터 그는 약 20여 년 동안 덕유산을 중심으로 호남과 영남을 오가며 주거를 정하여 두고, 이곳저곳 떠돌아다니는 생활을 시작하였다. 그의 시에 나오는 지명을 통해 이 시기 강위가 가족과 함께 머물던 곳을 살펴보면, 全羅道 茂朱·金堤, 慶尙道 安義·統營·古城·東萊, 智異山 靑鶴洞 등이 확인된다. 이 중 비교적 오래 살았던 곳은 무주와 안의였다.[34]

　강위가 전국 유랑을 마치고 별다른 연고도 없는 무주로 내려간 것은 신헌과의 인연 때문이었다. 신헌의 셋째 아들인 申樂熙의 시집인 「溪堂詩草」에 따르면 강위가 1854년부터 1856년까지 무주에서 유배 중이던 신헌의 문객으로 생활하였음을 알 수 있다.[35] 김정희의 제자라는 공통점이 있었다고는 하지만, 강위가 가족까지 이끌고 가서 의탁할 정도라면 이전부터 이미 돈독한 친분을 맺고 있었음이 확실하다. 강위와 신헌의 인연은 김정희가 제주도 유배에서 방면되어 귀경한 1848년 12월 이후에 시작되었을 것으로 보인다. 신헌은 오랜 귀양

---

32) 이건창은 "君은 古典籍에 대해서 통달하지 않은 바가 없고, 나라 안의 커다란 산과 큰 물줄기, 변방과 성곽의 방어시설, 요충지와 군현의 상황, 백성들이 사는 마을들의 이로움과 병폐, 풍속의 진실됨과 거짓됨 등에 대해서 탐구하지 않은 바가 없었다."고 평했다(『이건창전집(하), 「강고환묘지명」, 1085쪽). 고전적을 통달한 것은 독서의 결과겠지만, 나머지는 그가 전국 유랑을 통해 얻은 견문의 결과일 것이다.

33) 이중하, 「본전」, 371쪽, "久之倦游 無所遇 挈眷流寓茂朱山中".

34) 주승택, 1991(c), 앞의 논문, 76~77쪽.

35) 주승택, 1991(c), 앞의 논문, 78쪽의 주 56) 참조.

살이에서 돌아온 스승을 자주 방문했을 것이고, 당시 김정희의 집에
서 머물며 학업을 계속하고 있었던 강위와도 자연스럽게 가까워졌을
것이다. 그러나 이들의 만남도 신헌이 1849년 8월 전라도 고흥군 鹿島
로 유배를 떠나면서 중단되었다.36) 따라서 1853년 전국 유랑을 마치
고 마땅히 의지할 곳이 없던 그가 신헌의 무주 이배 소식을 전해 듣고
서 찾아가 의탁한 것으로 이해된다.

　신헌이 사면되어 서울로 돌아간 1857년 이후 강위는 경상도 안의로
주거를 옮겨 서당 훈장 노릇을 하며 힘들게 생계를 유지하였다.37) 이
후 신헌이 삼도수군통제사로 임명되자,38) 경상도 통영에서 다시 신헌
의 문객 생활을 하였다.39) 하지만 정확히 언제, 어떠한 연유인지는 알
수 없지만, 늦어도 임술민란이 무주를 휩쓰는 1862년 3월 이전에 통영
을 떠나 무주로 이주했던 것으로 보인다.40) 이중하가 "철종조 말에 삼
남의 백성들이 난을 일으켰는데, 선생을 위협하여 격문을 쓰도록 했
다. 선생이 거절하자 백성들이 노하여 선생의 집에 불을 질렀는데 선
생은 탈출하여 경사로 돌아갔다."고 했기 때문이다.41) 난민들의 화를

36) 이후 신헌은 감형되어 1853년 전라도 무주로 이배되었다가 1857년 정월에 사
　면되어 서울로 돌아간다(박찬식, 1988,「신헌의 국방론」,『역사학보』117, 54쪽).
37) 주승택, 1991(c), 앞의 논문, 81쪽.
38) 신헌은 1861년 1월 12일 삼도수군통제사에 임명된 이후 1862년 12월 29일 형
　조판서에 임명되어 돌아갈 때까지 약 2년간 통영에 머문다(『조선왕조실록』,
　철종 12년 1월 12일조 및 동왕 13년 12월 29일조).
39) 주승택, 1991(c), 앞의 논문, 84~85쪽.
40) 무주에서 민란이 발생한 것은 1862년 3월 29일 이전이다(망원한국사연구실,
　1988,『1862년 농민전쟁』, 풀빛, 60쪽).
41) 이중하,「본전」, 371쪽. 강위 자신도 훗날 이때를 회고하며 '朱溪民擾 以求狀
　不應媒禍 謾筆遺懷 時有三政捄弊詢策 草野之盛擧'라는 시를 짓기도 하였다
　(『강위전집(상)』,「錦洄唱酬集」, 115~116쪽).

피해 단신으로 서울에 올라온 그는 1862년 6월 중순 이후 정건조의 집
에 인사차 들렀다가 유폐된 채 삼정문란 해결 방책인 「擬三政捄弊策」
(이하 「擬策」)을 짓게 된다.[42] 그러나 「의책」의 삼정개혁론이 현실에
서 수용되기 어려울 것임을 안 그는 원고를 불태워 없애고 정건조의
집을 떠났다.[43]

「의책」을 불태우고 떠난 후 그는 다시 무주로 되돌아가 무주 백성
들의 요구에 따라 「代茂朱民人請捄近弊狀」을 지었다.[44] 또한 1873년
제1차 연행 때 남긴 「北游草」에 실린 '上大人得家書 平安賦示 余則無
梯寄音'이라는 시의 협주에 "내 집은 영남 안의현으로 도성에서 거리
가 600리"라고 한 것으로 미루어 이후 줄곧 안의·무주 일대를 근거로
살았던 것으로 추정된다.[45] 하지만 병인양요 발생 당시 강위가 신헌

---

42) 「의책」의 작성 경위에 대해서는 「擬三政捄弊策序」(『강위전집(상)』, 400~405쪽)
참조. 「의책」 작성 시점을 1862년 6월 중순 이후로 보는 이유는 그것이 그 해
6월 12일 있었던 철종의 三政策問에 응해 쓰인 책론이기 때문이다. 철종의
下詢에 대하여 수많은 위정자들과 지식인들이 1862년 6월에서 윤 8월에 걸쳐
서 상소를 올렸다(김용섭, 1974, 「철종 임술년의 응지삼정소와 그 농업론」,
『한국사연구』 10, 127쪽).

43) 박문호, 「강추금노인육십일수서」, 『호산전서(일)』, 아세아문화사, 583쪽, "往
在壬戌 南中有民亂 老人對三政策數萬言 自知迂闊不合時用 因焚其藁而不上
徹 然所論切中時病 劉蕡杜牧不能過也".

44) 『고환당집』에는 '此文是應求之作 非愚主見如此'라는 협주가 붙은 「대무주민
인청구근폐장」이 실려 있다. 이는 난민들의 소장 대작 요구를 거절해서 집이
불타는 화를 입었다는 기록과 상충되는 듯 보이지만, 글 가운데 있는 '조정에
서 이정청을 설치하였다(朝廷設釐正之廳)'는 구절로 볼 때 정건조의 집을 떠
나 다시 무주로 돌아간 강위가 백성들의 요구에 따라 소장을 썼던 것으로 보
인다(주승택, 1991(c), 앞의 논문, 133쪽).

45) 『고환당수초』(강범식본), 「北游草」, '上大人得家書 平安賦示 余則無悌寄
音'. 『고환당수초』(강범식본)는 『고환당집』과 마찬가지로 강위의 증손인 강
범식이 1935년 가전되던 강위의 시를 필사하여 묶은 시집이다. 『고환당수초』
라는 제목 아래 '先年詩文集發行詩 除外不入詩文'이라는 협주가 달려 있어

의 집에 머물며 그를 위해 「請勸設民堡增修江防疏」를 대작했음을 볼
때 안의 일대에 가족을 남겨둔 채 서울에서 활동했음을 알 수 있다.
그의 가족이 서울 동대문 밖으로 다시 올라온 것은 맏아들 요선이 무
과에 합격하여 관직에 나아가 생활이 다소 안정되는 1870년대 중반
이후였을 것으로 생각된다.[46]

강위가 오랜 수학과 방랑을 거치면서 쌓은 학문적 성취를 바탕으로
현실문제에 대한 해법을 제시하기 시작한 것은 40대에 접어든 1860년
대 이후의 일이다. 1861~1862년 삼도수군통제사로 있던 신헌을 위해
「駁慶尙左道兵水營移設議」를 지어 병법과 지리에 대한 높은 안목을
과시했는가 하면, 1862년 임술민란이 발생하자 삼정문제 해결을 위한
방책인 「의책」을 지은 것이 그 시작이었다. 1860년대 초반 주로 군
사·부세제도와 같은 국내문제에 있었던 그의 관심은 1866년 발생한
병인양요를 기점으로 대외문제로 급속하게 옮아갔다. 이에 대해서는
뒤에 상론할 것이므로 별도의 서술은 피하고, 다만 강위의 대외인식
이 변화하는 양상만 적시해 두고자 한다.

병인양요 직전 「청권설민보증수강방소」를 통해 어양책을 제기하며
東道에 대한 강한 믿음을 보였던 강위는 양요를 거치면서 서양의 침
략에 대한 우려와 함께 그 실체에 대해 깊은 관심을 기울이게 되었다.
1873년과 1874년 연이어 동지사행을 따라 북경을 방문한 것은 강위가

1885년 강위의 시가 광인사에서 활자본으로 출간될 때 제외된 시문들을 수록
했음을 알 수 있다.
46) 강위의 맏아들 요선이 언제 무과에 합격했는지는 확인할 수는 없지만, 1877년
그가 종9품 무관직인 哨官으로 어영청에 소속되어 있었음을 볼 수 있다(『승
정원일기』, 고종 14년 6월 14일조). 요선은 무과에 급제한 후 어머니를 모시
고 동대문 밖에 올라와 살았다(유동준, 1987, 『유길준전』, 일조각, 39쪽).

개국론자로 변모하는 계기가 되었다. 강위는 북경 함락 이후의 청국의 변화상을 살펴보는 한편, 청국 측 인사들과 필담을 하며 조선을 둘러싼 국제정세, 서양과 일본의 동향 등에 대해 의견을 나누었다. 그 결과 그는 고립에서 탈피하여 부국강병을 추구하는 것만이 조선이 당면한 위기를 극복할 수 있는 길이라는 결론을 얻게 되었다.

귀국 후 그는 1876년 대일수교 교섭에 참여하여 박규수·오경석·신헌 등과 함께 일본과의 수교가 무사히 성사되는 데 기여했다. 이후 그는 1880년 김홍집이 제2차 수신사로 일본을 방문할 때 書記로 수행했고, 1882년 초에도 김옥균·徐光範 등을 따라 재차 도일했다. 1882년 7월 임오군란 발생 소식이 전해지자, 김옥균 등은 급거 귀국하고 강위는 魚允中과 협의하기 위해 곧장 上海로 건너갔다. 1880년대 강위는 이미 환갑이 넘은 나이임에도 일본을 두 차례, 청국을 한 차례 방문하면서 적극적으로 활동했던 것이다. 1882년 말 귀국 후 그는 60세가 넘는 고령의 나이에 무리한 해외여행을 강행했던 후유증 탓인지 더 이상 뚜렷한 활동을 보이지 못하다가 갑신정변이 일어나기 7개월 전인 1884년 3월 10일 65세의 나이로 사망했다.

2) 교유관계

평생 재야의 지식인으로 살았던 강위의 삶을 고려하면 그의 교유 범위는 놀라울 정도로 폭넓었다. 그의 학문과 사상 형성에 가장 큰 영향을 미친 인물은 말할 것도 없이 스승인 민노행과 김정희였고, 가장 오랜 친분을 가졌던 인물로는 정건조와 신헌을 들어야 할 것이다. 하지만 이에 대해서는 앞서 그의 생애를 살피는 과정에서 다루었으므로

여기에서 별도로 논하지 않겠다. 우선 그의 문집『고환당수초』가 간
행될 때 직간접적으로 참여한 인물들을 통해 그의 교유 범위를 개략
적으로나마 확인해 보도록 하자.

> 벼슬아치나 문사들 가운데 더불어 어울린 자들이 몹시 많았는데,
> 학사 이건창이나 학사 鄭萬朝 등과 같은 여러 명사 30여 인이 傾心悅
> 服하여 시단의 맹주로 추대하였다. 그 죽음에 미쳐서 그 시편 대략 856수
> 를 수습하여 엮어서 17권으로 만들고 중국 여러 학사들이 지은 詩序와
> 비평들을 붙였는데, 이름 짓기를『고환당수초』라 하여 활자로 널리 인
> 쇄하여 오래도록 전하게 하였으니 가히 생사는 시작과 끝이 있다고 할
> 만하다.[47]

위 인용문은 性齋 許傳이 전하는『고환당수초』의 간행 경위이다.
이에 따르면『고환당수초』의 간행은 그를 시단 맹주로 추대한 '薦紳
文士'들의 주도로 이루어진 것이다. 그런데 주목되는 것은 허전이 856
수의 시를 수습하여 17권으로 엮었다는 사실만 언급하고 있다는 점이
다.『고환당수초』가 시·문을 함께 간행하는 관행과는 달리 시집만
간행되었음을 말해주고 있는 것이다.『고환당수초』는 갑신정변 직후
라는 흉흉한 시대적 분위기로 말미암아 1885년 시집 17권 3책이 먼저
간행되고, 1889년 문집 4권 2책이 간행되었다.[48]

---

47) 許傳,「姜瑋傳」,『許傳全集(四)』, 465쪽, "薦紳文士 從與遊者甚衆 有如李學士
建昌 鄭學士萬朝等 諸名士三十餘人 莫不傾心悅服 推以詩壇盟主 及其沒也 撫
捃其咳唾 凡八百五十六首 編之爲十七卷 附以中州諸學士 所爲詩序品題 名曰
古歡堂收草 鏤板廣印 俾壽其傳 可謂生死有始終也".

48) 이광린은 1889년 광인사에서 시·문을 함께 묶은『고환당수초』가 간행된 것
으로 보았지만(이광린, 앞의 논문, 11쪽), 갑신정변 직후라는 정치적 상황 때
문에『고환당수초』는 두 차례에 걸쳐 나누어 간행되었다(주승택, 1991(a),

1885년 시집 『고환당수초』가 간행될 때 실무라 할 校讎와 編輯을 맡았던 인물은 각각 이건창과 정만조였다. 오랜 친분을 쌓은 정건조의 서문과 題詞가 포함되었고,[49] 이외에 이건창·김윤식이 서문을 쓰고 있다. 또한 허전도 밝혔듯이 『고환당수초』에는 청국인 黃鈺·邵友濂의 서문과 吳鴻恩·敖冊賢·張世準·徐郙 등의 題詞가 붙어 있는데, 이는 모두 강위가 연행 때 자신의 시문을 보여주고 받아두었던 것이었다. 이외에도 『고환당수초』 시집 17권의 권두에 題字한 이로는 池運永·呂圭亨·黃玹·成蕙永·李源兢·李元兢·정만조·鄭丙朝·金貞圭·金乃銖·成周永·余杞山·鄭憲時·池錫永·白樂訓·金永爕·이중하·高永喆·李琦·徐丙壽·이건창·김택영·김홍집·朴章煥·吳翰應·丁大英·金文濟·李圭炳 등이 있다. 허전의 표현대로 30여 인의 명사들이 직간접적으로 강위의 시집 간행에 힘을 보탰던 것이다. 이에 반해 1889년의 문집 『고환당수초』는 이건창이 단독으로 실무를 맡아서 김홍집의 서문과 이중하의 「본전」을 받고 아들 요선의 발문만을 붙여서 간행했다.

또한 『고환당수초』 간행 과정에는 직접 참여하지 않았지만, 1880년 전후 시점에 강위의 문집 출간을 위해 그가 교유하던 사람들을 찾아다니며 흩어져 있던 시문을 모아 훗날 『고환당수초』가 간행되는 데 기여한 房致堯가 있다.

天水 松年 房致堯가 그(강위) 사람됨을 연모하여 여러 해 동안 함께

「강위의 저술과 '고환당집'의 사료적 가치」, 『규장각』 14).

49) 정건조의 서문은 1881년 1월에 쓰인 것이다. 그는 강위보다 이른 1882년에 세상을 떠났다.

어울렸는데, 그가 본래 서로 친근하게 지냈던 사람들을 방문하여 시문을 수집하여 수백 수를 얻어서 이름 붙이기를 수초라고 하였다. 내가 교분이 가장 오래되었기 때문에 멀리서 와서 나에게 말하기에 내가 소장하고 있는 「의책」 1권과 古近體詩 160여 수를 돌려보내니 송년이 크게 기뻐하여 권두에 몇 마디 적어줄 것을 요청하여 마침내 붓 가는 대로 여기에 적는다.[50]

이상에 언급된 인물들의 신분은 양반인 이건창·정건조·정만조·정병조·김윤식·김홍집·이중하·여규형·황현·김택영·이원긍·김정규·김문제·정헌시·성혜영·성주영 등에서부터 고영철·이기·지운영·지석영 등 중인까지 다양하였다. 이들 중 성혜영·성주영·여기산·지운영·지석영·고영철·박장환 등은 스스로 강위의 문인이라고 밝히고 있다. 이들의 연령대를 살펴보면 강위보다 43살 어린 1863년생 정병조로부터 3살 어린 정건조에 이르기까지 다양하지만 대부분이 그보다 30살 정도 어린 1845~1855년생이었다. 그가 "차라리 여염에 나아가 젊은이들과 술 마시고 먹을지언정 늙은이들에게 구애되고 굽히는 것을 좋아하지 않았다."고 한 이건창의 말이 사실인 셈이다.[51] 이들 중 그의 활동과 관련하여 중요한 역할을 했던 인물들에 대해서 간단하게 살펴보고자 한다.

이건창은 1852년 강화 태생으로 江華學派의 학맥을 계승한 양명학

---

50) 정건조, 「서」, 『강위전집(상)』, 6쪽. 방치요에 대해서는 별로 알려진 것이 없다. 강위가 경상도 안의와 통영에 머물 때 지은 몇 편의 시에 그에 대한 언급이 있고, 신헌의 3남인 신낙희의 문집인 『溪堂草稿』에 그가 강위와 함께 시평을 싣고 있다는 정도가 고작이다.

51) 『이건창전집(하)』, 「강고환묘지명」, 1085쪽, "其與人游 寧就閭里少年酒食 不喜拘曲老生".

자이면서 19세기 말의 문학계를 대표하는 대문장가였다. 그는 정건
조·신헌을 제외하면 강위와 가장 깊은 친분을 가졌던 인물이었다.
그가 『고환당수초』 간행을 실질적으로 주관한 것이나 그의 「강고환묘
지명」 집필도 그러한 친분의 결과였다. 강위와 이건창의 교류가 구체
적으로 확인되는 것은 신미양요 전후 시기가 처음이다.[52] 하지만 "내
가 선생에게 世好가 있다(不佞於先生有世好)."는 이건창의 말로 보면
두 사람의 관계는 더 이른 시기에 시작되었을 가능성이 있다.[53] 강위
가 이건창에게 가졌던 신뢰는 죽음에 임박해서 자신의 글을 전적으로
그에게 맡길 만큼 깊었다.[54] 또한 그가 젊은 이건창에게 거는 기대도
대단해서 약관의 나이에 서양에 대해 알고자 하는 그를 격려했으며,
제1차 연행에서 돌아온 후 필담기록인 「북유담초」를 보여주며 그가
변화하는 국제정세에 눈을 뜨게 하려고 노력하였다.[55] 하지만 이건창
은 스스로 강위의 시제자라고 자처하면서도 조선이 처한 대외적 위기
에 대한 대처 방법에서는 강위와 견해차가 컸다.[56] 강위가 "오늘날의
일은 오직 李某가 할 수 있는데, 하지 않으니 어찌 하리요."라 했던 것
도 이건창이 개화운동에 앞장서 주기를 기대했으나 동참하지 않는 데
대한 아쉬움을 표현한 것에 다름 아니었다.[57] 이건창은 강위의 기대

---

52) 위의 글, 1086쪽.
53) 이건창, 「서」, 『강위전집(상)』, 10쪽.
54) 『이건창전집(하)』, 「姜古歡批評孫武子跋」, 1156쪽, "及居士病且卒 屬其嗣曰吾
　文須寗瓚定之".
55) 『이건창전집(하)』, 「강고환묘지명」, 1086쪽.
56) 1874년 말 이건창의 반당으로 제2차 연행에 나선 강위는 청국인들과의 필담
　내용을 「북유속담초」로 남겼다. 「북유속담초」를 보면 두 사람이 서양에 대한
　대처방식에서 적지 않은 간극이 있었음이 확인된다. 이에 대해서는 Ⅳ장에서
　상세히 다룰 것이다.

와는 달리 끝내 개화와 척사 어느 한 편에 서기를 거부하고, 군주의 실심을 바탕으로 자주적으로 부국강병을 추구하자는 '實心富强論'을 주장하는 길로 나아가게 되었다.[58]

김홍집과의 교유는 1880년 제2차 수신사로 일본에 가게 된 김홍집을 강위가 書記로서 수행한 것이 계기가 되어 이루어졌다. 김홍집이 강위에게 함께 가기를 청한 까닭은 두 차례 연행을 통해 국제정세에 대한 안목이 뛰어났기 때문이었는데, 후술하겠지만 강위는 일본에 머물면서 김홍집의 정세판단에 조언하고 그를 대신하여 興亞會 회장에게 보내는 서한의 초안을 대작하기도 하였다. 김홍집이 「東游草」에 題字하고 1889년 문집이 간행될 때 서문을 쓴 것은 이때의 인연에서 기인한 것으로 교유기간이 비교적 짧았다.

한편 김윤식은 강위와의 만남을 "내가 평소 선생의 이름을 듣고 있었고 일찍이 漢城에서 한 번 만나본 일이 있었다. 두 번째는 烟臺의 배 가운데에서 보았는데, 선생의 나이는 이미 칠순이었다."라고 회고하였다.[59] 임오군란 소식을 듣고 상해에 있는 魚允中과 대책을 논의하기 위해 중국행에 올랐던 강위가 귀로에 吳長慶 · 丁汝昌이 이끄는 청군을 안내해서 귀국하던 김윤식과 같은 배에 동승하면서 두 번째 만남이 이루어졌던 것이다.[60] 김윤식이 문집의 서문을 쓰기는 했지

---

57) 이건창, 「강고환묘지명」, 1087쪽, "君與人語輒曰 今日事 惟李某可爲之 奈不爲何 余以此頗苦君".

58) '실심부강론'에 대해서는 김기승, 1998, 「이건창의 생애에 나타난 척사와 개화의 갈등」, 『인문과학논총』 6 참조.

59) 김윤식, 「서」, 237~238쪽, "余素聞先生之名 嘗一見於漢城 再見於烟臺舟中 先生年已七旬矣". 김윤식은 강위의 나이를 칠순이라 말했지만, 이때 강위의 나이는 63세였다.

만, 그가 벼슬길에 오른 1865년 이전에 이미 강위를 만났음에도 불구하고 1882년에야 두 번째 만남이 이루어진 점을 볼 때 친밀한 사이였다고 보기는 어려울 듯하다.[61] 후술하겠지만 강위는 온건개화파 인사들보다는 김옥균·서광범 등의 급진개화파 인사들과 더 깊은 유대관계를 형성하고 있었다.

이중하가 "세상의 선생을 아는 자는 모두 시문에 재주가 있다고 칭하지만, 천하사를 논하고 시무를 아는 것에도 뛰어나다고 하면 어떤 사람들은 믿지 아니한다."[62]라 한 데서도 알 수 있듯이 천신문사들이 강위 주변에 모여들었고, 그의 문집 간행에 참여한 것도 그가 뛰어난 시인이었기 때문이었다. 강위가 시단맹주로 추대된 1873년 이후 그를 중심으로 모여 시회를 열었던 집단은 크게 두 그룹으로 나뉘어졌다.[63]

첫째는 양반가의 젊은 문사들이 주축이었고 『고환당수초』 간행을 실질적으로 주도했던 그룹인 南村詩壇이다. 『고환당수초』에 실린 「南村晨夕集」은 강위가 이들과 창화한 시를 모은 것인데, 동인들의 서실을 순회하면서 시회를 열었던 것 같다.[64] 「남촌신석집」에는 이건창·

---

60) 『음청사』 1882년 10월 27일자에 김윤식은 김옥균을 따라 일본을 유람하다 상해·천진을 둘러보고 막 환국길에 오른 강위를 만나 이야기를 나누고 그가 지은 시권도 보았다고 적고 있다(金允植, 『陰晴史』, 국사편찬위원회, 1958, 219쪽 ; 이광린, 1979(a), 앞의 논문, 40쪽).

61) 김윤식, 「서」, 238쪽, "余於先生 白首傾蓋 便有鍼磁之感". 김윤식이 蔭官으로 벼슬을 시작한 것이 1865년이었으므로, 강위와의 첫 만남은 그 이전에 이루어졌음이 분명하다.

62) 이중하, 「본전」, 『강위전집(상)』, 374쪽.

63) 주승택은 강위가 경사의 문인들로부터 詞林宗匠으로 추대된 시기를 연경의 문인들로부터 격찬 받고 돌아온 1873년 이후로 추정하였다(주승택, 1991(c), 앞의 논문, 84쪽).

李建昇·정만조·정병조·鄭升朝·이중하·여규형·황현[65]·朴周陽·洪承憲·趙宅熙·洪祐獻·趙秉翊·徐光祐·徐光祚·朴駿彬·張義錫·鄭寅昇·鄭基恆·吳翰應·李泰元·李根洙·徐周輔·白之珩·이기·李玨軾·金魯莞·성혜영·李敎榮·李敎夏 등의 이름이 보인다.[66] 역관인 이기나 육교시사에도 참여했던 향반 성혜영도 눈에 띄지만 대부분이 명문가의 젊은 문사들이었다. 모임의 결성 시기도 1870년대 말 결성된 것으로 추정되는 육교시사보다 몇 년 빨랐던 것으로 생각된다.[67]

둘째는 醫譯 중인들이 강위를 중심으로 결성한 六橋詩社다.[68] 강위가 육교시사 동인들과 창수한 「六橋聯吟集」에는 邊煒·金善均·金明漢·金在玉·지운영·이기·고영철[69]·金奭準·崔亨基·金性浩·金

64) 시회가 열린 장소로는 洪承憲 書室, 鄭寅昇 書屋, 海棠樓, 花樹亭, 二雅堂 등이 나타난다. 장선희는 강위를 맹주로 문학 활동을 벌였던 사대부 시인들의 모임을 「남촌신석집」에서 이름을 따서 '남촌시단'이라 명명하였다(장선희, 1997, 앞의 논문, 37쪽).

65) 황현은 강위를 몹시 존경하여 강위를 만나기 전의 설레는 심정을 담은 시 '將見姜秋琴先生瑋'를 썼으며, 강위가 세상을 떠나자 '哭秋琴先生' 4수를 써서 그의 죽음을 애도하였다(장선희, 위의 논문, 44쪽).

66) 『강위전집(상)』, 「남촌신석집」, 207~216쪽.

67) 1876년 12월 29일 蘇東坡生辰會를 열고 있는 것으로 볼 때 1870년대 중반에는 모임이 결성되었음을 알 수 있다(『강위전집(상)』, 「남촌신석집」, 209쪽).

68) 육교시사와 이에 참여한 중인층의 활동에 대해서는 정옥자의 「시사를 통해서 본 조선말기 중인층」(1981, 『韓㳖劤博士 停年記念 史學論叢』, 지식산업사)에 잘 다루어져 있다.

69) 고영철은 1876년 한학 역과에 합격하였고 1881년 영선사 김윤식을 따라 군계학조사를 위해 중국 천진에 유학하여 영어를 열심히 배웠고, 1883년 보빙사의 미국 파견 때 일행 중 영어를 쓸 줄 아는 유일한 조선인으로 미국을 다녀왔다. 귀국 후에는 통리교섭통상사무아문의 주사로 임명되어 同文學에서 일하였다(김원모, 1995, 「견미 조선보빙사 수원 변수·고영철·현흥택 연구」,

璿·鄭日愚·李容奎·高永周·劉英杓·金昇圭·金貞圭·金炳宛·金
炳吉·朴永善·盧愚敬·趙泳·金得鍊·鄭景愚·文鉉奎·李容白·李
壖·玄隮·高永善·金景遂70)·金昌舜·金漢宗·文有用·李源兢·李
審·權文變·黃允明·李時英·朱雨南·權橝 등의 이름이 나타난다.71)
이들 외에도 1878년에 강위가 쓴 「海棠樓上元帖序」에 보이는 邊晋
桓·성혜영·白春培72)·李鳴善·裵壖73)·邊珽·朴承赫 등도 육교시사
의 동인이었다.74) 육교시사의 동인 중에는 고영철·김석준·이기·김
득련·고영주·김경수·이명선·변진환·변위·변정 등 역관의 비중
이 가장 컸고 나머지 인사들도 대부분 중인이었지만, 安東金門의 김
승규·김정규나 이원긍·김병완·김병길·성혜영 같은 양반들도 함께

『상명사학』 3·4, 568~574쪽).

70) 김경수는 한학 역관으로 중국을 자주 왕래했으며, 1881년 統理機務衙門이 설
치되자 參事로 임명되었던 인물이다. 중국 상해에서 미국인 목사 알렌(Young
J. Allen)이 발행한 『萬國公報』로 추정되는 잡지의 내용 일부를 뽑아 『公報抄
略』을 간행하였다(이광린, 1995, 「漢城旬報와 漢城周報에 대한 一考察」, 『(개
정판) 한국개화사연구』, 일조각, 69쪽).

71) 『강위전집(상)』, 「육교연음집」, 217~234쪽 ; 이광린, 1979(a), 앞의 논문, 20쪽.

72) 백춘배는 역관으로서 1882년 고종의 밀명으로 러시아에 들어가 정세를 탐색
하고 돌아와 그해 12월 보고서를 올렸으며, 1883년 3월 김옥균이 동남제도개
척사에 임명되자 일본에 건너가 울릉도 개척 관련 일을 도맡아 처리했다.
1884년 10월 갑신정변이 실패하자 김옥균을 따라 일본에 망명하였다가 이듬
해 조선의 정세 탐색을 위해 입국했다가 곧바로 체포되어 1886년 우포도청에
서 처형되었다(박은숙, 2011, 『김옥균 역사의 혁명가 시대의 이단아』, 너머북
스, 266~269쪽).

73) 배전은 경상도 김해 사람으로 호는 此山이다. 1886년 7월 일본에서 간행된 朴
齊絅의 『近世朝鮮政鑑(上)』에 민권 보장, 자원 개발, 서양과의 통상 및 기술
도입 등 개화사상이 뚜렷이 드러나는 평을 한 인물이다(이광린, 1995, 「'근세
조선정감'에 대한 몇 가지 문제」, 『(개정판) 한국개화사연구』, 일조각 참조).

74) 『강위전집(상)』, 「해당루상원첩서」, 394~395쪽.

어울려 시를 창화했다.[75] 강위가 70년대 후반 역관들이 대거 참여한 육
교시사를 이끌었다는 것은 중요한 의미가 있다. 1873·74년 두 차례의
동지사행을 통해 변화된 주변정세를 접했던 그가 이후 진행되는 상황
변화에 대한 정보를 빠르고 손쉽게 얻을 수 있게 되었기 때문이다.[76]

이제 『고환당수초』 간행에도 참여하지 않았고 강위 주도의 시단 활
동과도 관련이 없지만 그와 밀접한 관련이 있었던 인물들을 살펴보겠
다. 갑신정변의 실패로 일본 망명 중에 있던 김옥균과 서광범 그리고
제자였던 변수, 미국 유학을 떠나 1885년 말에야 귀국하고 이후 7년
동안 유폐생활을 하는 유길준 등이 그들이다.[77]

갑신정변의 주역이었던 김옥균·서광범·변수 등과 강위의 관계는
서울대학교 중앙도서관 고문헌자료실에 소장된 「古歡堂東游詩草」[78]
를 통해 확인할 수 있다. 강위가 1882년 김옥균 등과 함께 도일했을
때 남긴 시집 「東游續草」가 광인사본 『고환당수초』에 실려 있지만,
이들과의 관련을 보여주는 내용은 전혀 찾아볼 수 없다. 『고환당수초』
간행 과정에서 이들과 관련된 내용은 갑신정변 직후의 정치적 상황으
로 인하여 의도적으로 배제했거나, 작품을 살리기 위해 인명을 바꾸

---

75) 정옥자, 1981, 앞의 논문, 511쪽. 정옥자는 이원긍을 중인으로 분류하고 있으
나 명백한 오류이므로 바로잡는다.
76) 「육교연음집」을 보면 연행하는 역관의 餞別을 위한 시회가 자주 열렸음을 알
수 있다. 김석준의 연행을 전별하는 시회가 두 차례 보이고, 시회를 열지는
않았지만 천진에 가는 고영철을 위해 강위가 지은 시도 실려 있다(『강위전집
(상)』, 「육교연음집」, 220~223쪽 및 230쪽).
77) 신헌도 1884년에 사망하기 때문에 『고환당수초』 간행에 아무런 역할을 하지
못한다.
78) 「고환당동유시초」는 표지까지 총 50쪽에 불과한 얇은 책으로 강위의 친필본
으로 추정된다. 원래 강위의 傍孫인 姜斗植家에 보관되고 있다가 2010년경
서울대학교 중앙도서관에 기증되었다.

어서 싣는 방법을 택했기 때문이다.[79] 「고환당동유시초」는 김옥균·
서광범·변수 등의 이름에 먹칠이 되어 지워져 있지만, 다행히 알아
볼 수 없을 정도로 훼손된 것이 아니어서 김옥균 등과의 관계를 확인
할 수 있다.[80] 김옥균과의 관계를 보여주는 「고환당동유시초」의 내용
일부를 소개하면 다음과 같다.

> 아아! 나는 門地도 한미하고 재주도 庸陋한데, 젊을 때 독서로 명성
> 을 얻어 사람들에게 잘못 알려짐이 심했다. 古愚 金玉均 侍讀 大人의
> 특별한 예우에 항상 감격하는 마음을 품어 채찍을 잡으려는 바람이 있
> 었다. 얼마 전 경진년 여름에 道園 金宏集 侍郎 大人이 수신사로 일본
> 에 가게 되었는데, 시독 대인이 나를 강력히 추천하여 서기로 충원되
> 어 일본의 수도에 이를 수 있었다. 시랑 대인은 雅懷簡重하여 나가서
> 교유하는 것을 허락하지 않고 사신 일을 마쳤다. 우리들은 한 사람의
> 글 쓰는 선비도 사귀지 못하고 돌아와 자못 마음에 차지 않았다. 시독
> 께서 나에게 말하기를 "또한 조금만 기다리세요. 저도 또한 마땅히 일
> 본행을 할 것이니 함께 가면 더욱 좋을 것입니다." 하였고, 이 말을 金
> 石과 같이 받들어 주야로 기다렸다. 가평의 농가에서 해를 넘기고 설
> 을 쇠고서 7일에 서울에 도착하였는데, "시독께서 이미 일본행을 떠났
> 고, 우선 강릉에 가서 근친하고 곧바로 동래로 향할 것이다. 운운." 하
> 는 이야기를 들었다. … 나는 이 말을 듣고서 크게 낙심하여 마침내 따
> 라갈 계획을 세우고 行資를 邊燧에게서 구하고자 하였다. 변수는 내가
> 일찍이 그 집에 머물며 5년 동안 가르쳤던 문도인데, 변수가 뛸 듯이
> 좋아하며 말하기를 "저도 또한 이러한 마음을 품은 지 오래입니다. 원
> 컨대 따라가겠습니다." 하였다.[81]

79) 주승택, 1991(a), 앞의 논문, 106쪽.
80) 이광린, 1979(a), 앞의 논문, 10쪽.
81) 『강위전집(하)』, 「고환당시초」, '續東游草', 921~923쪽, "嗚呼以余卑微門地庸陋
姿材 少有讀書之名 誤人遠聽 (金)侍讀(古愚玉均)大人殊禮 常懷感激有執鞭之

강위와 김옥균의 교유가 언제부터 시작되었는지 명확히 알 수는 없다. 다만 김옥균이 그를 높이 평가하여 특별한 예의로써 대했고, 그도 그러한 김옥균을 좋아하고 따랐음을 알 수 있을 따름이다. 또한 1880년 강위가 김홍집을 따라 수신사행에 참여하게 된 것도 김옥균의 추천에 따른 것이었음을 알 수 있다. 강위는 귀국 후 김옥균에게 일본 방문에서의 아쉬움을 토로하자, 김옥균은 조만간 있을 자신의 방일에 그를 데리고 가겠다고 약속했다고 한다. 그가 김옥균의 약속에 대해 가졌던 기대감은 몹시 컸던 것 같다. 자신이 서울을 비운 사이에 김옥균이 이미 일본행에 나선 것을 확인하자, 제자인 변수에게서 여비를 마련하여 뒤쫓아 가고자 한 데서도 이를 알 수 있다.

변수·禹子重 등과 함께 길을 나서 우여곡절 끝에 부산에 도착한 강위는 일본으로 떠나려는 배 위에서 김옥균 일행과 극적으로 합류할 수 있었다. 선상에서 강위에게 繕工監 假監役官이 제수되었다는 내용이 담긴 家信을 전달한 것도 바로 김옥균이었다.[82] 이를 보면 김옥균도 강위와의 약속을 지키기 위해 길을 떠나기에 앞서 그의 집에 연락

願 頃在庚辰夏 金侍郎道園宏集大人 以修信使赴日本 侍讀大人力薦不肯 辟充書記以行得至日京 侍郎大人雅懷簡重 不許賓從出游使事告蔵 余輩不獲交一文詞之士而返 頗懷歉然 侍讀謂不肯曰 且少俟 余亦當爲此行 同去尤快 是言也奉如金石 晝夜以待 過年於加平田舎 元朝後七日到京 聞之侍讀已作日本之行 先往江陵觀親 自江陵直向東萊云 … 不肯自聞是言大懷缺然 遂生追去之計 謀行資於(邊燧) (邊燧)者不肯嘗舘於其家 五年授業之門徒也 (邊燧)躍然日遂亦懷此心久矣 願從焉". 괄호로 묶은 부분은 먹으로 지워진 내용이다.

82) 강위 일행이 김옥균을 뒤쫓아 부산으로 가던 중에 여비 때문에 문제가 발생했다. 변수가 여비로 쓰려고 계획했던 1만여 緡의 돈을 대구 순영에서 마련할 수 없게 된 것이었다. 난처한 상황에서 그의 제자인 鄭秉殷이 30민을 마련해 주어 함께 무사히 부산까지 갈 수 있었다. 김옥균이 4명의 배 삯을 대신 부담하였다는 것을 볼 때 뒤늦게 일행으로 합류한 정병은도 함께 일본행을 했던 것 같다(위의 글, 923~925쪽).

을 취했음이 분명하다. 한편 「고환당동유시초」에는 '金徐二大人欲作泰西之游'라는 제목의 시가 실려 있어 김옥균과 서광범이 서양을 여행하고자 계획했었음을 알 수 있다. 이 시의 협주에는 '老翁이 따라갈 것을 청하였으나 허락하지 않았다. 혹시 곤란한 일에 부딪히게 되면 (강위가) 후회할 것이라 (두 대인이) 여겼기 때문일까 염려하여 문득 감히 시를 읊어 스스로 盟誓했는데, 晉 文公의 白水의 盟誓 같음이 있었다.'라고 되어 있어 그가 63세의 고령임에도 서양의 근대문물을 직접 보고자 하는 열망이 얼마나 컸던가를 짐작하게 한다.[83] 자료 부족으로 김옥균 등 급진개화파와 강위의 관계를 구체적으로 밝히기는 어렵지만, 그가 쓴 시에서도 김옥균 등과의 친밀함이 두드러지는 점, 그에게서 5년 동안 수학한 변수가 갑신정변에 적극 가담하고 김옥균 등과 함께 망명길에 오른 점, 그와 친밀했던 백춘배도 줄곧 김옥균과 함께 활동하였던 점[84] 등으로 미루어 보면 그는 적어도 정파적으로는 급진개화파에 더 가까웠던 인물로 볼 수 있다. 따라서 그를 온건개화파로 분류하는 일부의 견해는 재고되어야 하리라 본다.[85]

---

83) '金徐二大人欲作泰西之游'와 그 협주에 대해서는 이광린도 소개한 바 있다(이광린, 1979(a), 앞의 논문, 36~37쪽). 하지만 주승택이 이미 지적한 대로 협주의 내용을 강위가 김옥균·서광범의 태서행을 만류하는 것으로 해석하는 오류를 범했다(주승택, 1986, 「추금 강위의 사상과 문학관」, 『한국학보』 43, 62~63쪽). 그런데 주승택은 협주의 내용을 '혹시 어려운 처지에 빠지면 수행하고자 한 것을 후회하게 될까 두려워서 시를 지어 맹세하였다.'라고 해석했는데, 강위가 후회할 것이라고 여기는 주체를 김옥균·서광범으로 보는 것이 문맥상 옳다고 여겨 바로잡았다.

84) 이광린, 1973, 「김옥균의 저작물」, 『開化黨研究』, 일조각, 199쪽.

85) 『續儒學近百年』에서는 그가 박규수·김윤식·신기선 등과 함께 온건개화파 항목에 서술되어 있다(금장태·고광직, 1989, 『속유학근백년』, 여강출판사, 191~232쪽).

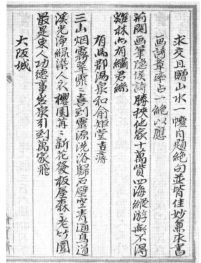

「고환당동유시초」
'有馬郡湯泉和俞矩堂吉濬'

광인사본 『고환당수초』
'有馬郡湯泉和鄭南皐秉夏'

유길준은 1870년대 후반 여규형·정만조 등과 함께 園洞의 지석영 집에서 지운영·석영 형제와 함께 강위의 강론을 들었다고 한다.[86] 또한 그는 강위의 「의책」을 읽고 '題或人三政策後叙'라는 시를 남긴 것으로 볼 때 강위의 글도 즐겨 읽었던 것 같다.[87] 유길준은 그를 몹시 추종하여 동대문 밖 강위의 집을 자주 방문했고, 강위도 광주에 갈 때면 유길준과 자주 동행할 만큼 두 사람 사이는 친밀했다.[88] 강위와

---

86) 유동준, 앞의 책, 37~38쪽.

87) 이광린은 유길준이 23세 때인 1878년 지은 '題或人三政策後叙'를 「의책」을 읽고 지은 것으로 보았다(이광린, 1979(b), 「유길준의 개화사상」, 『韓國開化思想 研究』, 일조각, 49쪽).

88) 유동준, 앞의 책, 38~39쪽. 강위의 고향인 광주군 중부면에는 유길준의 일가가 집단적으로 살고 있었다.

유길준의 관계가 『고환당수초』에 드러나지 않는 것은 갑신정변의 영향 때문이었다. 앞의 사진에서 보듯이 1882년 강위가 김옥균을 따라 일본에 갔을 때 慶應義塾에 유학 중이던 유길준과 함께 목욕을 하며 화답한 시 '有馬郡湯泉和兪矩堂吉濬'이 광인사본『고환당수초』의「續東游艸」에 제목이 '有馬郡湯泉和鄭南皐秉夏'로 바뀌어 실린 것을 통해서도 이를 알 수 있다.[89] 이때 유길준은 김옥균·서광범·강위 등이 참석한 흥아회 모임에도 자리를 함께 하였다.[90] 유길준이 만년에 詔湖亭에 살면서 여규형·정만조·지석영 등과 술자리를 열 때마다 강위가 아버지 회갑 때 지은 시를 읊으며 그를 추모했던 것에서도 유길준의 삶에 강위가 큰 영향을 미쳤음을 알 수 있다.[91]

한편 강위는 불교에도 적지 않은 관심을 가졌고 승려들과도 친분을 쌓고 있었다.[92] 가장 눈에 띄는 인물은「의책」이 간행될 때 발문인「古歡居士擬策跋」을 쓴 長白老人 蛻翁이라는 승려다. 그는 강위가 전국 유랑을 하던 때 백두산에서 처음 만나고, 후에 금강산 靈源洞에서

---

89) 주승택, 1991(a), 앞의 논문, 106쪽.

90) 『興亞會報告』제30집, '吾會紀事', 1쪽. 동일한 사실은 1882년 6월 23일자 『東京朝日新聞』에도 전하고 있다(이광린, 1989, 「개화기 한국인의 아시아연대론」, 『개화파와 개화사상 연구』, 일조각, 144쪽 ; 이헌주, 2009, 「1880년대 전반 조선 개화지식인들의 '아시아 연대론' 인식 연구」, 『동북아역사논총』23, 323쪽).

91) 유동준, 앞의 책, 39쪽.

92) 강위가 불교에도 독실했음은 이미 이광린의 연구에서 지적된 바 있다. 다만「草衣尊者碑」를 쓴 것을 근거로 스승 김정희와 친밀했던 草衣禪師와도 가까웠다고 한 지적에는 다소 의문이 있다(이광린, 1979(a), 앞의 논문, 18쪽). 다른 불승과의 관계로 볼 때 그가 초의선사와도 친분이 돈독했을 개연성은 있다. 하지만 그가 협주로 '대작'임을 밝혔고 『신헌전집』에 똑같은 글이「草衣宗師塔銘」이라는 제목으로 실려 있음을 볼 때 초의선사와 가까웠던 이는 신헌으로 보인다(『申櫶全集(下), 375~379쪽). 「초의존자비」를 제외하고는 초의와의 관계를 보여주는 글은 어디에서도 발견되지 않는다.

다시 만나 산중에서 오랫동안 함께 지냈던 인물이다.[93] 유랑시절 시들이 주로 수록된 『發弨餘草』에는 강위가 전국 명산을 돌며 태웅을 비롯하여 一指禪師·夏峰上人·菊尊者 등의 승려들과 창화한 시가 많이 수록되어 있다.[94]

끝으로 강위가 외국 여행을 통해서 교유한 인사들을 살펴보겠다. 1873년 동지사행에서 사신 일행이 접촉했던 인물은 禮部尚書 萬靑黎,[95] 刑部主事 張世準, 四譯舘提督 善聯, 漢人 蔭官 李敦愚, 御史 吳鴻恩, 蒙古人 蒙王 菽齋, 普景璞, 普勒仲, 潔軒 등이다.[96] 이 중 만청려는 공식적인 자리를 제외하면 단 한 차례 만나 필담을 나누었을 뿐이어서 만남 이상의 의미를 두기는 어려울 것 같다. 첫 번째 연행에서 강위가 여러 차례 접촉하면서 필담을 나누었던 인물은 장세준과 오홍은이었다. 장세준은 강위가 1874년 동지사행에서도 여러 차례 접촉했던 인물로 필담에서의 발언 내용을 보면 洋務派 系列에 속하는 관료로 추정된다. 강위가 세 차례의 중국 여행에서 가장 가깝게 사귀었고, 그의 개국론 형성에도 많은 영향을 끼친 인물이다.

---

93) 『강위전집(상)』, 687~689쪽.

94) 주승택, 1991(c), 앞의 논문, 68쪽.

95) 만청려는 병부상서, 예부상서 등 요직을 두루 거친 인물로 필담 당시 68세였다. 대체로 淸議論的 입장에 섰던 것으로 평가되는 그는 예부상서라는 직책상 조선에 상당한 영향력을 행사했다. 1866년에는 연행 중이던 正使 柳厚祚에게 서신을 보내 서양과 무력 대결을 피하고 지구전을 펼 것을 권고하여 조선의 국방정책에 큰 영향을 끼치기도 했다(노대환, 2005, 『동도서기론 형성과정 연구』, 일지사, 242쪽). 또한 박규수가 1874년 6월 29일자 서신에서 청일수호조규 상의 '不侵中國屬國' 조항에 의거하여 일본에 압력을 넣어 그 침략을 저지해 줄 것을 부탁한 것을 보면 박규수와도 교문이 있었던 것으로 보인다(손형부, 1997, 『박규수의 개화사상연구』, 일조각, 156쪽).

96) 『강위전집(하)』, 「북유일기」, 693~795쪽.

1874년 연행 때에는 연행일기가 남아있지 않아 어떤 인물들을 접촉
했는지 명확히 알 수 없다. 「북유속담초」에 필담기록이 남아있는 인
사는 형부주사 叔平 장세준, 刑部侍郎 孝侯 黃鈺, 翰林院 侍讀 頌閣
徐郙, 中福綏 등이다. 황옥·서부는 1874년 연행에서 처음 만나 여러
차례 필담을 나눈 인물이다. 필담의 내용으로 볼 때 황옥은 양무론 계
열에, 서부는 청의론 계열에 속하는 관료로 보인다. 강위가 서부에게
시집 「북유초」·「북유속초」를 보이고 題詞를 받기는 했지만,[97] 이건
창이 그와 필담하는 4차례 자리에 배석만 했을 뿐 단독으로 만나지는
않았던 것 같다. 이는 그가 청의론자인 서부의 주장에 그다지 공감하
지 않았기 때문이었던 것으로 추정된다. 반면 황옥과는 이건창과 함
께 만난 이외에도 별도의 필담을 나누었고, 황옥이 그를 唐의 시인 高
適에 비유하며 극찬하는 서문을 써주자 「上黃孝侯侍郎鈺書」라는 편
지를 통해 자신의 삶을 진솔하게 털어놓으며 詩道를 논하였다.[98] 이
로 미루어 보면 황옥과의 만남은 傾蓋如故의 친밀한 교유였던 것으로
평할 수 있을 것이다. 한편 「북유속담초」에는 나타나 있지 않지만
1차 연행 때 필담했던 오홍은과의 만남도 계속 이어졌던 것으로 추정
된다. 『강위전집』에는 강위가 2차 연행 때 받은 것으로 추정되는 청
국인의 제사가 실려 있는데, 오홍은도 敖冊賢·장세준·서부 등과 함
께 제사를 쓰고 있다.[99]

1880년 제2차 수신사행의 일원으로 일본을 방문했을 때 교유한 청

---

97) 『강위전집(상)』, 366쪽. 강위는 서부가 제사를 써준 데 대해 감사의 편지를 쓰
기도 하였다(같은 책, 「與徐頌閣郙侍讀書」, 437~438쪽).
98) 『강위전집(상)』, 「상황효후시랑옥서」, 433~437쪽.
99) 『강위전집(상)』, 365~366쪽.

국인으로는 淸國公使 何如璋과 淸國公使館 參贊官 黃遵憲을 들 수 있다. 당시 수신사 김홍집이 여러 차례 청국공사관을 방문했고, 또 하 공사와 황 참찬관의 답방도 수차례 있었음을 고려하면,[100] 서기의 직책으로 김홍집을 수행했던 강위와 이들의 만남도 자연스럽게 이루어졌을 것으로 보인다. 특히 『朝鮮策略』의 저자 황준헌은 청국의 대표적인 시인이기도 하여 조·청 양국을 대표하는 시인들이 만나 시를 창수할 법도 하지만 기록상 그러한 흔적은 발견되지 않는다.[101] 하지만 귀국 후 『조선책략』에 대한 반대 여론이 비등하자 강위가 연미론을 옹호하는 「駁鄂羅不可先聯議」·「擬誥」 2편의 글을 쓰고 있는 것으로 보아 하·황 두 사람과의 만남은 강위에게 큰 영향을 미친 것으로 보인다.[102]

한편 1882년 두 번째 일본 방문에서는 나가사키 주재 淸國領事 余瓗와의 만남이 주목된다. 여휴는 1880년 나가사키에 머물고 있던 슈펠트(Robert W. Shufeldt) 제독과 이홍장의 만남을 알선하여 조미수교의 물꼬를 터 준 인물이다. 또한 그는 임오군란 발발로 김옥균·서광범 등이 급거 귀국한 후, 강위가 천진의 어윤중을 만나기 위해 상해로 갈 결심을 하자 필요한 모든 편의를 제공해 주었다.[103]

여휴의 도움으로 세 번째 중국 여행에 나선 강위는 양무운동의 중

---

100) 국사편찬위원회, 『修信使記錄』, 「大淸欽使筆談」, 171~189쪽 참조.
101) 주승택은 황준헌과 강위가 각각 『조선책략』의 집필과 일본 관리들과의 공식 회합 석상에서 시를 읊기에 분주했기 때문에 정신적인 여유가 없었을 것이라 추정했다(주승택, 1991(b), 「강위의 개화사상과 외교활동」, 『한국문화』 12, 153쪽).
102) 「박악라불가선연의」와 「의고」에 대해서는 Ⅵ장에서 상세히 다루었다.
103) 『고환당수초』(강범식본), 「遠游草」 ; 이광린, 1979(a), 앞의 논문, 38쪽.

심지 상해를 둘러보고 천진을 거쳐 귀국길에 오르게 된다. 주목되는 것은 그가 상해에서 양무운동에 앞장섰던 관료·학자들과 두루 교유했던 점이다. 그가 만난 인물은 江蘇省 道台 邵友濂, 招商局 總辦 徐潤, 『易言』의 저자인 鄭觀應, 機器局 總辦 李興銳, 單秉鈞, 廣方言館 程錫書, 胡文孫, 王炳堃, 李芄 등이다.[104] 이 중 소우렴은 「북유초」· 「고환당초고」·「沁行雜記」를 읽고 강위가 시무를 잘 아는 준걸이며 시는 두보의 경지에 이르렀다고 극찬하는 서문을 쓰기도 했다[105]

　한편 두 차례의 일본 여행에서 교유한 일본인은 外務大丞 미야모토 고이치(宮本小一), 마에다 겐키치(前田獻吉),[106] 카메타니 세이켄(龜谷省軒), 長崎縣令 우쓰미 다다카쓰(內海忠勝) 등 주로 관리이거나 흥아회 관련 인사들이었다. 이들과의 교유의 구체적 실상은 명확히 알기 어렵다. 다만 1880년 미야모토 고이치는 비록 거절당했지만 강위에게 博士라는 관직을 제안할 정도로 그에게 깊은 호감을 표시하였음이 확인된다.[107]

---

104) 『고환당수초』, 「원유초」 '제사' 및 『강위전집(상)』, 「원유초」, 341~351쪽. 이광린은 강위가 홍콩에서 발행되는 「循環日報」의 주필 王韜도 만났다고 하였으나, 이는 왕병곤을 만난 것을 오해한 것으로 보인다(이광린, 1979(a), 위의 논문, 39쪽).

105) 소우렴, 「서」, 『강위전집(상)』, 363쪽.

106) 마에다 겐키치는 흥아회 창립 주역 중 한 사람인데, 강위가 1882년 일본 여행에서 그의 시에 창화하는 시 두 편을 지어 보냈다(『고환당수초』(강범식본), 「東游續草」, '赤馬關舟中奉和前田獻吉總領事' 및 '東京長酏亭奉和前田總領事').

107) 『강위전집(상)』, 「東游草」, 326쪽 ; 주승택, 1991(c), 앞의 논문, 35~37쪽.

2. 학문과 대외인식

1) 수학 과정과 학문적 기조

14세 무렵부터 정건조와 함께 공령을 익히기도 했던 강위가 22세가 되면서 과거를 포기하고 민노행에게서 4년, 김정희에게서 7년 동안 경학을 배웠음은 전술한 바 있다. 강위가 민노행과 김정희에게서 배운 경학은 학문적으로 어떤 성격을 갖는 것이었을까?

① 수년 후에 기원 민노행 선생을 만나 경서의 뜻을 듣기를 청하니 선생은 책상을 어루만지며 오래도록 크게 한숨을 쉬시고, 이에 말씀하시기를 "내가 궁벽하게 거하면서 경전의 뜻을 연구한 것이 50년이지만 능히 한마디도 다른 사람에게 말할 수 없었다. 그대는 이것을 배워서 무엇을 하려고 하는가?" 하셨습니다. 저는 그 말을 기이하게 여겨 굳이 스승으로 섬기기를 청하였습니다.[108]

② 젊었을 때 기원 민노행공에게서 배웠는데, 민공이 『大學古本』을 내주며 선생으로 하여금 스스로 풀이해 보도록 하였는데, 선생은 깊이 생각하여 한 달 만에 그 심오한 뜻을 모두 밝혔다. 민공이 놀라서 말하기를 "1년을 기약할 것을 한 달 만에 해내는가?" 하였다.[109]

사료 ①은 강위가 황옥에게 보낸 편지에서 경학을 배우기 위해 민

---

108) 『강위전집(상)』, 「상황효후시랑옥서」, 434쪽, "數年遇杞園魯行先生 願聞經旨 先生撫案太息者久之 乃曰吾窮居治經訓五十年 不能以一語告人子欲學此 何爲 某異其言固請師之".

109) 이중하, 「본전」, 『강위전집(상)』, 371쪽, "少學於杞園閔公老行 閔公出大學古本使自解 先生覃思一月 盡發其奧 閔公驚曰 期之年者月耶".

노행을 찾아갔을 때의 일화를 소개한 것이다. 민노행이 제자가 되겠
다는 강위에게 큰 한숨을 쉬며 남에게 한마디도 말할 수 없는 경전의
뜻을 배워서 무엇 하겠느냐고 했고, 그는 그 말이 기이하여 굳이 제자
가 되기로 했다는 것이다.

　사료 ②는 민노행이 남에게 한마디도 말할 수 없다고 한 이유를 가
늠케 한다. 스승 민노행이 강위에게 스스로 풀이하라며 내준 책은 朱
熹가 주석한『大學章句』가 아닌『대학고본』이었던 것이다. 민노행은
강위 스스로『대학고본』의 연구를 통해 주자의『대학장구』가 갖는 문
제점을 깨닫게 하려 했던 것이다.110)『대학』은 王陽明이『대학고본』
에 의거하여『大學古本旁釋』을 지어 주자의『대학장구』를 비판하면
서부터 유학자 사이의 논쟁의 중심문제로 되었다. 조선에서도 이미
18세기에 양명학의 영향을 받은 星湖學派의 李瀷 · 安鼎福 · 李秉休 ·
權哲身 등에 의해『대학장구』비판이 이루어졌고, 이를 계승한 정약
용이『大學公議』를 통해 주자의 大學說을 신랄하게 비판하기도 하였
다.111) 그러나 19세기 세도정권이 들어선 이후 상황은 일변하였다.

　주지하듯이 고려말 도입된 성리학은 조선 건국 이후에는 조선 사회
를 이끌어 가는 지배이념으로서의 지위를 확립했다. 그러나 양란, 특
히 삼전도의 굴욕은 조선 성리학계에 큰 위기로 다가왔다. 주자 성리
학이 화이론에 입각한 배타의식을 중요한 구성요소로 하고 있었기 때
문이다. 北伐論 · 尊周論 · 대명의리론 등을 통해 위기에서 탈피하려
했던 노론 학계는 스스로를 정통으로 자처하며 정권을 장악했고, 소

---

110) 주승택은 김정희에게 강위를 의탁한 것을 근거로 민노행을 고증학자로 추정
　　했다(주승택, 1991(c), 앞의 논문, 53쪽).
111) 崔鳳永, 1987, 「성호학파의 주자대학장구 비판론」, 『동양학』 17 참조.

론과 남인 가운데 주자학에 비판적이었던 朴世堂과 尹鑴 등을 斯文亂
賊으로 지목하여 탄압했다. 18세기에는 영·정조의 탕평정치로 인한
안정적 정치운영을 바탕으로 사상계 내에서도 성리학 이외에 양명학,
불교의 중흥 등 새로운 사상 경향들이 나타나게 되었다. 하지만 19세
기에 들어 세도정권이 수립되면서 이러한 사상계의 다양성은 급격히
위축되어 몇몇 예외적인 인물들을 제외하고는 대부분 보수화되어 갔
다.112)

한편 『四庫全書』 편찬 과정에서 漢學이라는 이름으로 宋學에 대항
하는 독립적인 학문으로 발전해간 청조 고증학도 조선의 성리학에 큰
영향을 끼쳤다. 정조 연간에 이미 정통 성리학을 송학으로 상대화하
여 청조 고증학과 학문적으로 비교하여 어느 것이 우위에 있는가 하
는 이른바 '漢宋論爭'이 벌어지기도 했다.113) 그러나 청조 고증학이 주
자학에 대한 비판의 성격이 강했던 데 반해 조선에서 유행한 고증학
은 성리학을 완전히 배제하지 않으면서 고증학의 장점을 절충하는 漢
宋折衷的 성격을 띠고 있었다. 순조대 이후에는 송학의 한계를 인식
하면서도 청조 고증학의 장점을 수용하는 분위기는 쇠퇴하고, 고증학
중에서도 금석고증과 같은 고증 일변도의 학문에 몰입하게 되었
다.114) 이는 세도정권 수립 이후 사상계의 위축된 분위기와도 무관하
지 않다.

---

112) 조성산, 2000, 「조선후기 성리학 연구의 현황과 전망」, 『조선후기사 연구의
    현황과 과제』, 창작과 비평사 참조.
113) 유봉학, 2002, 「추사의 시대 ─정치적 추이와 추사 일문」, 『추사와 그의 시대』,
    돌베개, 27쪽.
114) 정재훈, 2002, 「청조 학술과 조선성리학」, 『추사와 그의 시대』, 140~159쪽.

강위는 민노행이 4년 만에 타계하자 장례를 치른 후 스승의 유지를
받들어 제주도에 유배 중인 김정희를 찾아갔다. 강위의 증손 강범식
은 집안에 전해지는 김정희와 강위의 첫 만남 이야기를 다음과 같이
밝히고 있다.

> "내게 무엇을 배우겠다고 왔소?" "孟子를 배우려고 합니다." 그래 맹
> 자를 내어놓고 읽고 새기라기에 낭랑히 읽고 막힘없이 새겼더니 "그만
> 큼 했으면 됐지 뭐를 더 배우겠다는 것인고?" "본문이 아니라 그 註를
> 공부하려 합니다." "그것을 배우자면 빈한을 면치 못할 터인데…" "그
> 것은 이미 각오한 바이옵니다."115)

강위가 김정희에게서 배우려 했던 것은 『맹자』의 註釋, 즉 경학이
었고, 이를 배우기 위해 빈한도 이미 각오하였다는 것이다. 김정희는
청조 고증학계에서 금석학이나 교감학 등 구체적인 방법론이 학문적
으로 빛을 발하던 시기에 북학의 영향을 받아 이 분야의 대가로 잘 알
려져 있다. 하지만 경학에서도 翁方綱의 '漢宋不分'의 입장을 토대로
阮元·戴震 등의 학문적 성과를 종합함으로써 청조 학술에 대해서는
거의 독보적인 존재로 평가된다.116) 김정희에게서 경학을 배웠다는
것은 고전에서 實事求是를 추구하는 문헌학적 실증·귀납이 특징인
고증학적 방법론의 체득을 의미한다. 스승의 영향으로 그의 경학은

---

115) 이훈종, 2002, 「한자 사랑방: 향리 출신의 두분 선각자(1) −추금 강위와 구
　　당 유길준−」, 『한글한자문화』 32, 29쪽. 강위가 황옥에게 보낸 서신에도 비
　　슷한 내용이 보인다. "旣謁金先生, 又太息不語, 一如閔先生爲者, 曰子不見我
　　乎, 治經之效如此, 學此究何用, 某尤異之, 遂居海外"(『강위전집(상)』, 「상황
　　효후시랑옥서」, 434쪽).
116) 정재훈, 앞의 논문, 150~156쪽.

주자학적 틀에 얽매인 기존의 경전 해석에서 크게 벗어나 있었다.

> 내가 일찍이 사흘 밤을 圭庭 徐承輔 선생과 더불어 이야기한 적이
> 있는데, 이따금 분격하여 옛 현인을 매도하고 속학을 꾸짖어 배척하여
> 힘써 기존의 학설을 뒤집어 새로운 견해를 이루려 하였다. 반드시 말
> 하기를 "아는 것의 극진함(知極)은 楊子에게서, 행하는 것의 극진함(行
> 極)은 墨子에게서, 요체에 부합함(體的)은 告子에게서, 법의 갖추어짐
> (法備)은 荀子에게서 찾아볼 수 있다. (10자가 빠짐) 단정하건대『주역』
> 의 大傳과『예기』는 한 사람의 손에서 나와서 공자 문하의 도를 전하
> 는 책이 되었는데, 한 글자도 유감스러움 없이 사마천에게서 집성되어
> 있다."고 하였다. 갖가지 만들어낸 논리는 모두 이와 같은 종류였
> 다.117)

인용문은 강위가 1853년에 쓴「자서」에서 규정 서승보와 사흘 밤에
걸쳐 토론했던 일화를 소개한 것으로 그의 학문적 태도가 잘 드러나
있다. 속학에 대한 배척은 물론이고 옛 현인에 대해서도 가차 없이 비
판하여 애써 기성학설에 구애되지 않는 새로운 견해를 이루려 했다는
것이다. 주목되는 것은 그가 力飜成案의 예로 든 것이 하나같이 유가
에서 이단사설로 배척되는 인물에 대한 재평가라는 점이다. 이는 강
위가 비판의 대상으로 삼았던 영역이 이미 성리학을 뛰어넘어 유학
자체로 확대되었고, 제자백가에 대한 재평가로까지 이어졌음을 의미
한다. 강위의 관심이 諸子學으로까지 확대되었던 데에는 스승 김정희

---

117)『강위전집(상)』,「자서」, 13~14쪽, "余嘗三夜與徐圭庭承輔先生言 往往憤罵古
賢 呵斥俗學 力飜成案 必謂知極於楊子 行極於墨子 體的於告子 法備於荀子
十字缺 斷以易大傳禮記出於一手 爲孔門傳道之書 無一字遺憾 而集成於史遷
種種造論 皆如此類".

에게서 배운 고증학의 영향이 컸던 것 같다. 청조 고증학에서는 경학 고증의 일환으로 제자학이 2천 년 만에 역사에 재등장했던 것이다.[118] 또 하나 간과할 수 없는 사실은 글의 중간에 10자가 누락되고 '十字缺'이라고 표기되어 있어 의도적인 삭제 가능성도 보여주고 있다는 점이다. 이단사설로 배척되던 인물들에 대해 '知極'·'行極'·'體的'·'法備' 등의 용어로 재평가한 그의 자유분방한 사고와 언행으로 볼 때, '십자결' 부분은 당시의 사상적 풍토에서 차마 발설할 수 없는 내용이었기 때문에 삭제되었을 가능성이 크다.[119] 이러한 파격적인 경전 이해 때문에 그는 이단으로 몰려 적지 않은 고통을 겪었던 것 같다. 1874년 동지사행 당시 남긴 「북유속초」에서 그가 "낮은 신분, 누추한 생활은 마음속으로 달게 여겨도 이단이라는 이름으로 배척받는 것은 견디기 어렵구나."라고 노래한 것에서도 상황을 짐작케 한다.[120]

현재 전해지지 않지만 강위의 경학의 수준을 보여주는 중요한 글로 「庸學經緯合璧」이 있다. 아들 요선이 발문에서 "「經緯合璧」과 「孫武子註」 등과 같은 책은 도의 밝고 어두움, 전쟁의 길흉을 밝혀 그 중요성이 대단히 크고 돌아가신 아버지의 정신이 깃든 곳은 실로 여기다."

118) 諸子學을 독자적 학문으로 발전시킨 것은 汪中이었다. 그는 諸子 가운데 墨子와 荀子를 재발굴하여 각기 先秦·漢代의 유력한 학문이었음을 고증했고, 주자학의 성전인 『대학』을 유가 지파의 저술로 격하시켰다. 이 과정에서 공자의 유교도 제자백가 앞에 상대화되어 유교 이전의 周禮가 三代 성왕의 정치제도의 유산으로서 중시되었다(조병한, 1989, 「청대의 사상 ─경세학과 고증학─」, 『강좌 중국사 Ⅳ』, 지식산업사, 272쪽).

119) 주승택, 1991(c), 앞의 논문, 94쪽. 주승택은 '십자결' 부분이 도가 혹은 불가 사상에 대한 언급이었을 것으로 추측하였다.

120) 『강위전집(상), 「북유속초」, '老懷有難釋然者不已于言', 296쪽 ; 주승택, 1991(c), 위의 논문, 106쪽.

라고 할 만큼 경학사상의 정수가 담긴 글이다.[121] 아들이 '아버지의 정신이 깃든 곳'이라 평한 이 글들이 문집 간행 때 빠진 경위는 이건창의 글을 통해 가늠해 볼 수 있다.

> 居士가 병들어 졸함에 미쳐서 그 嗣子에게 위촉하여 말하기를 "내 글은 모름지기 甯齋가 定하여 줄 것이다." 했다. 그 사자가 쇠약해진 몸을 이끌고 와서 나에게 고하니 차마 사양할 수 없어 번거로운 곳을 잘라내고 잘못된 곳을 바로잡아 되돌려 보냈다. 그 후 거사의 문집이 간행되었고, 그 중 여러 편은 내 눈을 거치지 않은 것이 있었는데, 들으니 또한 거사의 遺意가 그러했다고 한다. …『庸學(學은 古本大學이다)經緯合璧』과『孫武子批評』두 책은 거사의 外集인데, 거사가 생존해 있을 때 내가 보지 못하고 지금 또한 그 사자의 청에 의해 아울러 나에게 定稿가 위촉되었다. 내가 읽고 탄식하며 "이것은 내가 미칠 수 있는 바가 아니다. 내가 감히 거사에게 남길 만한 의견이 있을 수 없다." 하였다. 그러나 내가 바야흐로 거사의 말을 생각할 때 능히 풀어낼 수 없었던 것을 지금 두 책 가운데에서 왕왕 깨달을 수 있었다. … 그러나 또한 도의 근본은 둘이 없을 따름이고, 나머지도 끝내 합치할 필요는 없다. 문득 이러한 뜻을 적어『손무자비평』의 뒤에 발문으로 붙이니 마치 거사와 더불어 서로 말을 주고받는 듯했지만, 다른 사람은 진실로 깨닫지 못할 것이다. 『경위합벽』은 반드시 별도로 적어야 할 바가 있지 않고, 곧 이것으로써『경위합벽』의 발문으로 삼더라도 또한 통할 것인데, 다만 그 더욱 중요한 것의 아래에 감히 글을 쓸 수 없기 때문이다.[122]

강위의 문집이 간행될 때 校讐의 책임은 유언에 따라 이건창에게

---

121) 강요선, 「발」, 『강위전집(상)』, 525쪽, "他如經緯合璧 孫武子註等書 道之明晦 兵之吉凶 關板甚重 先君子精神所寓 實在於是".

122) 『이건창전집(하)』, 「강고환비평손무자발」, 1156~1158쪽.

맡겨졌는데, 일부 글들이 강위의 유의로 이건창을 거치지 않고 문집
에 실렸다는 것이다. 이는 이건창에게 맡길 경우 자신의 뜻과 달리 변
형되거나 수록되기 어려울 몇몇 글들을 그가 별도로 챙겼음을 의미한
다. 강위와 이건창이 오래도록 가깝게 교유했음에도 불구하고 그만큼
생각의 차이도 컸던 것이다. 그런데 이건창은 『용학경위합벽』과 『손
무자비평』[123]을 문집 간행 이후 요선이 정고를 맡기고서야 비로소 보
게 되었다는 것이다. 요선의 발문에는 두 책이 문집에서 빠진 이유를
"논의는 모름지기 정해지는 데 오래 걸리니 잠시 세상에 드러내지 않
고 후일을 기다린다."고 밝혀 내용상의 문제 때문임을 밝히고 있
다.[124] 두 책을 접한 이건창은 평소 강위가 하던 이야기가 책에 잘 나
타나 있다고 하면서도 자신은 남길 만한 의견이 없다고 했다. 하지만
그는 결국 "도의 근본은 둘이 없을 따름이고, 나머지는 끝내 합치할
필요는 없다."며 병학서인 『손무자비평』의 발문을 썼던 것이다. 그러
면서도 『경위합벽』의 발문은 별도로 적을 것이 없고 더욱 중요한 것
아래에는 감히 글을 쓸 수 없다는 이유로 끝내 쓰지 않았다. 이는 그
의 언급과는 달리 『경위합벽』이 당시로서 받아들여지기 어려운 파격
적인 내용을 담고 있어 부담을 느꼈기 때문이라 생각된다. 요선이 발
문에서 두 책의 간행을 후일로 미루었음을 밝혔지만, 후일 이건창에
게 『경위합벽』의 발문을 요청했을 때도 상황이 그다지 호전되지 않았
던 것이다.[125]

---

123) 김택영은 두 책을 각각 『庸學解』와 『孫武子註評』이라 표기하고 있다(『김택
　　영전집(이)』, 「추금자전」, 183쪽, "又有庸學解 孫武子註評之屬 藏于家").
124) 강요선, 「발」, 『강위전집(상)』, 525쪽, "論須久定 姑不標出 以俟後日".
125) 주승택은 제목을 통해 『용학경위합벽』이 『중용』과 『대학고본』을 씨와 날로

강위의 경학이 도달한 수준을 어렴풋하게나마 전하는 글로서 「忠
恕無聖人學者之異稱論」[126]과 「四書首章立言必以三截論」[127]이 남아
있다. 전자는 공자의 가르침의 핵심인 忠恕는 성인인 공자에게만 해
당되는 것으로 규정하고, 孔氏家門의 가학인 충서의 도가 사라지는
것을 두려워한 子思가 충서의 도를 發明하기 위해 지은 傳이 『중용』
이라고 주장하는 글이다. 후자는 文章學이 공자가 사람들을 가르친
四科(德行, 言語, 政事, 文學)의 하나이고 또한 사과의 으뜸에 오는 중
요성을 강조하고, 사서의 문장법이 갖는 기본구조가 三截法이라는 삼
단논법으로 이루어져 있음을 밝힌 글이다. 또한 그는 삼절법을 갖춘
이후에 뜻이 비로소 갖추어진다고 보고, 후세의 文詞家들이 삼절법을
버리고 의리의 오묘함만을 깊이 추구하면 도리어 글을 짓는 常法을
잃을 위험이 있으므로 이 법을 본받아야 한다고 주장하였다.[128]

이건창은 강위의 학문에 대해서 다음과 같이 말하고 있다.

> 군은 젊어서 김포 민노행, 참판 김정희를 추종하여 古經의 뜻을 전
> 수받았는데, 문득 신묘한 깨달음이 있어서 중간에 다시 이리저리 유랑
> 하였다. 禪學과 兵學과 陰陽學 등의 여러 서적을 공부하였고, 또한 모
> 두 버리고 떠나서 시와 다른 문장을 짓게 되었다. 가족을 이끌고 호남
> 과 영남 사이에 우거하였는데, 湖嶺人들은 지금도 군을 姜文章이라 한

삼아 하나의 이론체계로 통합한 내용이며, 강위 특유의 '憤罵古賢', '力翻成
案'하는 학문적 태도로 주자에 대한 가차 없는 비판이 이뤄졌을 것으로 추정
하였다(주승택, 1991(c), 앞의 논문, 110쪽).
126) 『강위전집(상), 419~421쪽.
127) 『강위전집(상)』, 421~424쪽.
128) 이 두 편의 글에 대한 설명은 기존 연구에서 상세히 다루어져 있다(금장태 ·
고광직, 앞의 책, 225~226쪽 ; 주승택, 1991(c), 앞의 논문, 111~115쪽 참조).

다고 한다. 군은 고전적에 대해서는 통달하지 않은 바가 없고, 나라 안
의 커다란 산과 큰 물줄기, 변방과 성곽의 방어시설, 요충지와 군현의
상황, 백성들이 사는 마을들의 이로움과 병폐, 풍속의 진실됨과 거짓
됨 등에 대해서 탐구하지 않은 바가 없었다.[129]

　강위의 학문적 편력은 경학 이외에도 선학·병학·음양학·시·문
장학·지리학 등 다방면에 걸쳐 있었고, 특히 고전적·병학·지리학
에 능통했다는 것이다. 그가 이렇듯 학문적으로 다양한 분야에 걸쳐
있었던 것은 역시 박학다식한 김정희의 영향 때문이었을 것으로 보인
다. 김정희의 학문은 경학·금석학·교감학 등 다방면에 걸쳐 있었고,
또한 불교에도 대단한 조예가 있었다. 또한 수만 권에 달하는 책을 보
유한 장서가인 스승의 장서를 접할 기회를 가졌던 것도 그가 학문적
으로 다양한 분야를 섭렵하게 한 요인이었다.[130] 강위의 선학과 음양
학이 어떤 면모를 보이고 있었는지는 알 수 없지만, 그가 병법과 지리
에는 대단한 안목을 가졌던 것만은 분명하다.

　강위는 평소에도 병법을 논하는 것을 대단히 즐겼고,[131] 비록 문집

---

129) 『이건창전집(하)』, 「강고환묘지명」, 1085쪽, "君少從閔金浦魯行 金參判正喜
　　　受古經義 輒有神解 中更浮游 學禪學兵學陰陽諸書 又悉棄去 爲詩及他文章
　　　挈家寓湖嶺間 湖嶺人至今稱君 爲姜文章云 君於古典籍 無所不貫 於國中大山
　　　巨水 關塹城堡 形勝郡縣 利病閭里 風俗情僞 無所不究".

130) 강위가 제주 유배에서 풀려난 후 스승의 집에서 머물며 스승의 장서를 접할
　　　수 있었던 것은 1849년부터 스승이 다시 북청으로 유배가게 되는 1851년까
　　　지의 3년 동안이었다(정건조, 「서」, "君辭於海上欲遂縱遊域內 金公留之 偕
　　　至京師 出其書使遍觀之"). 김정희가 보유했던 장서는 수만 권에 달했는데,
　　　대부분 산실되어 정확한 내용은 알 수 없다. 후지츠카 치카시는 김정희가
　　　남겨놓은 장서목록 일부를 토대로 파악 가능한 그의 장서를 '金阮堂舊藏書
　　　目錄'으로 정리했다(藤塚鄰 著, 朴熙永 譯, 1994, 『추사 김정희 또 다른 얼굴』,
　　　아카데미하우스, 529~557쪽).

간행 때 빠지긴 했지만 아들 요선이 그의 정신이 깃든 대표작의 하나
로『손무자비평』을 꼽을 정도로 병학에 조예가 깊었다.『손무자비평』
은 제목으로 미루어『손자』에 대해 주석과 비평을 한 책으로 여겨지
지만, 현재 실전되어 그 내용을 파악할 길이 없어 아쉬움이 남는다.[132]
다만「駁慶尙左道兵水營移設議」와「請勸設民堡增修江防疏」두 편의
글이 남아 있어 그가 병학에 뛰어난 식견을 지녔음을 보여주고 있다.
　「박경상좌도병수영이설의」는 각각 울산과 동래에 있었던 慶尙左
道의 병·수영을 지형적인 이유로 경주와 울산으로 옮기자는 조정의
논의가 그릇되었음을 논박한 글이다.[133] 스스로 협주에 "당시에 이 議
로 인하여 옮겨지지 않았다(當時因此議不果遷)."고 밝혔듯이, 그의 정
연한 논리는 경상좌도의 병·수영을 옮기는 국방상 중차대한 논의를
매듭짓는 결과를 가져왔다. 그는 울산과 동래의 병·수영과 이설후보
지 경주·울산이 갖는 지형적 조건과 수비·전술운용·훈련 등 군사
적 조건을 비교함으로써 이설 논의가 부적절함을 논박했다.
　아울러 왜병이 경상도 일대에서 서울로 북상하는 통로를 左·右·
中路로 나누어 살폈다. 좌로는 永川·新寧 → 竹嶺 → 丹陽·淸風을,
우로는 丹城·山淸 → 八良峙 → 雲峰·南原을 경유하는 길인데, 이
좌·우로는 병가에서 말하는 伏路로서 수비를 갖추어두면 10만의 군
대도 앉아서 묶어둘 수 있어 重鎭을 두지 않더라도 방어할 수 있다고
했다. 반면 密陽·淸道 → 大邱 → 尙州 → 鳥嶺 → 忠州를 거쳐 서울

---

131) 박문호,「강추금노인육십일수서」, 583쪽,『호산전집(일)』, "喜論世務 尤喜談
　　 兵".
132) 주승택, 1991(c), 앞의 논문, 110쪽.
133)『강위전집(상),「박경상좌도병수영이설의」, 425~430쪽.

에 이르는 중로는 피아간에 선점하는 쪽이 유리한 지형이기 때문에
중진을 두지 않으면 지키기 어렵다고 보았다. 따라서 중로를 지키기
위해 밀양부에 있는 推火山城을 강화할 필요성이 있음을 강조했다.

　이 글이 쓰인 시점, 즉 경상좌도의 병·수영 이설 문제를 놓고 논란
이 있었던 시점이 정확히 언제였는지는 연대기 자료에도 나타나지 않
아 알 수 없다. 다만 동일한 글이 『신헌전집』에 「慶尙左道兵水營移設
議」라는 제목으로 실려 있음을 볼 때,[134] 그가 신헌을 위해 대작한 것
이 분명하다.[135] 또한 신헌의 관력과 연관 지어 추정해 보면, 신헌이
삼도수군통제사로 임명되어 재임하는 1861년에서 1862년 사이에 쓰인
글로 볼 수 있다. 「請勸設民堡增修江防疏」도 강위가 신헌을 위해 대
작한 글로 병인양요 당시 프랑스군의 침략에 대비하여 강화도에서 서
울의 양화진에 이르는 물길을 직접 답사하고 방어책을 담아 작성한
상소다.[136] 이 두 편의 글이 강위의 병학과 지리학의 전모를 보여주지
는 못하지만, 적어도 그가 이 분야에서도 대단히 뛰어난 식견을 지니
고 있었음은 확인시켜 준다.

　강위가 한글 연구에 적극적인 관심을 기울여 「東文字母分解」를 남
기고 있다는 점도 빠뜨릴 수 없다.[137] 「擬定國文字母分解」라는 이름

---

134) 『신헌전집(하)』, 「경상좌도병수영이설의」, 218~224쪽.

135) 이헌주, 2001, 「강위의 대일개국론과 그 성격 −강화도조약 체결을 중심으로−」,
　　『한국근현대사연구』 19, 12쪽. 주승택은 「박경상좌도병수영이설의」의 내용
　　을 자세히 다루면서 家兄의 蔚營 근무 경력을 근거로 울영의 병사를 대신해
　　지은 것으로 추정하였으나 사실과 다르다(주승택, 1991(c), 앞의 논문, 73~74쪽).

136) 이헌주, 2004, 「병인양요 직전 강위의 어양책」, 『한국사연구』 124 참조. 「청
　　권설민보증수강방소」에 대해서는 Ⅲ장에서 다룰 것이므로 상세한 논의는
　　피하고자 한다.

137) 『강위전집(하)』, 909~918쪽.

으로도 불렸으며 강위가 1869년에 쓴 것으로 사본으로만 전해지다가 1938년 金允經의 『朝鮮文字及語學史』에 全文이 게재되었다.138) 하지만 오랫동안 필사본으로만 전해진 탓에 다양한 異本이 존재하고, 저술 시기도 1864년이라는 설도 있는 형편이다. 내용상으로도 1907년 李能和가 「國文研究案」에서 '三十七字母分解'로 소개하고 있어 『조선문자급어학사』에서 게재한 '三十五字母分解'와 다른 모습을 보이고 있다. 전체적으로 실학자들의 正音研究의 테두리를 벗어났다고 보기는 어렵지만, 당대의 음운체계를 실질적으로 반영하고 있고 기존 연구와 차별화된 독특한 학설도 제기한 것으로 평가된다.139) 또한 그의 한글 연구는 유길준과 제자 지석영에게도 직접적인 영향을 끼쳤다.140) 유길준이 우리나라 최초의 한글 문법서인 『朝鮮文典』을 쓴 것이나,141) 지석영이 학부 내에 국문연구소를 설립하고 『字典釋要』(1906년) · 『言文』(1909년) 등의 사전류를 편찬하는 데에 그의 영향이 적지 않았다.142)

한편 『漢城周報』가 국한문 혼용체로 발간된 경위를 강위와 연결시켜 설명하는 견해가 있어 주목된다. 강위가 이노우에 가쿠고로(井上角五郎)에게 한글을 가르친 가정교사로서 『漢城旬報』를 간행하는 데 참여하고, 『한성주보』가 국한문 혼용체로 간행되는 데 직접 기여했다는 것이다.143) 이러한 주장은 주로 이노우에의 다음과 같은 회고에 근

---

138) 이광린, 1978, 「『강위전집』 해제」, 『강위전집』 참조.
139) 김민수, 1981, 「강위의 동문자모분해에 대하여」, 『국어학』 10, 135~162쪽.
140) 유동준, 1987, 앞의 책, 39쪽.
141) 주승택, 1991(a), 앞의 논문, 103쪽.
142) 정옥자, 1981, 앞의 논문, 518~519쪽.
143) 정진석, 1985, 「한성순보 주보와 개화사상」, 『한국현대언론사론』, 전예원 ;

거한 것으로 생각된다.

① 나는 일찍이 조선의 어학 및 언문을 연구하는 일이 언문 사용을
꾀하기 위해 필요하다고 여겼기 때문에, 도착 이래 오로지 그 연구에
힘썼는데, 특히 강위라는 사람을 나의 가정교사로서 고용했습니다. …
이 강위가 당시 내게 말한 바로는 "옛날 궁중에서 왕비가 한문에 正音
즉, 지금의 언문을 섞어서 문서를 지었던 일이 있습니다. 그 외에는 실
제로 이 漢諺 혼합의 문체가 세상에 쓰였다는 것을 듣지 못했지만, 만
약 실행시켰다면 편리했을 것이라고 생각합니다."라고 하며 열심히 조
사해 주었습니다.144)

② 그런데 강위는 언문 사용의 일을 내가 부재중에 조사하고 있었
던 것이어서 한언 혼합의 문체를 여러 가지 양식으로 써서 모아서 내
게 보여 주었습니다. 나는 그것을 김윤식에게도, 局員에게도 보여줬더
니 모두 "이것으로 실행하는 데 지장이 없다."라고 말하였기 때문에,
그 후 나의 서간은 대부분 이것을 사용하기로 하였습니다.145)

인용문 ①은 이노우에가 『한성순보』 간행 당시 강위와 함께 국한문
혼용체에 관심을 갖고 연구했음을 회고한 것이고, 인용문 ②는 갑신
정변 이후 본국으로 피신했다 돌아온 이노우에가 김윤식에 의해 발탁
되어 『한성주보』 간행을 준비할 당시를 회고한 것이다. 하지만 이노
우에의 회고를 그대로 사실로 받아들이기에는 적지 않은 문제점이 발
견된다. 특히 강위가 『한성주보』의 국한문 혼용체 채택에 기여했음을

최준, 1990, 「한성순보에 대한 고찰」, 『(신보판)한국신문사』, 일조각 참조.
144) 井上角五郎, 1934, 『福澤先生の朝鮮御經營と現代朝鮮の文化とに就いて』, 明
治印刷株式會社, 16쪽.
145) 井上角五郎, 위의 책, 25쪽.

설명한 인용문 ②의 내용은 명백한 오류이다. 1884년 3월 사망한 강위
가 갑신정변으로 귀국했다 돌아온 이노우에를 만나 여러 가지 양식의
국한문 혼용체를 보여줄 수는 없는 일이기 때문이다.[146]

이노우에의 회고가 기본적인 사실에서조차 오류를 보이는 점을 고
려하면 이를 그대로 신뢰하기는 어려워 보인다. 하지만 그의 회고에
서 강위를 자신의 한글 가정교사라고 밝힌 것과 연도의 착오는 있지
만 두 사람이 국한문 혼용체 연구를 했다는 것은 사실로 추정된다. 왜
냐하면 이노우에가 강위에게서 한글을 배우고 국한문 혼용체 연구에
도움을 받았다는 점을 일부러 지어낼 이유가 없기 때문이다. 또한 이
노우에를 일본에서 데리고 온 사람이 박영효라는 점과 강위가 「동문
자모분해」를 지을 정도로 한글 연구에 조예가 깊었던 점도 그러한 추
정을 가능하게 한다. 1882년 초 김옥균이 도일할 때 동행할 정도로 개
화당과 친밀했던 강위가 신문 발행을 목적으로 박영효가 데리고 온
이노우에에게 우리말과 글을 가르칠 적임자로 꼽혔을 가능성이 충분
하기 때문이다.

지금까지 강위가 수학기와 방랑기를 거치면서 폭넓은 경험을 하였
고, 그의 학문적인 영역도 경학 이외에 선학·병학·지리학·시·어문
학 등 다방면에 걸쳐 있었음을 살펴보았다. 강위의 학문을 논할 때 결
코 빠뜨릴 수 없는 저술이 그가 1862년 임술민란 발생 당시 지은 「擬
三政抹弊策」[147]이다. 「의삼정구폐책」은 조선 사회가 내부적으로 심

---

146) 이광린도 강위와 『한성주보』의 국한문 혼용체 채택을 연결시키는 견해가 사
    실과 거리가 있음을 지적한 바 있다(이광린, 1979(a), 앞의 논문, 14~15쪽).
147) 「의삼정구폐책」은 조선왕조 재정의 근간이라 할 田政·軍政·還政의 삼정
    운영의 문란과 그로 인해 촉발된 농촌사회의 동요와 이반 등의 문제에 대한
    해결 방안을 제시한 것이었다. 하지만 임술민란은 단순히 삼정의 수취 즉,

각한 체제 모순으로 흔들리고 있는 상황에서 그가 제시한 개혁론으로
그의 경세가로서의 면모를 잘 드러내 주는 저술이다. 이에 대해서는
Ⅱ장에서 상세히 다룰 것이다.

2) 북학론적 대외인식

조선 사회가 대외인식의 기본틀로 삼고 있었던 것은 화이관이었다.
화이관은 중화와 이적을 엄격히 구별하고 한족 왕조의 방어를 도덕적
사명으로 강조하던 정치사상으로 송대 이후 주자학을 중심으로 한 중
국사상에서 강조되던 특징이었다. 주자학을 수용하여 성리학으로 발
전시켜 나갔던 조선 사회는 16세기에 의리명분론적 성리학을 체계화
하면서 中華=明, 小中華=朝鮮이라는 인식틀을 확립했다. 그러나 17세
기 중엽 이후 천문·지리지식의 확대와 명·청 교체라는 대륙정세의
변동으로 화이관에도 일대 변화가 나타났다. 이적의 국가 청이 명을
무너뜨리고 대륙을 석권한 이후에는 더 이상 중화=명, 소중화=조선의
틀을 유지할 수 없었기 때문이다. 그것은 오히려 명 멸망 이후 조선만
이 중화문화의 유일한 보존자요 계승자, 다시 말해서 조선이 곧 중화
라는 소중화의식의 강화로 표출되었다. 존주론·대명의리론의 성행은
멸망한 명 왕조에 대한 의리의 확인을 통해서 그러한 조선의 존재를
확인하려는 노력의 표현에 다름 아니었다.[148]

___

세정상의 폐단에서만 기인한 것이 아니라, 농업경영의 변동과 농민층 분화
등 농촌사회 내부의 사회·경제적 변화를 배경으로 하고 있었다. 따라서
「의삼정구폐책」은 19세기 중반의 농민경제의 파탄과 전국적 규모의 농민반
란을 목도하면서 강위가 구상했던 농업개혁과 부세개혁의 방향을 보여주는
대단히 중요한 자료이다.

호란 이후 조선은 청의 강요에 의해 어쩔 수 없이 청과 사대관계를
맺기는 했지만, 조선 사상계에서는 대명의리론·소중화적 자존의식·
반청적 북벌대의론이 주류를 점하고 있었다. 숙종 대에 이루어지는
萬東廟·大報壇의 건립은 조선 스스로 명의 적통임을 자임함으로써
북벌대의와 조선의 문화자존의식을 천명하는 상징적 사건이었다.[149]
이러한 인식하에서 청은 오직 '復讐雪恥'의 대상으로만 여겨질 뿐으로
청 문화의 선진성도 부정될 수밖에 없었다. 이는 조선 사회가 선진문
물을 도입하는 유일한 창구를 스스로 막아버리는 결과를 가져왔다.

18세기에 들어서 성리학적 소중화의식에 대한 반성이 나타나기 시
작했으며, 연행사를 통해 '삼번의 난' 진압 이후 전성기를 구가하던 청
의 발전상이 알려지면서 점차 대청인식에도 변화가 나타났다. 星湖
李瀷은 청 지배하의 중국을 중화문명과 동일시하여 淸夷狄觀을 청산
함으로써 대중국관의 변화를 주도했다.[150] 湛軒 洪大容도 대명의리를
강조하는 한계가 있기는 했지만, 자연과학적 지식에 입각하여 중국
중심적 세계관에서 벗어났을 뿐 아니라, 더 나아가 화와 이의 구별이
무의미하다는 '華夷一也'的 세계관을 형성했다. 또한 그는 연행 경험
을 통해 청의 발전상을 확인하고 청조문화의 우수성을 찬양하며 청조
문물을 捨短取長하는 북학론을 주장함으로써 대청인식의 획기적 전
환을 이룩했다.[151]

18~19세기 조선 사회에 나타난 이러한 변화의 이면에는 이른바 '學

148) 조광, 1998, 「실학의 발전」, 『한국사』 35, 국사편찬위원회, 238~239쪽.
149) 유봉학, 1995, 『연암일파 북학사상 연구』, 일지사, 59쪽.
150) 조광, 1998, 앞의 논문, 240쪽.
151) 조광, 1979, 「홍대용의 정치사상 연구」, 『민족문화연구』 14, 87~92쪽.

界의 京·鄕分岐' 현상이 자리하고 있었다. 핵심적인 산림학자의 후배·문생·제자·후손들이 서울의 京華士族的 관료학자로 전환되어 자족적 학문 활동을 하면서 전통주자학과 명분론만을 고수하는 재야 산림의 영향에서 이탈해 나갔던 것이다. 조선학계의 전면적 재편과정이라 할 경·향 학계의 분기는 주자학적 명분론에 뒷받침된 사회질서의 동요와 주자학에 대한 사회 전반의 신뢰 약화에 따른 것이었다. 또한 이는 이 시기 서울과 그 주변의 사회경제적 변화, 京華巨族과 위항인을 포함하는 경화사족의 대두, 그들의 관직독점이라는 정치적 조건과도 관련된 현상이었다. 조선 학계 전체를 주도하는 위치로까지 부상한 이들은 누대에 걸쳐 서울에 살면서 상업의 융성과 함께 대도시로 발달해 가던 서울의 활기찬 분위기를 성장 배경으로 했으며, 때로는 당색 등 정치적 입장 차이까지도 넘어서는 상호교류를 이룸으로써 폐쇄적이던 기존 산림 중심의 학통 계승과는 다른 면모를 보이고 있었다. 이들은 경화거족으로서 연행사행에도 참여하여 청의 새로운 학문과 문물을 첨단에서 수용했다.[152]

이러한 북학론의 풍미는 궁극적으로 17세기 이래 조선 사상계에서 굳게 견지되어 왔던 대명의리론-문화자존의식-북벌대의론의 삼위일체적 일관성을 해체시켜 조선 지식인의 명분론적 세계관의 붕괴로 귀결될 수도 있는 것이었다.[153] 실제로 19세기에 이르면 대명의리론

---

152) 유봉학, 앞의 책, 24~56쪽.

153) 1782년 동지부사로 연행했던 洪良浩는 귀국 후 청조를 배워 낙후한 조선의 모습을 변화시킬 것을 희망하며 6개 항목을 상소하여 정책에 반영되도록 하였다. 조선 사회에서 상대적 주변인이었던 홍대용·박지원·박제가 등과 달리 최고위 관료이고 정조의 중신이었던 홍양호도 북학에 공감했다는 사실은 북학이 이미 조선 사대부에게 보편적으로 받아들여지고 있었다는 중요

의 상징인 明의 崇禎 연호 습용에 대한 공공연한 비판이 제기될 정도
로 대명의리론이 급속히 퇴색되어갔다. 1865년 흥선대원군의 만동묘
훼철은 노론세력에 대한 정치적 응징이기도 했지만, 대명의리론의 가
장 중요한 전통적 상징물까지도 정치적 이유로 제거될 수 있는 시대
상황의 변화를 드러낸 것이었다. 대명의리론의 퇴색은 북벌대의론에
입각한 대청인식의 변화와도 짝하는 것이었다. 홍대용·이익·정약용
등은 대명의리론과 북벌대의론을 반성하면서 명·청·조선을 객관화
시키고 그 위에 조선 중심의 주체적 대외인식 태도를 수립했는데, 이
는 국가 간의 차등적 위상 설정에 입각한 전통적 화이론의 극복이라
할 조선 사상계의 중요한 진전이었다.[154]

북학론이 18세기말 19세기 사상계의 주류였던가 하는 점은 의문의
여지가 있다. 연행 길에 올랐던 관리들조차도 소중화로서의 자부심과
청을 오랑캐로서 멸시하는 감정이 강했음을 볼 때 북학론자들의 주장
이 오히려 이례적인 것으로 여겨지기 때문이다. 또한 북학론이 과연
화이관을 극복한 것인가 하는 점에도 이견이 적지 않다. 북학론은 중
국 문화의 정수와 오랑캐 청을 구분하는 것이었고, 따라서 조선후기
의 전통적인 대청인식의 기조에 근거하고 있다는 것이다. 북학론자들
이 종래의 지리적·종족적 화이관을 대신해 문화적 화이관을 표방함
으로써 청에 대해 종래와는 다른 입장을 취할 여지를 마련한 것은 사

한 지표라 할 수 있다(쑨웨이궈, 2016, 「청대 건가학인과 조선 학인의 교류」,
『사행의 국제정치 −16~19세기 조천·연행록 분석−』, 아연출판부 참조).

154) 유봉학, 앞의 책, 56~78쪽. 19세기 중반에 이르면 조선 정부에 의해 대명의리
론 대신 청에 대한 至誠事大가 공개적으로 운위될 정도로 퇴영적인 대청 태
도가 나타나기도 했다. 국내적으로 지지기반이 취약한 세도정권의 속성상
유화적 대청외교의 중요성이 더욱 절실했기 때문이었다.

실이지만, 이들의 북학론은 소중화의식을 완전히 극복한 위에서 도출된 것이라기보다는 오히려 중화로서 조선의 위치를 강화하기 위한 방편으로 채택했던 것으로 보아야 한다는 것이다.[155]

 북학론이 계서적 질서에 입각한 전통적 화이론을 극복한 것으로 보기에 적지 않은 무리가 따르는 것은 사실이다. 하지만 그렇다고 해서 북학의 논리가 역으로 중화로서 조선의 위치를 강화하기 위한 방편으로 채택된 것으로 자연스럽게 귀결되는 것은 아니다. 박지원·박제가 등에게서는 "진실로 법과 제도가 좋으면 장차 이적에게 나아가서라도 배우겠다."[156]고 하는 북학의 논리와 '북벌을 위한 북학'의 논리가 함께 나타나는데, 그들의 진의가 '북벌'·'북학' 중 어디에 초점이 있었는가는 당시의 정치·사상계 상황 속에서 보다 면밀히 검토되어야 할 것이다. 당시의 주류적 흐름이 북벌론적 대청인식이었다면 북학을 주장하는 것 자체가 대단한 모험이었기 때문에 '북벌을 위한 북학'에 가탁했을 수도 있기 때문이다.[157] 또한 북학론이 설령 지리적·종족적 화이관을 대신해 문화적 화이관을 표방함으로써 조선의 중화로서의 지위 강화에 목적을 둔 것이었다 해도 그 의미는 결코 반감되지 않는다. 그것이 청조문물 도입 논리로 작용하는 한 현실적으로는 소중화의식 강화라는 퇴영적 모습에 제동을 걸 수밖에 없고, 또한 청에 대한 변화된 입장 자체가 그만큼 진일보한 것이기 때문이다.

---

155) 박성순, 1998, 「조선후기의 대청인식과 '북학론'의 의미」, 『사학지』 31 참조.
156) 朴趾源, 『燕巖集』 卷7, 「北學議序」.
157) 이 점은 1880년대 초 서기수용의 논리로 제기되었던 東道西器論과도 비교된다. 동도서기론은 동도의 가치를 훼손하지 않는 범위에서 서기를 받아들인다는 구조를 갖고 있지만, 서양의 기술문명을 받아들이기 위한 논리로 제시된 개화론이었다.

　개화사상가로 변모하기 전 강위의 대청인식이 어떠한 면모를 보이
고 있었는지 명확히 알 수는 없다. 하지만 경기도 광주에서 태어나 서
울 회동의 정건조가에서 어린 시절을 보내 서울의 도시적 성장과 경
화학계의 변화된 학풍을 접하면서 성장했던 것으로 생각된다. 더구나
북학을 통해 청조 학술의 진수를 익힌 것으로 평가되는 김정희에게서
사사한 그는 스승의 영향을 받아 개방적인 대청인식을 갖고 있었다.
그가 1873년 연행 때 남긴 「北游日記」에 나타난 단편적인 기록을 통
해서나마 그 일단을 살펴보겠다.158)

　「북유일기」에서 우선 눈길을 끄는 것은 강위가 청의 발전상을 편견
없이 있는 그대로 인정하는 태도를 보였다는 점이다.

　　三使臣이 門外 關에 모여서 盛京將軍을 거친 연후에 비로소 들어갔
　다 … 여러 아문은 모두 삼중문 내에 正衙가 있어 몹시 엄하고 조심스
　러웠으니 이것이 왕이 일어난 땅이다. 규모와 制置가 壯麗하고 크고
　홀륭했으니 또한 요동과 비교할 바가 아니었다. 내외에 이중으로 된
　성이 있고, 성문의 4면에 문을 설치한 것 역시 처음 보는 것이었다. 시
　장 상점의 장려함과 온갖 물화가 높게 쌓여있는 것은 다 기록할 수 없
　다.159)

---

158)「북유일기」는 1873년 정건조를 정사로, 洪遠植을 부사로, 李鎬翼을 서장관
　　으로 한 동지겸사은사행에 참여한 강위가 10월 24일 사폐하여 다음해 3월
　　30일 복명할 때까지 왕복 약 5개월여에 걸친 일을 기록한 연행일기이다. 10월
　　24일 서울을 출발한 사신 일행은 12월 26일 북경에 도착하여 이튿날인 27일
　　청 예부에 국서를 봉정하였는데, 서울에서 북경까지 가는 데 소요된 시간이
　　62일이었던 셈이다. 또 일행이 북경에 머문 것은 북경 도착 다음 날인 12월
　　27일부터 다음 해인 1874년 2월 11일까지 44일간이었고, 다시 2월 12일 북경
　　을 출발하여 귀국길에 올라 고종에게 복명한 것이 3월 30일이었으니 귀국에
　　는 49일이 소요되었다. 결국 1873년의 사행은 북경으로 가는 데 62일, 북경
　　체재 일정 44일, 귀국에 소요된 49일을 합쳐 총 155일의 여정이었다.

위의 인용문은 瀋陽에 도착한 강위가 성의 경관을 묘사한 일부이
다. 그가 본 심양은 규모와 제도 면에서 모두 장려하고 훌륭했으며,
시장 상점도 규모가 크고 상품이 높게 쌓여 경제적으로도 대단히 번
성했다. 더욱 주목되는 것은 그가 심양을 '興王之地'라고 표현하여 찬
탄해 마지않았다는 점이다. 북경에 머물면서 라마교 사원인 雍和宮을
방문했을 때에는 "雍正皇帝의 원당으로 제도가 대단히 훌륭하고, 2층
의 누각이 있는데 立佛이 십여 丈이나 되어 진실로 장관이었다."고 적
고 있다.160) 그의 모습 어디에서도 청을 이적시한다거나, 애써 깎아
내리려는 태도를 전혀 찾아볼 수 없다. 이러한 그의 태도는 「북유일
기」 전체에 일관되게 나타나고 있다.

또한 그가 명분적인 대명의리론이나 복수설치의 북벌대의론에서도
자유로웠음을 확인할 수 있다.

　　寧遠衛를 10여 리 못 미친 곳에 雞鳴山이 있는데, 산정에 嘔血坮가
　있다. 袁崇煥이 일찍이 이 위를 지키면서 地雷砲를 써서 청인을 거의
　모두 죽였으니 청 황제가 분노를 터뜨리다 이 坮에서 피를 토하고 죽
　었다. 그러므로 지금에 이르기까지 대대로 이야기가 전하며, 崇煥은
　마침내 죄 없이 죽임을 당하였다. 이른바 自壞長城이라고 하는데, 이
　곳을 지나면서도 둘러보지 못하니 안타깝다.161)

　　四方城子는 너비가 10여 間이 되고 높이가 7~8길이고 … 길가 언덕
　위에 성을 쌓았는데, 청 황제가 산해관을 내려다보기 위해서 하루 밤
　사이에 완성했다고 한다. … 나와 촘農은 산해관 외성의 문루에 올라

159) 『강위전집(하)』, 「북유일기」, 12월 8일, 720~722쪽.
160) 「북유일기」, 1874년 2월 7일, 780쪽.
161) 「북유일기」, 12월 15일, 730~731쪽.

성가퀴를 둘러보며 완상했는데, 서쪽 끝을 바라다보니 吳三桂가 관을 허물어 청나라 군대를 맞아들인 곳이 있었다. 다시 중수하지 않은 것은 자취를 남겨서 후세에 보이고자 한 것이다.[162]

宋家庄이 건립된 것은 만력 연간인데, 송씨는 財雄으로서 집안의 하인들을 거느리고 성루와 敵堡를 쌓아서 청군에 대항하였다. 청군이 공격하였으나 능히 함락시킬 수 없었고, 명이 망하고 청이 중국에 들어가 주인이 된 연후에 함락하였다. 이곳은 그 고적이므로 사행이 매번 지나면서 들어가 완상하고 가곤 했다. 이번 사행도 삼사신이 모두 이르러 주인인 처사 宋舒恂(字는 小坡)과 더불어 오랫동안 필담을 나누었다. 상사가 붓을 달려 시 한 수를 답하고서 적대에 올랐는데, 대의 높이는 30丈이었고 3층의 높은 계단을 설치하여 내려다보면 어지러웠다. 성루는 이미 없어지고 대략 그 자취만 구분할 수 있을 따름이다.[163]

위의 인용문들은 강위가 북경으로 향하는 길에 있는 명 · 청 교체기 격전이 벌어졌던 현장, 구혈대 · 사방성자 · 산해관 · 송가장 등을 통해 당시의 상황을 언급한 내용이다. 특징적인 것은 어디에서도 명의 멸망에 대한 애통함을 드러내거나, 명을 위해 복수해야 한다거나 하는 모습이 전혀 보이지 않고 담담하게 당시의 역사를 적고 있다는 점이다. 이는 그가 존주론 · 대명의리론 · 북벌대의론 등 성리학적 명분론에 입각한 대외인식에서 벗어나 명 · 청 교체기의 역사를 객관적 시각에서 바라보고 있었음을 보여준다. 그는 오히려 사방성자에서는 건립과 관련한 청의 順治帝가 보여준 영웅적 풍모를 '사방성자'라는 시로 노래하기도 했다.[164]

---

162) 「북유일기」, 12월 18일, 739~740쪽.
163) 「북유일기」, 12월 24일, 753쪽.

　강위가 병자호란 당시 조선이 겪었던 치욕에 대한 별다른 언급을
하지 않았다는 점에 주목할 필요가 있다. 조선 사신들이 연행과정에
거치게 되는 병자호란을 떠올리게 하는 기억의 장소로는 의주의 統軍
亭, 鳳凰山을 지나 요동에 이르기 전에 거치게 되는 고개인 靑石嶺,
심양과 그 인근의 조선인 포로들이 많이 살았던 高麗堡 등이 있다.165)
특히 청석령의 경우 별다른 기념물이 남아있지 않지만, 병자호란 패
배로 심양에 볼모로 끌려가던 孝宗이 추운 겨울 험준한 청석령을 넘
으면서 지었다는 시 '胡風陰雨歌'가 전해져 많은 이들이 비분강개하여
분노와 격정의 글을 남기는 장소였다.166) 강위 일행도 의주에 머물며
통군정에 올랐고,167) 요동으로 가는 길에 청석령을 넘었지만,168) 병자
호란에 대한 기억을 떠올리는 기록을 전혀 남기지 않았다. 그는 심지

164) 「북유일기」, 12월 18일, 743쪽. '사방성자'는 1885년 간행된 광인사본『고환당
　　수초』에는 수록되지 않고, 「북유일기」와 강범식본『고환당수초』의 「북유초」
　　에만 실려 있다. 문집 간행 당시에 의도적으로 제외한 것으로 보인다.
　　'四方城子' 山海重關一望開 四方城子尙崔嵬 千秋想見方興象 九仞功成一夜來
　　(산해관의 두터움을 한 번 바라보아 열려고, 사방성자는 높은 것을 숭상하
　　는구나! 긴 세월을 생각해도 바야흐로 일어날 형상이니, 아홉 길의 성 쌓기
　　를 하룻밤에 이루었구나!).
165) 김현미, 2005, 「18세기 연행록 속의 병자호란: 고난을 기억하는 방법」,『국어
　　국문학』140 참조. 1832년 서장관으로 연행사행에 참여하여『燕轅直指』를
　　남긴 金景善도 봉산에서 황주를 향하면서 인근의 정방산성을 언급하며, 병
　　자호란 당시 김자점이 도원수로 산성에 머물면서 좋은 요새를 가지고도 화
　　살 하나 쏴 보지 못한 사실에 통탄하였다(김현철, 2016, 「19세기 전반기 연
　　행사절의 중국관 ―김경선의『연원직지』를 중심으로―」,『사행의 국제정치
　　―16~19세기 조천·연행록 분석―』, 아연출판부, 363~364쪽).
166) 김현미, 위의 논문, 130~133쪽. '호풍음우가'의 내용은 다음과 같다. "청석령
　　지났느냐 玉河館이 어디메뇨. 胡風도 참도 찰사 궂은 비는 무슨 일인고. 누
　　가 내 행색 그려 내어 님 계신 데 보낼까 하노라."
167) 「북유일기」, 11월 18일 및 23일, 708~709쪽.
168) 「북유일기」, 12월 5일, 716쪽.

어 효종이 심양에 인질로 끌려와 있을 때 耶里江 가에 지었다는 정자를 언급하면서도 단지 "지금은 그 자리가 어딘지 물어볼 곳이 없다."고만 했을 뿐, 병자호란 당시 조선이 겪었던 치욕에 대해서 일언반구도 적지 않았다.[169]

그가 두 차례 연행에서 남긴 시문집인 「北游草」·「北游續草」에 수록된 수많은 시 가운데 병자호란을 회고하는 시가 단 한 편도 없다는 사실도 주목된다. 시인이었던 그가 효종과 병자호란에 대해 시 한 수도 짓지 않았다는 사실을 어찌 보아야 할 지 명확히 단정하기는 어렵다. 하지만 「북유일기」에 효종에 대한 언급이 있는 점으로 보아 그가 병자호란 때의 치욕을 잊었다고는 분명 말할 수 없을 것이다. 그가 북경에서 청국 측 인사들과 교유하면서 「북유초」·「북유속초」 등 시집을 보여주고 서문이나 제사를 받았던 점을 고려하면 그가 호란과 관련된 시를 의식적으로 짓지 않았을 가능성도 있다. 하지만 그가 개인적인 비망록 성격의 일기에서 단순한 사실만을 기록했다는 것은 타인을 의식해서라고 보기 어렵다. 이는 실현 가능성도 없는 허구적인 북벌보다는 조선이 청국과 사대관계를 맺고 있는 현실이 중요하다고 여겼던 그의 인식이 반영된 것으로 보인다.

비록 단편적인 기록을 통한 유추에 지나지 않지만, 강위는 앞선 시기 북학자들이 지리적·종족적 화이관을 극복하고 열어놓은 북학적 대외인식을 토대로 한 걸음 더 전진하여 대명의리론·존주론·북벌대의론에 기반한 문화적 화이관이라 할 소중화의식에서도 벗어나 있었

---

169) 「북유일기」, 12월 8일, 722쪽, "孝廟駐瀋時 作亭子于耶里江上 今無處問其址矣".

던 것으로 볼 수 있다. 이처럼 화이론적 세계관에서 완전히 벗어나 청국 문물의 선진성을 있는 그대로 인정하고자 했던 그의 개방적인 자세는 서양인과 서구 문물에까지 확대될 여지가 있었던 것으로 여겨진다.

「북유일기」에는 단편적이기는 하지만 서양인과 서양 문물에 대한 강위의 생각을 유추할 수 있는 내용들도 발견된다.

> 서양인 남자 두 사람과 여자 두 사람도 또한 성에 올라 왕래하였는데, 모습이 일찍이 그림에서 보았던 바와 똑같았다. 얼굴과 모발, 옷 등이 사람의 것 같지 않아서 자연히 놀라서 눈여겨보았다. 서양인들의 집은 사람들이 사는 마을에 크게 뒤섞여있으나, 문밖에 반드시 표시하는 장대를 세웠는데 흡사 표시하기 위한 것인 듯했다. 중국인은 길에서 마주치면 또한 모두 피하면서 몸을 돌리고, 그들이 지나가기를 기다린 후에야 감히 움직이니, 아아! 이상하구나![170]

위 인용문은 강위가 북경의 내성을 구경하다가 우연히 서양인들과 마주친 경험을 기록한 내용이다. 그림을 통해 보기는 했지만 한 번도 그들을 만날 기회가 없었기에 서양인들과의 우연한 만남은 큰 놀라움이 아닐 수 없었다. 하지만 그는 이내 서양인들의 주거지와 그들을 대하는 중국인들의 태도 등에 관심을 보이고 있다. 또한 그가 서양인을 '양이'라고 부르는 대신 '양인'이라는 가치중립적 용어를 사용하여 불렀던 점에도 주목할 필요가 있다. 서양인을 직접 본 놀라움을 적은 단

---

170) 「북유일기」, 1874년 1월 1일, 757쪽, "洋人二男二女亦登城往來 眞如畵中曾所見者 而顔髮被服不似人類 自然愕眙 洋人屋宇泰錯於閭井 而門外必立標竿 似所以誌之也 華人逢於道上 亦皆避易 俟其過然後敢動 吁可怪也".

한 차례의 기록에 나타난 표현이므로 큰 의미를 부여하기는 어렵겠지만, 그가 서양인을 객관화하여 바라보고 있었음을 반증하는 용어 사용으로 보인다. 이는 서양인을 오랑캐 혹은 금수로 규정하며 배척하려 했던 척사위정론자들과는 확연히 비교되는 자세인 것이다.

이미 아편전쟁에서 북경 함락에 이르는 청국과 서양의 전쟁 상황이 국내에 널리 알려졌고, 조선도 병인·신미 두 차례의 양요를 겪은 바 있기 때문에 사신 일행들의 서양에 대한 관심은 각별할 수밖에 없었다.[171] 하지만 신미양요 직후 전국 곳곳에 척화비를 세워 서양에 대한 대결 의지를 강하게 표출했던 대원군 정권의 대외강경책으로 인해 사신 일행의 서양인에 대한 접근 태도는 대단히 조심스러울 수밖에 없었다.

> 천주당이 또한 神主門 내의 東林書院의 옛 자리에 있었다. 돌로 세 개의 문을 만들어 놓아 마치 패루와 같았는데, 안에는 둥그런 집이 몹시 정교하게 만들어져 있다. 병인년 이후 우리나라 사람들의 발길이 끊어져 들어가 구경하지 않고 단지 밖에서 바라다 볼 뿐이다.[172]

위 인용문은 강위가 삼사신과 함께 1월 5일 宣武門 내의 馴家에서 코끼리를 보고 난 후 동림서원 옛 터에 세워진 천주당이 있음을 발견하고 그 존재에 대해 언급한 것이다. 병인양요를 겪은 이후 조선인들의 발길이 끊어졌음을 말하면서도 그가 밖에서 천주당 내부의 전경을

---

171) 「북유담초」, 「북유속담초」 등의 필담기록을 살펴보면 조선 사신들이 서양인의 동향과 그들의 침략 가능성에 촉각을 곤두세우고 있음을 볼 수 있다.

172) 「북유일기」, 1월 5일, 760쪽, "天主堂亦在神主門內 東林書院古址也 石作三門如牌樓 內有穹屋製極精巧 丙寅以後 我人絶不入觀 只於外面望見而已".

바라보며 그 외형을 묘사한 것은 적지 않은 관심을 갖고 있음을 보여주는 것이다.

한편 강위를 비롯한 조선 사신들은 청국에 들어온 서양의 신문물을 직접 접해 보기도 하였다.

> 상사가 自鳴樂器(축음기를 말하는 듯)를 구하였는데 자리의 오른편에 두고 들으니 신기하였다. 상사가 일전에 유리창 책방에 갔을 때 초상을 촬영하여 모사하는 對鏡(사진기)이 있다는 말을 듣고서 진영을 모사하도록 하였는데 과연 지극히 닮았다. 이날 비로소 찾아왔는데 보는 사람마다 기이하다고 하지 않는 이가 없었다.[173]

정사인 정건조가 구해온 축음기의 음악을 듣고서 강위도 신기하게 여겼고, 정건조가 유리창 서점에 갔을 때 촬영했던 사진을 찾아오자 매우 닮았음을 확인하고 모두들 기이하게 여겼다는 것이다. 비록 사소한 것이기는 했지만 사신 일행은 축음기나 사진기 등을 통해서 서양 기술 문명의 우수성을 몸소 체험할 수 있는 기회를 가졌던 셈이다. 눈길을 끄는 것은 강위가 축음기, 사진기를 직접 접하고 받은 놀랍다는 느낌을 여과 없이 그대로 표출하였다는 점이다. 1866년 9월 이항로가 상소에서 서양의 물품은 모두 '奇技淫巧'한 사치품에 불과하여 백성들의 일상생활에는 아무런 쓸모가 없을 뿐 아니라 오히려 해가 된다고 규정한 것과 확연히 대비된다.[174] 아무리 뛰어난 기술력이 반영

---

173) 「북유일기」. 1월 17일, 769쪽, "上使得自鳴樂器 置座右聞之新奇 上使日前往琉璃廠書肆時 聞有對鏡撮影以之傳神者 使之模眞果是極肖 是日始爲覓來 見者無不稱奇".
174) 『일성록』, 고종 3년 9월 19일조.

된 서양의 물품이라도 그것을 기묘하고 음란한 기술로 만들어진 해로운 것이라 낙인찍을 경우 배척의 대상이 될 뿐이지만, 적어도 강위는 서양의 물품에 대한 놀라움을 그대로 표출함으로써 선입견 없이 서구 문물의 우수성을 인정하였던 것이다.

　물론 강위 등은 북경에 도착한 이후 청국인과의 필담을 통해 서양 기술 문명의 진수라 할 수 있는 화륜선, 전신, 철도·도로망, 총·화포 등의 우수성에 대한 정보를 들을 수 있었다. 서구 기술문명에 대한 직·간접적인 경험은 강위가 문호 개방을 통해 서양의 기술 문물을 수용하는 것에서 조선의 활로를 찾고자 하는 개국론을 형성하는 배경이 되었다. 또한 그 이면에는 그가 북학론적 대외인식을 이어받아 청국에 대한 객관적인 인식을 하였고, 더 나아가서 서양인과 그들의 기술문명에 대해서도 편견 없이 있는 그대로 파악하려 했던 자세가 있었기 때문에 가능한 것이었다.[175]

175) 최근 강위가 1차 연행 중에 오경석과 함께 북경 주재 영국공사관을 방문하여 서기관 메이어스(W. T. Mayers)와 두 차례 만남을 가졌다는 주장이 나와 주목된다(김종학, 2015, 「개화당의 기원과 비밀외교, 1879-1884」, 서울대 정치외교학부 박사학위논문, 1~6쪽). 메이어스가 남긴 회견 기록에 따르면, 이들의 방문은 조선 사신 일행의 북경 도착 사실을 알게 된 메이어스가 숙소로 명함을 보내 회견을 요청한 데 따른 것으로 사절단 내에서 아는 사람이 없도록 비밀리에 이뤄졌다고 한다. 방문자의 실명이 언급되지 않아 단정하기에는 다소 무리가 있지만, 김종학은 이때 방문한 3품의 조선인 역관과 그 수행원을 각각 오경석과 강위로 단정하였다. 「북유일기」에 따르면 첫 번째 방문이 이뤄진 1874년 1월 18일(양력 3월 6일) 삼사신이 함께 白雲觀을 구경하러 갔는데 강위는 다른 일이 있어서 따라갈 수 없었다고 되어 있지만, 두 번째 방문일인 2월 10일(양력 3월 27일)에는 예부에서 베푼 上馬宴에 대한 내용만 적혀 있어 아무런 단서가 없다. 하지만 메이어스의 회견 기록에 가장 부합하는 인물이 오경석과 강위라고 한 김종학의 추정은 상당히 설득력이 있는 것으로 보인다. 한편 메이어스는 이듬해인 1875년 1월 11일(양력 2월 16일)에도 오경석이 다시 내방하여 대담하였음을 기록으로 남기고 있다(한

승훈, 2015, 「19세기 후반 조선의 對英정책 연구(1874~1895) : 조선의 均勢政策과 영국의 干涉政策의 관계 정립과 균열」, 고려대학교 한국사학과 박사학위논문, 30~39쪽). 이 대담 자리에도 강위가 함께 했는지 여부는 기록상 확인할 길 없으나 동석했을 가능성이 컸다고 생각된다.

II

임술민란기 부세제도 개혁론

1. 「의삼정구폐책」의 저술 경위

1862년 임술민란이 발생하자 조정에서는 확산되고 있는 민란을 수습하고자 삼정이정청을 설치하고,[1] 철종이 직접 구언교를 내려 삼정구폐의 방책을 묻는 등 사태 해결에 부심하였다.[2] 철종의 구언교가 전국의 정치인·지식인들에게 전달되자, 이에 호응하여 응지소를 올린 사람이 수백 명에 달하였다.[3] 하지만 응지삼정소의 내용은 철종이 내린 책문에 답하는 형식이었기 때문에 당시 정부의 삼정문제 인식에 규정될 수밖에 없었다.

철종의 구언교에 나타나는 조정의 문제 인식과 고민은 다음과 같다. 田政의 경우 20년에 한 차례 양전하는 원칙이 지켜지지 않아 陳起나 소유권 변동 등이 제대로 파악되지 않고 있는 것이 문제다. 따라서 改量을 통한 토지세원의 정확한 파악이 필요하지만, 양전을 담당할 적임자를 찾기 힘들고 인력 수급과 양전에 소요되는 비용 조달도 어려운 것이 현실임이 지적되었다. 軍政에 대해서는 임란 이후 군역의 납포화가 급격히 진행된 것이 문제라며 전면적인 査丁이 필요하지만 사정 과정에서 나타날 수 있는 사회적 혼란에 대한 우려를 표명하였다. 還政에 대해서는 진휼제도였던 환곡이 取耗補用의 재정 충당 수단으로 변질된 점이 문제라며 환곡의 蠲蕩이 필요하지만 이미 재정원으로 확고히 자리 잡은 還耗 수입이 사라질 경우 이를 보전하는 문제

---

1) 『철종실록』, 철종 13년 5월 26일조.
2) 『철종실록』, 철종 13년 6월 10일조.
3) 김용섭, 1974, 「철종 임술년의 응지삼정소와 그 농업론」, 『한국사연구』 10, 132쪽.

가 큰 골칫거리임을 토로하였다.[4]

이 당시 삼정이정청의 摠裁官으로 삼정개혁 논의를 주도했던 趙斗淳이 개혁 방안을 묻고자 수차례 강위의 행방을 수소문했다. 이때 강위도 절친한 친구였던 정건조의 강권을 못 이겨 삼정문제 해결에 대한 그의 식견을 담은 책론인 「擬三政捄弊策」(이하 「擬策」)을 남기고 있다.

임술민란이 삼남지방을 휩쓸던 시점에 강위는 전라도 무주에 살고 있었다. 그러던 그가 갑자기 서울에 올라와 「의책」을 쓰게 된 경위에 대해서 김택영은 다음과 같이 소개하고 있다.

> 철종 말에 삼남의 난민이 일어났을 때 추금자는 무주 산중에 흘러 들어 살고 있었다. 백성들이 위협하여 격문을 짓도록 하였는데 추금자가 거절하였다. 백성들이 노하여 그의 초려에 불을 질렀는데, 추금자는 몸을 피하여 경사로 돌아왔다. 얼마 있다가 조정에서는 책문을 발하여 능히 還穀·軍政·田政 삼정의 폐단을 구할 수 있는 방법을 구하였다. 친하게 지내던 판서 정건조가 불러 그 집에 이르니 대책을 쓸 것을 권고하는 것이 몹시 정성스러웠다. 추금자가 이에 군제의 변혁과 호부의 균등을 철저히 논하여 수만 자를 만들었다. 이미 완성되자, 웃으며 말하기를 "이로움이 없이 단지 사람을 현혹시키는구나." 하고서 글을 향해 술을 따라 신에게 제사를 지내고서 글을 불태워버리고 달아났다.[5]

---

4) 송양섭, 2012, 「임술민란기 부세문제 인식과 삼정개혁의 방향」, 『한국사학보』 49, 10쪽.

5) 『김택영전집(이)』, 「추금자전」, 181~182쪽, "哲宗末 三南亂民起時 秋琴子流寓茂朱山中 民刦爲檄文 秋琴子拒之 民怒燹其廬 秋琴子脫身歸京師 既而朝廷發策問 求能救糴兵賦三政弊者 所善鄭判書健朝 超至其家 勸對策甚勤 秋琴子乃極論 變軍制均戶賦 爲數萬言 既成 笑曰無益徒眩人 爲酌酒向文醉之

　김택영에 따르면 전라도 무주에 살던 강위는 임술년에 난민들의 격문 작성 요구를 거절하였다가 집이 불타는 화를 입고 서울로 피신하였다가 정건조의 정성스러운 부탁을 받고 「의책」을 지었다고 한다. 강위가 난민들의 요구를 거절해 화를 당한 것은 사실이었지만,[6] 강위 자신의 회고에 따르면 책론을 지으라는 정건조의 요구를 계속 거절하다가 정건조의 집에 감금된 채 억지로 글을 쓰게 되었다고 한다.[7] 여기서 김택영은 멀쩡히 남아있는 「의책」을 강위가 "불태워버리고 달아났다."고 쓰고 있다는 점이 주목된다. 강위가 「의책」을 불태웠다는 김택영의 지적은 분명한 사실이다.

　　취기에 편승하여 한차례 읽고서 담에서 몰래 태워버리고 고하지 않고 돌아와서 다시는 마음속에 담아두지 않은 것이 지금으로 4년째 되었습니다. 올 가을에 내가 또 서울에 이르니 閣學이 이 책을 꺼내어 보

焚之而逃."
6)　강위는 「朱溪民擾以求狀不應媒禍謾筆遣懷　時有三政救弊詢策草野之盛擧」라는 긴 제목의 시를 지어 이때의 일을 회고하였다(『강위전집(상)』, 115~116쪽). 그런데 강위는 "此文是應之作　非愚主見如此"라는 협주를 달기는 했지만, 무주 백성들의 요청에 따라 「代茂朱民人請捄近弊狀」을 남기고 있다. 『고환당집』에 수록되어 있는 이 글은 그가 「의책」을 불태우고 다시 무주로 돌아간 후 재차 무주 백성들의 요구가 있자 지은 것으로 보인다. 이에 대해서는 주승택, 1991(c), 「강위의 사상과 문학관에 대한 고찰」, 서울대 국문과 박사학위논문, 133~135쪽 참조.
7)　『강위전집(상)』, 「자서」, 547~548쪽. 강위가 직접 쓴 「의책」의 서문이 『강위전집』에는 두 편이 실려 있다. 「의책」 앞머리에 붙은 「자서」 이외에 「擬三政捄弊策序」(『강위전집(상), 400~405쪽)가 함께 남아있기 때문이다. 그런데 4,300여 자에 달하는 방대한 양의 「자서」에 비해 「의삼정구폐책서」는 현저하게 축약되어 있다. 문집의 교수를 맡은 이건창이 「자서」의 내용 중 문학적 가치가 뛰어난 부분만을 발췌하여 재구성한 것으로 추정된다(주승택, 1991(c), 위의 논문, 120~121쪽).

여주면서 말하기를 "그대가 이것을 알겠는가? 모르겠는가?" 하였습니다. 내가 그것을 보고 놀라서 말하기를 "어찌 이것이 있을 수 있습니까?" 하니, 각학이 웃으면서 말하기를 "접때 그대를 위하여 붓과 벼루 심부름하던 자가 한 바일세." 하였습니다. 나는 비로소 나를 위해 수고했던 여항인 鄭昌이라는 자가 있었음을 기억해 내었습니다. 내가 매번 한 장을 정서하면 문득 버려진 원고를 취하기에 그를 제지하였습니다. 鄭君은 사적으로 그것을 수집하려는 것이었는데, 내가 말하기를 "이는 正本과 같지 아니하니 보존하기에 족하지 않다." 하니, 정군이 말하기를 "다만 가르치시는 뜻을 보고자 하는 것이니 어떻겠습니까?" 하였습니다. 각학이 나 때문에 한탄함이 심하였음을 알 수 있었습니다. 그 종이를 순서에 따라 편집하고 한결같이 깨끗하게 적어서 바친 것이었으니, 아아! 현명하구나! 정군의 마음씀의 부지런함이여! 이 책은 보존하기에 족하지 않으나, 정군의 부지런함을 생각하면 보존하지 않을 수 없을 것입니다.[8]

　　강위에 따르면 자신이 지은 책론을 불태우고 떠난 지 4년 만에 찾아간 자리에서 정건조가 「의책」을 꺼내어 보여주었는데, 그가 깜짝 놀라자 정건조가 강위의 붓과 벼루 심부름을 해주던 정창이라는 인물을 상기시켜주었다고 한다. 현재 남아있는 「의책」은 강위가 불태운 정본이 아니라 강위가 정서하고 버린 초고를 정창이 따로 모아 깨끗하게 베껴서 정리하여 바친 것을 4년 후에 강위의 서문을 넣고 훗날 고종의 어제까지 받아 간행한 것인 셈이다.

　　강위가 감금된 상태에서 한 달여[9]라는 짧은 기간 집필했음에도 불

---

8) 『강위전집(상)』, 「의삼정구폐책서」, 403쪽.

9) 강위는 「의책」을 불태웠을 때의 심정을 「擬策成酹酒而燒之」라는 한 편의 시로 표현하였다. 여기에는 "종횡으로 병향에 대하여 3천자를 논하니 먹이 춤추고 붓이 노래하기를 1개월여에 이르렀네(縱橫兵餉三千字　墨舞毫歌一月

구하고 3만여 자에 달하는 방대한 분량의 「의책」을 지을 수 있었던
것은 다음 두 가지 요인이 바탕이 되었기에 가능하였다.

첫째, 평소 柳馨遠·李瀷 등 남인 실학자들의 저술을 두루 읽으며
그들의 개혁론에 정통하였다는 점이다. 그가 스스로 "유형원·이익의
저서를 대략 섭렵하여 그 주장을 굳게 믿어 가히 쓸 만하다고 생각"하
였고, 책론을 지을 수 있었던 것도 이들에 의지하여 용기를 낼 수 있
었기 때문이라고 밝히고 있음을 볼 때 「의책」 집필에 유형원·이익의
저술이 큰 영향을 끼쳤음을 알 수 있다.[10] 하지만 「의책」에는 정약용
의 『목민심서』·『경세유표』의 내용도 적지 않게 전재되어 있음을 볼
때 유형원·이익뿐 아니라 다산 정약용까지 포함한 남인 실학자들의
개혁론이 광범위한 영향을 끼쳤음을 확인할 수 있다.

둘째, 무주에 거주하며 직접 임술민란을 겪기도 했던 자신의 경험
을 「의책」 저술에 생생하게 반영할 수 있었다는 점이다. 1852년 3월부
터 두 차례나 전국 유랑을 했던 그는 1853년 초[11] 유랑을 마친 이후
줄곧 덕유산을 중심으로 영남과 호남을 오가며 생활하였는데, 비교적
오래 살았던 곳이 전라도 무주와 경상도 안의였다.[12] 그는 오랜 농촌
생활 경험을 통해 농민들을 빈곤과 궁핍으로 내몰고 있었던 가렴주구

餘)."라고 하고 있어 「의책」이 한 달여에 걸쳐 집필되었음을 알 수 있다(『강
위전집(상)』, 「의책성뢰주이소지」, 76~77쪽).
10) 『강위전집(상)』, 「의책」, 564쪽, "臣以卑微 生長隴畝 聞見隘陋 略涉柳李之書
篤信其說 以爲可用 夫何足道 輒能藉此 以自壯而作是論."
11) 강위는 1853년 1월 19일 이전에 전국 유랑을 완전히 마친 것으로 보인다. 전
라도 진도의 臨淮에서 같은 날 쓴 「자서」에는 "내가 지난 해 춘삼월에 뜻하지
아니하게 멋대로 걸을 기회를 얻어서 葛懶甸에서 辰韓에 이르기까지 4천여
리를 다닐 때"의 기록을 모았다고 되어 있다(『강위전집(상)』, 14~15쪽).
12) 주승택, 1991(c), 앞의 논문, 76~77쪽.

와 삼정문란의 실상에 대해 잘 알고 있었다. 더군다나 그는 임술민란이 발생한 현장 중 하나였던 무주에서 직접 민란의 상황을 생생하게 경험하여 농민들이 민란을 일으키는 상황에까지 이르게 된 원인에 대해 더욱 구체적으로 파악할 수 있었다. 그가 철종에게 임술민란이 발생한 까닭에 대해 통찰하고 있는지 물은 후 자신은 "下邑에 있을 때 그 상황을 눈으로 목격하였고, 귀로는 그들의 말을 들어서 그 정황을 살펴서 알 수 있었습니다."라고 밝힌 데서 이를 알 수 있다.[13]

2. 「의삼정구폐책」의 부세제도 개혁론

1) 임술민란의 원인

강위는 경상도 단성에서 시작된 민란이 전국적 규모로 확산되어 가는 당시의 상황을 어떻게 바라보고 있었을까? 그는 민란이 삼남 전역으로 확산되었던 까닭은 폐단이 지극히 넓게 퍼져 있어 공명을 얻었기 때문이라며, "한 고을의 폐단은 책임이 수령에게 있지만, 三路의 폐단은 잘못이 조정에 있다(一州之弊 責在守宰 三路之弊 失在朝廷)."며 임술민란의 원인이 조정에 있다는 점을 지적하였다.[14] 민란 확산 원인에 대한 그의 진단은 삼정 수취상의 폐단에서 원인을 찾고 삼정의 운영 개선을 통해 문제를 해결하려 했던 조정의 입장과는 사뭇 다

---

13) 『강위전집(상)』, 「의책」, 566쪽, "殿下洞察 其所爲與所以然之故乎 臣在下邑 目擊其狀 耳聞其語 察得其情."
14) 『강위전집(상)』, 「의책」, 567쪽.

른 것이었다.[15]

　　군영과 관청의 아전들을 죽이고, 邸人들의 돈을 찾아내어 빼앗으며, 향품·호족의 집을 불 지르고 헐며, 고을 수령을 위협하고 내쫓으며, 병사를 모욕하고 위협한 것이 조정에서 알고 있는 상황입니다. 이서들이 농간을 부리고, 경저리들이 권세에 의탁하고, 향품들이 거짓말을 일삼고, 호족들이 위세를 부리며, 수령들이 탐학하고, 감영·병영이 심한 학정을 한 것은 또한 조정에서 알고 있는 연고입니다. 그러나 영읍의 폐정이 오늘만이 아니고, 지금의 권세가들의 겸병은 그 유래가 옛날부터 있는 것인데, 어찌하여 예전에는 순종하여 복종하더니 지금은 사납게 떨쳐 일어난 것입니까? 백성들의 말에 이르기를 "結價가 급격히 증가하였고, 창고의 곡식은 텅 비었고, 유민들이 빽빽하게 모여들었는데 이는 모두 20년 이래의 일이다."라고 하였으니, 이는 그 폐단의 근원이 오래지 않은 것입니다.[16]

　　삼정 운영상의 폐단, 즉 아전들의 농간·경저리의 권세가 의탁·호족들의 위세·수령들의 탐학·병영과 감영의 학정·권세가의 겸병 등은 새삼스러운 것이 아니라 예전부터 있었던 일인데, 예전에는 순종하던 백성들이 국가 공권력을 모욕하고 위협하는 난민으로 돌변하게 된 데에는 다른 원인이 있다는 것이다. 그는 백성들의 말을 빌려 최근

---

15) 진주 안핵사로 파견된 박규수도 민란의 원인을 삼정 운영상의 문란에서 비롯된 것으로 결론짓고, 가장 병폐가 심했던 환정을 중심으로 삼정의 이정이 이루어져야 한다고 보았다(김용섭, 1974, 앞의 논문, 128~132쪽).

16) 『강위전집(상)』, 「의책」, 566~567쪽, "戕殺營府之吏 搜奪邸人之錢 焚毀鄕品豪族之家 劫逐官長 侮逼梱帥 此乃朝廷所知之狀也 吏胥弄奸 京邸怙勢 鄕品賣言 豪族騁威 守宰貪墨 梱臬苟虐 此又朝廷所知之故也 然營邑弊政匪今 斯今豪右兼竝 其來自昔 何馴伏於前日 而鷔奮於此時也 百姓之言 曰結價之頓增 倉穀之一空 流民之叢集 皆是卄年以來之事 則此其弊源不遠也."

20년 이래의 "결가가 급격히 증가하고, 창고의 곡식이 텅 비고, 유민들이 빽빽이 모여드는" 현상에서 빚어진 결과로 설명하였다. 말하자면 그는 민란 발생의 원인을 단순한 제도 해이의 문제로 본 것이 아니라 증세와 그에 따른 유민화 현상에서 찾았던 것이다. 더구나 이 시기의 증세현상은 단순히 세액만 증가한 것이 아니라 제도 운영상의 폐단으로 인하여 부세불균 현상이 수반되었다는 데에 문제의 심각성이 있었다.

군정에 대해서 강위는 국초에 왕실 및 양반의 자제로부터 일반 백성에 이르기까지 모든 사람들이 군역을 부담하여 "나라 사람들이 한 사람도 군인이 아닌 자가 없고, 한 사람도 포를 납부하지 않는 자가 없는" 영원무궁한 제도가 마련되었고, 이 제도가 계속 유지되었다면 양민이 역을 피해 달아나는 폐단이 발생하지 않았을 것이라고 보았다. 양역화된 이후 그 폐단이 극에 달하자 변통을 논의하여 백성들의 부담을 절반으로 줄여주기는 했지만, 군포 부담을 져야 하는 양정의 숫자가 날로 늘어 숙종 초년에 30만 명에 지나지 않던 것이 균역법이 시행되던 영조대에 이르면 이미 50만 명이 되었다고 지적하였다. 이후 양정의 숫자는 각종 명목으로 크게 증가하여 결국 강위가 "성군이 반을 감해주는 은혜를 베풀었지만, 주군에서 4배의 부세를 거두어들이면 백성들이 어찌 곤궁하지 않을 수 있겠는가?" 한탄하는 상황에까지 이르렀다.[17] 이는 균역법으로 일시적으로 줄어들었던 농민들의 군포 부담이 다시 증가하였음을 의미한다. 농민들의 군포 부담은 세도

---

17) 『강위전집(상)』, 「의책」, 585~587쪽. 거의 동일한 서술이 다산 정약용의 『목민심서』, 「병전」, '첨정'에서도 보이는데, 다산의 개혁론에 공감했던 강위가 「의책」을 집필하면서 『목민심서』의 내용을 적극 반영하였음을 알 수 있다.

정권기에 접어들어 해이해진 국가기강과 맞물리면서 더욱 더 증대되었다.

전국적인 농민저항을 불러온 원인의 하나였던 당대의 군정 문란에 대한 그의 진단은 어떠하였을까?

　　이른바 양민들은 또한 역의 이름을 '大防'이라 하여 이미 그 역이 종신의 고통이 됨을 싫어하고, 또한 그 이름을 마을 전체가 천히 여기는 것을 미워하여 죽을 각오를 하고 저항하지만 모면하기가 어렵습니다. 백방으로 모면하기를 꾀하니 그 사이에서 뇌물이 행해지고, 뇌물이 행해지면 부자들은 면하고 가난한 자들은 면하지 못하는 것이 또한 그 형세인 것입니다. 이에 幼學을 모칭하는 자, 향교나 서원에 투탁하는 자, 豪家의 廊戶가 되는 자, 驛村, 墓村, 禊防村 등 허다한 방법이 동원됩니다. 한번 역에 등록되면 다시 옮겨지기 어렵고, 처음에 첩역을 지는 것에서 시작하여 끝내는 군대가 허설화됨에 이릅니다. 이와 같은 등의 폐단을 누가 능히 금할 수 있겠습니까?[18]

　인용문에서 보이듯이 강위는 군정의 폐단이 양민이면 누구나 져야 하는 군역이 종신의 고역이고 사회에서 천하게 여겨져 뇌물을 써서라도 피하려 하는 데서 비롯되었다고 보았다. 이 경우 당연히 부자가 군역을 회피하는 것은 가능해도 가난한 자에게는 불가능한 것이었고, 결과적으로 갖은 편법으로 군적에서 빠져나간 군액은 결국 궁민들에게 전가될 수밖에 없었다. 강위는 10夫의 역이 한 사람에게 전가되는

---

18) 『강위전집(상)』, 「의책」, 588~589쪽, "所謂良民 又以役名爲大防 旣厭其役之爲終身之苦 又惡其名之爲一鄕之賤 抵死難冒 百方規免 而賄行於其間 賄行而富者免貧者不免 亦其勢也 于是有幼學冒稱 校院投託 豪家廊戶 驛村墓村及禊防村 許多路數 一簽之役 更難移動 始爲疊役 終至虛伍 如是等弊 誰能禁之."

'游額, 병역에 충원되었던 자를 나이가 차서 면역시켜야 하는데도 불구하고 그 나이를 낮추어 계속 충원하는 '降年債' 등을 군정의 폐단 중에 심한 사례로 들며 피역자의 역 부담까지 떠맡게 된 궁민들이 결국 달아나지 않을 수 없게 된다고 보았다.[19]

　전정에 대해서 강위는 국초부터 열성조에 의해 부세제도 정비를 위한 노력들이 끊임없이 지속되어 왔음에도 유독 양전의 정사만은 옛날부터 쉽지 않았다면서 전정 문제 발생의 단초가 여기에서 유래했다고 보았다. 숙종 이전에는 도 단위로 이루어지던 양전이 영조 이후에는 읍 단위로 이루어지다가, 영조 43년 이후에는 그나마도 거의 이루어지지 않음으로써 경계가 문란해지고 부세 징수가 불균하게 되었다는 것이다. 하지만 당대에 겪는 전정의 폐단은 한층 심각한 것이었다. 陳稅와 虛卜과 白徵의 폐는 논할 나위도 없고, 그 외에 隱結·餘結·都結·加結·宮結·屯結 등 허다한 명목의 세금으로 인해 이미 백성과 나라가 지탱하기 어려운 지경이 되었고, 여기에 관청의 부족분을 거듭 징수하거나 아전들이 포탈한 것을 代輸하는 등의 폐단으로 인하여 전결에 부과되는 결세액이 갈수록 증가하여 심한 경우 30~40냥에 이르기까지 하였다.[20]

　갖가지 명목으로 증대된 조세 부담으로 인하여 백성들의 곤궁이 이미 극에 달하였음에도 불구하고 백성들을 몰락의 나락으로 밀어 넣은 것은 그것만이 아니었다. 강위는 이에 대해 다음과 같이 지적하고 있다.

---

19) 『강위전집(상)』, 「의책」, 589~590쪽.
20) 『강위전집(상)』, 「의책」, 599~600쪽.

1년 경작한 곡식이 모두 관으로 옮겨졌는데도 주구가 그치지 않으
니 백성들은 장차 모두 고향을 떠나 농사에 힘쓰는 사람이 없을 것입
니다. 게다가 호·부민은 점유한 농지가 이미 넓은데도 억지로 작인에
게 태반의 부세를 내게 합니다. 기호의 풍속은 비록 수확량의 절반을
지대로 가져가더라도 오히려 결세는 전주에게서 징수하지만, 양남에
이르러서는 병작을 하면서 동시에 결세도 작인에게서 징수합니다. 또
한 관청에서 징수하는 결환과 결포 및 과목 외에 불시에 부과되는 결
렴이 있을 때 일체를 작인에게 징수하고서도 변함없는 법으로 여기니
이것은 모두 누가 만든 법입니까?21)

"1년 경작한 곡식이 모두 관으로 옮겨진다(一年耕作之穀 盡輸於
官)."고 할 정도로 조세 부담이 극에 달하였는데도 관리들의 주구가
그치지 않아 백성들의 유리 현상을 부채질하고 있다는 것이다. 또한
기호 지방에서는 병작제의 경우 수확량의 절반을 전주가 가져가는 대
신에 전세 부담도 전주의 몫인 데 반해 양남 지방에서는 전세마저도
작인에게 전가되고 있고, 그 외에 각종 명목으로 늘어나는 세 부담을
고스란히 작인이 부담하는 것이 당연한 듯 간주되는 현실 속에서 농
민층의 몰락은 한층 가속화될 수밖에 없었다. 이러한 상황에서 민란
이 발생하자 난민들이 호민들을 직접 공격 대상으로 삼은 것은 어찌
보면 당연한 일이었다.22)

---

21) 『강위전집(상)』, 「의책」, 600~601쪽, "一年耕作之穀 盡輸於官 而誅求未已 民將
盡去田里 而無務本者矣 加之 豪富之民 占田旣廣 而勒令作者輸太半之賦 圻湖
之俗 雖則輸半而猶徵結於田主 至於兩南 則竝與結而徵於作者 又有官徵之結
還結 及科外不時之結斂 一切徵於作者 視爲常憲 是皆誰所制法者乎."
22) "소민이 오래도록 불평을 품어서 삼남에 소요가 일어나자 호민의 집을 헐어
서 한을 푸는 데에 이르니 어찌 애통하지 않겠습니까?"(『강위전집(상)』, 「의
책」, 601쪽).

환정은 본래 진대를 목적으로 출발한 것이지만 일정한 원칙에 의거하여 취모보용하게 되면서 두 가지 기능을 겸하게 되었다. 그러나 환곡의 두 기능 중 먼저 진대의 기능이 상실되고 부세로서의 취모보용도 한계를 넘어서게 되면서부터 환곡은 농민 부담을 가중시키는 요인이 되었다.23)

> 지금의 還上은 기천, 기만의 수효를 백성들에게 고루 거두어들이는 것이니 모두 抑配요, 白徵인 것입니다. 부당하게 조세를 거둬 백성을 못살게 구는 방법이 이보다 어그러진 것이 없고, 가죽을 벗기고 살을 베어내는 고통 또한 이보다 절박함이 없습니다. 거두어들일 때에는 백성들은 관에 깨끗하게 손질한 좋은 곡식을 내는데, 되가 넘치도록 걷고 또한 色落을 취합니다. 그 나누어 줄 때에는 빈 가마니를 지고 가서 처음에 小詳定價 120문으로 받지만 가을이 되어 징수할 때에 準價는 8~9천 문이니 이에 그 때 백성의 마음은 어떠하겠습니까? 그들이 관장을 盜臣으로 여기지 않고, 원망이 조정에 미치지 않을 수 있겠습니까? 조정의 민심을 잃음이 또한 이보다 욕될 수 없습니다.24)

강위는 환곡의 폐단에 대해 "부당하게 조세를 거둬 백성을 못살게 구는 방법이 이보다 어그러진 것이 없고, 가죽을 벗기고 살을 베어내는 고통 또한 이보다 절박함이 없다."고 심각성을 지적했다. 관리들이 나눠줄 때는 소상정가 120문을 적용하고 징수할 때에는 준가 8~9천 문으로 받아들일 정도로 농간이 극에 달하니 백성들이 관장을 도신으로 여길 수밖에 없고 조정을 원망하는 것도 당연하다고 보았다.25) 따

---

23) 김용섭, 1974, 앞의 논문, 147쪽.
24) 『강위전집(상)』, 「의책」, 606~607쪽.
25) 강위는 또한 고금의 폐정 중에 환자만큼 한탄할 만한 것이 없다며, 장사치들

라서 부세화한 환곡은 이미 부렴이지 진대라고 할 수 없으며, 늑탈이
지 부렴이라고 할 수도 없다고까지 비판했다.[26)]

　강위는 수령과 아전들이 환곡 운영 과정에서 실제로 저지르는 농간
의 구체적인 유형을 제시하기도 하였다. 수령이 저지르는 작폐는 反
作 · 加分 · 虛留 · 立本 · 增估 · 加執 등의 6가지가 있고, 이서들이 행하
는 농간으로는 반작 · 가집 · 입본 · 暗留 · 半白 · 分石 · 執新 · 呑停 · 稅
轉 · 徭合 · 私混 · 債勒 등 모두 12가지가 있다는 것이었다.[27)] 그러나
그는 이러한 폐단들을 "어떤 읍에는 있기도 하고, 어떤 읍에는 없기도
한 것이지만, 일단 取耗作錢이 이루어진 이후에는 폐단이 이루 다 말
할 수 없을 정도"라 하여 환정의 폐단이 상품화폐경제의 성장과 관련
하여 더욱 심화된 것으로 이해했다. 상품화폐경제의 성장에 편승하여
수령이나 아전뿐 아니라 감사까지도 적극적으로 모리행위의 주체로
나서게 되었고, 이로 인해 폐단이 구제할 수 없는 지경에까지 이르게
되었기 때문이다.[28)]

의 모리행위도 가장 각박한 경우 원금과 이자가 같은 수준에 머물 뿐인데 官
錢이라고 칭하면서도 백성에게서 열 배를 징수하기까지 한다며 그 행태를 비
판하였다(『강위전집(상)』, 「의책」, 607~608쪽).

26) 『강위전집(상)』, 「의책」, 611쪽, "此是賦斂 豈可曰振貸乎 此是勒奪 豈可曰賦斂
乎."

27) 『강위전집(상)』, 「의책」, 612~613쪽. 수령과 아전의 농간을 유형화한 동일한
내용은 『목민심서』, 「戶典」, '穀簿上'에서도 보인다.

28) 『강위전집(상)』, 「의책」, 613쪽, "然如是等弊 或邑有之 或邑無之 一自取耗作錢
之後 弊尤不可勝言 … 吏胥之作奸者 守令或禁之 守令之犯科者 監司或糾之
今也則監司自爲之 而大農不問也 臺閣不問也 廟堂不問也.".

2) 민생안정책의 제안

강위는 임술민란의 성격을 "집도 없고, 입을 옷과 먹을 음식도 없으며 괴로움을 의지할 데가 없는" 궁민들이 함께 죽기로 결심하고 모여서 일으킨 것으로 규정하였다. 민란의 진행 과정에 지역 내의 유력자라 할 수 있는 향품이나, 사족·이서 등은 물론 어느 정도 생활이 안정된 평민들도 관여하지 않았고, 유민·떠돌이·행상·날품팔이 등만이 가담했다고 보았다.

> 단지 그 비춰지는 모습만을 본다면 몰래 반역을 도모하는 무리가 반드시 그 중에 섞여 있고, 능히 산을 뽑고 바다를 건너뛸 수 있는 자와 바람과 비를 부를 수 있는 자와 검술에 뛰어난 자와 축지법을 쓰는 자들이 모두 여기에 모여 있어 그 화를 헤아릴 수 없고, 이로써 거짓말로 선동하면 원근에 소동이 일 것이라 생각하실 것입니다. 신은 눈으로 보고 몸으로 겪은 이후에 그것이 그렇지 않음을 알았습니다. 이들은 모두 전하의 백성입니다. 집도 가족도 없고, 입을 옷과 먹을 음식도 없고, 괴로움을 의지할 데가 없는 무리들이 함께 죽기로 결심하고 모여들어 이것(난)을 일으켰을 따름입니다. 향품들이 관여하지 않았고, 사족들이 참여한 것도 아니며, 이서들이 관여한 것도 아니고, 평민 중에서 스스로 소중히 여기는 자들도 관여하지 않았으니, 그 더불어 난을 일으킨 자들은 이에 모두 유민·떠돌이·행상·날품팔이 등의 부류입니다.[29]

즉, 임술민란은 삼정문란으로 표현되는 부세불균의 심화 현상이 초래한 농민층의 몰락에서 비롯된 것으로 보았던 것이다. 삼정문란과

---

29) 『강위전집(상)』, 「의책」, 568~569쪽.

농민층 분화로 인하여 토지에서 내몰려 유민화된 궁민들이 자신들의 살 권리를 찾기 위해서 일으킨 것이 이 시기의 민란이었던 것이다. 결국 민란의 재발을 막기 위해서는 양민들을 궁민으로 내몰고 나아가 난민으로까지 이르게 한 부세불균의 문제를 해소하지 않으면 안 되었다.

그렇다면 강위는 부세불균의 문제를 해소하기 위해 어떠한 방안을 구상하고 있었을까?

먼저 군정 문란의 해결을 위해서는 "군제를 개수하고 그 역을 균등하게 징발하는 것"에서 해결책을 찾고 있다.[30] 그는 이를 '大均之政'이라 표현하였는데, 그 내용은 다음과 같다.

> 신은 전하께 바라옵건대 옛것을 살피고 오늘날을 참작하시어 먼저 군제를 정하시고, 귀하고 천한 가계를 묻지 않고 모두 군적에 편입하여 군적의 형식을 밝게 정비하십시오. 동리에서는 달마다 생사를 보고하고, 군현에서는 연말에 총계를 올려서 그 은루자를 거듭 엄히 徙邊之律로 다스린다면 사람들의 수를 가히 두루 알 수 있을 것이고, 절제가 가히 행해질 수 있을 것입니다. 또한 호구의 세금을 모두 내도록 하여 군수를 돕도록 하고, 거듭 절약한다면 나라의 세금이 급격히 넉넉해질 것이니, 경용의 부족을 걱정할 일이 있겠습니까?[31]

가계의 귀천을 가리지 않고 모두 군적에 편입한 후 인구의 변동 사항을 정확히 관리하여 절제를 세우고, 모두에게서 호구세를 걷어 군수를 돕도록 함으로써 군역의 균등화를 기하자는 것이었다.

---

30) 『강위전집(상)』, 「의책」, 593쪽.
31) 『강위전집(상)』, 「의책」, 596쪽.

또한 그는 전정 문제를 해결할 방안을 그동안 중단되어 이루어지지 않았던 양전의 순차적인 시행에서 찾고 있다.

> 지금 20년 기한으로 한 번 양전하는 조종의 법이 해와 별 같이 빛나는데, 백여 년 동안 거행하지 않았으니 거의 이지러지고 잊힌 데 가까운 것이 아니겠습니까? 재물을 마련하는 데 이르는 방법도 또한 그 가운데에 있으니 지금 국가가 얻는 것은 있어도 잃을 것이 없는 것은 오직 이 일뿐입니다. 신은 마땅히 균전소를 특설하여 양전하는 일을 전적으로 관장하게 하여 순차적으로 360읍을 계량하면 20년 사이에 가히 모두 양전하고도 남음이 있다고 말씀드립니다. 두루 양전하고서 다시 처음으로 돌아가서 무궁히 계속 하면 또한 좋지 않겠습니까?[32]

백여 년 동안 양전이 시행되지 않음으로 인해 경계가 문란해지고 부세 징수가 불균하게 된 당시의 상황을 타개하는 방안은 당연히 양전 시행을 통해 정확하게 토지를 파악하는 것 만한 것이 없었다. 하지만 당시 조선 정부의 재정 여건으로는 커다란 재정적 부담을 감내해야 하는 양전사업을 추진하기가 어려웠다. 이 때문에 강위는 양전을 전적으로 관장하는 균전소를 특설하여 전국 360읍을 20년에 걸쳐 순차적으로 양전하게 하고 이를 계속 반복하도록 하자는 대안을 제시하였던 것이다.

그는 환정 문제에 대해서 8도의 환곡 중 축난 것을 지목하여 징수할 곳이 없는 결손분은 모두 탕감해 주고 취모보용도 일절 거론할 수

---

32)『강위전집(상)』,「의책」, 605쪽, "今有二十年一量之限 祖宗典憲 昭如日星 而百餘年不擧 不幾近於騫忘歟 至於辦財之方 亦在其中 今國家有得而無失者惟玆役而已 臣謂宜特設均田所 專掌量田之事 三百六十邑 以次量之 二十年之間 可盡量而有餘矣 周而復始至于無窮 不亦善乎".

없도록 하며 오직 진대기능만 남겨두어야 한다고 주장하였다.[33]

아울러 그는 한층 더 근원적인 문제로서 부세제도와 지주제 자체에 대한 개혁방안을 내놓고 있다.

그의 부세제도 개혁 구상은 군정을 주축으로 하면서 병농일치의 원칙에 입각하여 귀천을 가리지 않고 누구나 균등하게 부세를 지는 방안에 초점이 있었다.[34] 그는 "국가의 정사는 그 항목이 셋이 있지만, 실제로는 단지 하나인 兵政뿐이다. 국가는 다만 병정을 한번 다스림으로써 태평한 치세에 가만히 서서 이를 수 있다."고 할 만큼 군정 개혁을 삼정개혁의 핵심으로 보았다.[35] 군제에 대해서는 정전법의 이상이 구현된 우리 조정의 八結作夫法에 의거하여 역을 균등하게 하고 일국의 군대를 만들자고 하였다.[36] 전세에 대해서는 국초의 1/10세 원칙에 따라 1결당 32두를 징수하고 과외의 세금은 모두 없앨 것을 주장하였다. 그는 또한 소작인에 대한 지주의 지나친 수탈을 막고 농민경제의 안정화를 기하기 위한 지주제 개혁 방안도 제시하였다. 당시 관행화되어 있던 병작반수를 금지하고 법적으로 국가에서 수취하는 수준인 1/10을 넘지 못하게 규정함으로써 결과적으로 지주의 지대 수취율을 2/10 수준으로 경감시킬 것을 주장한 것이다.[37]

---

33) 『강위전집(상)』, 「의책」, 614쪽, "故臣以爲八路糴連之指徵無處者 一切蠲蕩 臥還取耗 毋得擧論 以今餘在之穀 別議常平社倉之規 或充目下經用".

34) 김용섭, 1974, 앞의 논문, 183~185쪽.

35) 『강위전집(상)』, 「의책」, 632쪽, "國家之政 其目有三 然實則只一兵政而已 國家只修一兵政 而太平之治 可立致也".

36) 『강위전집(상)』, 「의책」, 644~646쪽, "臣以爲我朝八結作夫之法 卽古井田之遺意也 八路結總 今爲四百萬餘結 以林勳之法推之 則可得八百萬兵 … 是以臣欲朝廷講究古制 以八結之法 制一國之兵也".

37) 『강위전집(상)』, 「의책」, 646~647쪽, "臣欲朝廷先定什一之制 依國初之法 取米

하지만 지대수취율 경감을 통해 농민경제의 안정을 꾀하려는 그의
구상은 농민층 내부의 토지 점유 분화라는 현실에 비추어 보면 영세
농의 빈곤을 해결하기에는 제약이 따를 수밖에 없었다. 따라서 그는
지대수취율 경감과 함께 세정 운영을 통해 이를 보완하고자 하였다.
"전세 30두 내에서 25두를 세로 하고, 나머지 5두는 부로 삼아 戶徭에
균등히 분배"하자고 한 것이나,[38] 농민들을 상호, 중호, 하호로 분류
하여 매호당 면포 1필을 내지만 그 升數를 달리하자고 한 것이 그것
이다.[39] 결국 강위는 보다 근원적인 해결책이기는 하지만 현실성이
떨어지는 토지 재분배를 주장하기보다는 지주제를 인정한 가운데 지
대수취율의 경감과 농민들의 빈부를 감안한 조세 부과를 통해 농민경
제의 안정화를 꾀하려 했던 것으로 볼 수 있다.[40]

전술했듯이 강위는 남인 실학자들의 개혁론에 깊은 관심을 두고 두
루 섭렵한 바 있고 오랜 농촌생활을 통해 농촌의 현실과 농민들의 처
지에 대해 깊이 이해하고 있었기에 삼정문제 해결 방책을 쓰기에 그

三十二斗 而盡除科外敷結之斂 違者以違制律論 而竝禁豪强太半之賦 依結定
制 不得過于國家所取 惟佃僕爲主".

38) 『강위전집(상)』,「의책」, 647쪽, "田稅三十斗 內以二十五斗爲稅 餘五斗爲賦 而
均之於戶徭".
39) 『강위전집(상)』,「의책」, 648쪽, "臣又欲以田滿一結以上者爲上戶 滿五十負者
爲中戶 以下至無田者爲下戶 而皆徵綿布一匹 以升數爲差 如上所陳視田爲差
者".
40) 김용섭, 1974, 앞의 논문, 182~185쪽. 최근 임성수는 강위의 구상이 조용조 부
세체제를 전면적으로 개혁하고 군제 중심으로 국가를 재조하는 개혁론이었
으며, 실현가능성이 떨어지는 정전제를 시행하는 대신 토지를 기반으로 군병
과 부세를 조달하고 이를 균등하게 운영하여 균세를 실현함으로써 삼대 정전
법의 이상을 복원하려 한 것이었다고 평가하였다(임성수, 2016,「임술민란기
추금 강위의 현실인식과 삼정개혁론」,『조선시대사학보』79, 338쪽).

누구보다도 적임자였다고 할 수 있다. 그런 그가 정건조의 요청을 끝
내 거절하다가 감금된 채 「의책」을 저술한 것은 그 스스로 자신의 삼
정개혁론이 현실에서 수용되기 어렵다는 사실을 너무도 잘 알고 있었
기 때문이었다. 이 때문에 그는 어렵게 작성한 「의책」의 원고를 불태
워 없애고 정건조의 집을 떠나고 말았다.[41] 강위의 예상대로 정부에
서는 상소로 올라온 다양한 논의 가운데서도 토지개혁과 같은 근본적
인 것을 배제한 채 부분개선·부분개혁에 그치는 소극적인 것을 채택
하는 데 머물렀고, 그나마도 민란이 차츰 수습되어 감에 따라 제대로
실천에 옮겨지지 않았다.[42] 이 때문에 4년이 지나 「자서」를 쓰는 시
점에도 여전히 "나라를 다스리는 도는 가난한 것을 근심하는 것이 아
니라 균등하지 못한 것을 근심하는 것"이라는 공자의 말을 들면서 부
세불균의 문제를 우려할 수밖에 없었던 것이다.[43] 또한 프랑스 함대
의 침공이 임박한 1866년 8월 하순에 이르러서도 가렴주구에 시달린
백성들이 "창을 거꾸로 돌려 난을 일으킬 지경"이라고 할 정도로 백성
들의 생활은 그다지 개선되지 못하였던 것이다.[44]

41) 박문호, 『호산전서(일)』, 「강추금노인육십일수서」, 583쪽, "往在壬戌南中有民
　　亂 老人對三政策數萬言 自知迂闊不合時用 因焚其藁而不上徹"; 김택영, 「추
　　금자전」, 182쪽.
42) 김용섭, 1974, 앞의 논문, 190쪽.
43) 『강위전집(상)』, 「자서」, 539쪽.
44) 『고환당집』, 「청권설민보증수강방소」.

병인양요기 어양책의 제기

1. 「청권설민보증수강방소」의 작성 배경

18세기 말부터 조선 연안에 출몰하기 시작한 이양선은 19세기에 들어 그 출현 빈도가 더욱 잦아졌다. 이와 더불어 제1차 중영전쟁 소식이 맞물리면서 조야의 위기의식은 한층 고조되었다. 이러한 가운데 魏源의『海國圖志』가 전래되어 지식인들 사이에 널리 읽히면서 「籌海篇」에서 제기된 海防思想이 커다란 반향을 일으켰다.[1] 그러나『해국도지』「주해편」의 해방사상이 실제적인 방어책으로 연결되기에는 현실적인 어려움이 있었다. 예컨대, 1845년 5월 제주 유배 중에 영국 군함 사마랑(Samarang)호의 정박을 목격하고『해국도지』를 '필수적인 책'이라고 평가했던 김정희조차도 서양 세력이 침공할 의사가 있었다면 왜 지금까지 가만히 있었겠느냐는 낙관적인 견해를 피력했을 정도였다.[2] 서양 세력의 중국 침략으로 조선 내의 위기감이 고조되기는 했지만, 서양의 침략이 현실적인 것으로 받아들여지기는 쉽지 않았던 것이다.

강위가 제주도에 유배 중인 김정희를 찾아가 가르침을 받기 시작한

---

1) 이광린, 1995, 「『해국도지』의 한국전래와 그 영향」, 『한국개화사연구(개정판)』. 이광린은『해국도지』가 세계의 역사와 지리에 대한 소개서이면서 동시에 양이의 침략을 막는 방법을 다룬 국방 관련 경세서라는 두 측면이 있는데, 처음 전래된 1840년대부터 1860년대에는 후자에 관심이 집중된 반면, 1870년대에는 양이의 국정을 알려는 면으로 관심이 바뀌었음을 지적하였다.

2) 이광린, 1995, 위의 논문, 7~9쪽. 노대환은『해국도지』의 내용에 공감하였던 지식인이 적지 않았음에도 불구하고 그 핵심 내용인 서양의 長技를 도입하는 문제에 대해 논의가 이루어지지 못했던 원인으로 서양의 위협을 그리 심각한 수준으로까지는 받아들이지 않았다는 점, 동도의 강화를 통해 서양세력을 제압할 수 있을 것으로 낙관했던 점 등을 들고 있다(노대환, 2005, 『동도서기론 형성과정 연구』, 일지사, 178~179쪽).

것이 1845년경이었으므로 그도 사마랑호의 제주 정박을 직접 목격했을 가능성이 있지만 확실하지는 않다.[3] 하지만 스승 김정희가 서양에 대해 낙관적으로 인식했던 점을 볼 때 그도 서양의 위협을 크게 우려하지는 않았을 것으로 보인다. 또한 유배 중이던 1844년 김정희가 위원의 『經世文編』을 李尙迪을 통해 구해 읽었던 점,[4] 『해국도지』를 필수적인 책이라고 강조했던 점 등을 고려할 때 강위도 이들 서적을 읽고 서양에 대한 이해를 심화시켰다고 판단된다.[5]

서양의 침략에 대한 낙관적인 이해는 오래 지속될 수 없었다. 1851년 봉기한 태평천국군이 1853년 3월에는 남경을 점령했고, 1860년 10월에는 북경이 영불연합군에 의해 함락되고 함풍제가 열하로 피난했다는 등 급변하는 중국의 소식이 국내로 속속 전해졌던 것이다. 특히 북경 함락 소식은 조선의 조야에 큰 충격을 안겨주었으며, 조신 가운데도 시골로 낙향하는 사람이 생길 정도로 극도의 위기의식에 사로잡히게 되었다.[6] 그러나 천진조약 체결 후에 중국이 점차 안정을 찾고 있음이 전해지면서 위기감은 차츰 진정되어갔다.[7] 서양에 대한 위기의식

---

3) 『강위전집(상)』, 「상황효후시랑옥서」, 434쪽, "時金先生謫居瀛海中濟州之大靜縣 水陸路二千 … 某尤異之 遂居海外 三年先生宥還 不幾何又竄北塞 某又從往". 김정희가 제주도에서 유배생활을 한 것이 1840년부터 48년까지 9년간이었으므로, 3년 후에 방면되었다고 한 것으로 보아 강위가 김정희를 찾아간 것은 1845년이었다.

4) 노대환, 2005, 앞의 책, 169~170쪽.

5) 이광린, 1979(a), 「강위의 인물과 사상」, 『한국개화사상연구』, 일조각, 23~25쪽.

6) 민두기, 1986, 「19세기 후반 조선왕조의 대외위기의식」, 『동방학지』 52 참조.

7) 김윤식은 서양 세력이 요행히 난을 틈타 중국을 침략할 수 있었지만 중국을 제압할 힘을 갖지는 못하였다고 보면서 천진조약을 체결하고 군사를 철수시킨 것도 그들의 힘이 부족하기 때문이라고 파악했다(노대환, 2005, 앞의 책, 202~203쪽).

의 고조로 인하여 일각에서 해방책을 상소로 올리기도 하고,8) 민간에서는 崔濟愚에 의해 동학이 창도되기도 했지만, 서양의 침략을 직접 경험하지 않은 상황에서 구체적인 대응책 마련으로 연결되기는 사실상 어려웠다.

1866년 7월 청국 예부에서 자문을 통해 프랑스군의 조선침공설을 전하자,9) 조선 조정의 위기감은 한층 고조되어 서양의 침략 가능성에 촉각을 곤두세우게 되었다. 조정의 대응은 이양선에 대한 방비를 강화하고 불순한 자들이 서양인과 내통하는 것을 엄단하라는 잇따른 지시로 나타났다.10) 그러나 이때의 지시는 천주교도를 비롯한 조선인이 서양인과 접촉하는 것을 차단하는 데 초점이 맞추어져 있었다.11) 이러한 가운데 7월 18일에는 이양선과 내통하였다는 죄목으로 安春得·張致京·李斗成 등에 대한 신문이 이루어지고, 26일에는 안춘득을 효수하여 경계로 삼도록 하자는 결정이 내려졌다.12)

이러한 조정의 조치에도 불구하고 이양선 출몰은 줄어들지 않았으

---

8) 샤를르 달레의『한국천주교회사(하)』에서 언급된 훈련도감 천총 尹燮의 경우가 이에 해당한다(노대환, 위의 책, 199~201쪽). 1867년 봄에 윤섭이 올린 상소는 金瀏의『海上奇聞』에「訓練千摠尹燮論禦夷方略」이라는 제명으로 실려 있다(김류, 1988,『(국역)해상기문』, 세종대학교출판부, 55~68쪽). 윤섭의 어이방략에 대해서는 뒤에 논할 것이다.
9)『고종순종실록』, 고종 3년 7월 8일조.
10)『고종순종실록』, 고종 3년 7월 8일·10일·12일·14일조
11)『고종순종실록』, 고종 3년 7월 8일조. 의정부에서 프랑스군의 침공설에 대해 "바다와 육지를 사이에 두고 수만 리나 떨어져 있음에도 불구하고 이와 같이 신속하게 소식이 전해진 것은 틀림없이 법의 그물에서 빠져나가 소굴을 잃어버린 나쁜 무리들이 그들과 내통하여 부추기기 때문"이라고 아뢰고 있는 것에서도 이러한 조정의 입장을 확인할 수 있다.
12)『고종순종실록』, 고종 3년 7월 18일조 및 26일조.

며, 급기야 7월 하순에는 제너럴 셔면(General Sherman)호 사건에 대
한 평안감사 박규수의 보고가 긴박하게 이어졌다.[13] 서양과의 최초의
무력 충돌이었던 이 사건은 대동강 깊숙이 들어왔던 셔면호가 분노한
군관민에 의해 불태워지는 것으로 매듭지어져 조선 사회에 그다지 큰
파장을 가져오지는 못했다.

그러나 8월 중순에 들어 이양선이 경강 일대에 출현하여 강화도를
거쳐 부평, 나아가 양화진에까지 이르자 상황은 급변했다.[14] 16일에
는 副護軍 奇正鎭이 양이들의 재침 가능성을 우려하면서 이에 대비한
방책을 마련할 것을 조정에 촉구했다.[15] 18일에는 時原任大臣과 將臣
들이 모인 가운데 열린 조정의 대책회의에서 고종은 서양선이 경강에
까지 함부로 들어와 거리낌 없이 행동하는 것에 우려를 표하고 서둘
러 대책을 마련하도록 지시했다.[16]

이양선의 京津 침입으로 조야의 위기의식이 고조된 가운데 강위는
당시 총융사 직책을 맡고 있었던 신헌을 대신하여 강화도 현지를 직
접 찾아가 해안의 형편을 살피고 양이의 침범에 관한 상세한 방어대
책을 담은 「請勸設民堡增修江防疏」(이하 江防疏)를 지었다.[17] 이 상

---

13) 김명호는 『平安監營啓錄』의 장계를 통해 제너럴 셔면호 사건의 전개 과정과
    박규수의 역할을 면밀히 분석하였다(김명호, 2003, 「제너럴 셔면호 사건과
    박규수」, 『대동문화연구』 42).
14) 『고종순종실록』, 고종 3년 8월 13일·14일·16일·18일·19일·20일·24일조
    참조.
15) 『고종순종실록』, 고종 3년 8월 16일조.
16) 『고종순종실록』, 고종 3년 8월 18일조.
17) 이중하, 「본전」, 『강위전집(상)』, 372쪽, "上之丙寅 沁都有洋警 先生杖策 往視
    海口形便 歸爲大將軍申公櫶 詳劃戰守事". 「강방소」는 4,100여 자에 달하는 장
    문의 상소로, 『고환당집』에 실려 있을 뿐 『강위전집』에는 수록되어 있지 않
    다. 「청권설민보증수강방소」라는 제명 옆에 '代'라고 夾註를 달아 대작임을

소가 쓰인 시점은 이중하가 언급한 "上之丙寅 沁都有洋警"의 의미에 대한 면밀한 검토가 없었던 탓에 병인양요[18] 이후로 잘못 알려져 왔다.[19] 병인년에 심도에서 있었던 洋警은 병인양요를 지칭하는 것임에 틀림없다. 하지만 이중하는 병인양요가 있던 때에 강위가 현지의 해구 형편을 둘러보고 돌아와 신헌을 위해 戰守에 대한 상세한 계획을 마련했다고 지적했을 뿐이다. 계획을 마련한 시점이 병인양요 이전인지, 이후인지에 대한 언급은 「본전」의 어디에도 나타나 있지 않다.

「강방소」의 작성 시점이 병인양요 이전인 것과 이후인 것은 한 달 남짓한 시간적 차이 이상의 의미를 갖는다. 내용상 「강방소」가 병인양요 이전의 것이라면 선진적인 전술 개념의 제시라 할 만하지만, 이후의 글이라면 포군 양성에 치우친 대원군 정권의 군비증강책과 별반 차이가 없는 고식적인 것으로 평가될 수 있을 것이기 때문이다.

「강방소」 작성 시점은 다음의 두 가지 근거에서 병인양요 직전인 8월 하순으로 추정된다.

첫째, 「강방소」와 동일한 내용의 상소가 『신헌전집』에 「論兵事疏」

밝히고 있다.

18) 병인양요는 1866년 발생한 병인박해에 대한 보복으로 프랑스군이 침입한 사건으로, 프랑스군의 작전 전개를 기준으로 8월의 한강 수로 탐사를 1차 원정, 9월의 강화도 내침을 2차 원정이라 부르기도 한다. 본 논문에서는 병인양요를 프랑스군과의 교전을 겪는 로즈(Roze)의 2차 원정에 한정한 좁은 의미의 용어로 사용했다.

19) 상소 작성 시점을 병인양요 이후로 잘못 파악한 것은 모든 선행 연구에서 공통적이다(이광린, 1979(a), 앞의 논문, 24쪽 ; 주승택, 1991, 「강위의 개화사상과 외교활동」, 『한국문화』 12, 134~135쪽 ; 노대환, 앞의 책, 223쪽 ; 이헌주, 2001, 「강위의 대일개국론과 그 성격」, 『한국근현대사연구』 19, 11쪽). 필자는 이미 상소 작성 시점의 오류를 바로잡은 바 있다(이헌주, 2004, 「병인양요 직전 강위의 어양책」, 『한국사연구』 124).

라는 이름으로 수록되어 있는데, 제목 옆에 '丙寅八月 未徹'이라는 협
주가 달려있다는 점이다.[20] 신헌은 「논병사소」에서 상소를 작성한 달
이 병인년 8월이라고 분명히 밝히고 있고, 사유는 무엇인지 알 수 없
지만 실제로 제출하지는 않았다고 했던 것이다.[21] 「논병사소」의 내용
은 「강방소」의 기술이 일부 생략된 채 거의 원문 그대로 전재되어 있
다.[22] 따라서 '병인 8월'이라 한 신헌의 기술이 정확하다면, 강위가 상
소의 원안을 작성한 시점이 8월 이후가 될 수는 없는 것이다.

둘째, 내용상으로도 프랑스군과 전투를 치른 이후의 기록으로 보기
어렵다는 점이다. 만약 「강방소」가 병인양요 이후의 글이라면, 병인양
요 때 치러진 전투에 대한 언급이 부분적으로라도 나타날 수밖에 없
고, 또 프랑스군의 전력에 대해서도 직접적인 경험에 의거한 기술이
나타나야 할 것이다. 하지만 「강방소」는 이 두 가지 중 어느 하나도
충족시키지 못하고 있다.

　　① 하물며 이번에 선박이 돛을 올리고 곧바로 京津에 이른 것은 우
　리의 대비 없음을 엿보고 한 번에 이에 이른 것입니다. 이것은 나라 전
　체가 함께 부끄러워할 바이며, 묘당의 헤아림에 의당 급하게 해야 할

---

20) 『신헌전집(하)』, 「논병사소」, 119쪽.
21) 신헌의 『民堡輯說』 序에는 지난 해(1866년) 가을 민보 설치를 주장하는 상소
　　를 올리려다 미처 하지 못한 상황에서 강가를 防守하라는 명을 받았다고 되
　　어 있다. 이때의 상소는 강위의 「강방소」를 원소로 하는 「논병사소」가 틀림
　　없다. "至於昨秋夷警 復念民志靡定 易致離析 復申前說治疏 未及上 而猥膺江
　　上防守之命"(국방부 전사편찬위원회, 1989, 『민보의 · 민보집설』, 234쪽).
22) 「강방소」의 내용 중 「논병사소」에서 삭제된 부분은 戰守策에 대한 세부적인
　　언급이거나 부연 설명에 해당되어 생략된다 해도 원소의 논지를 해치지 않는
　　내용이다. 따라서 이러한 차이는 신헌이 강위의 원소를 간결하게 재정리하면
　　서 삭제한 것일 뿐 어양의 방법에서의 이견 때문은 아닌 것으로 생각된다.

바입니다. 저들의 뜻이 어디에 있는지 비록 헤아릴 수 없지만, 숨어있
는 근심이 그칠 수 없는 바가 있습니다. 지금 어찌 "이미 물러갔다."고
하여 염려를 느슨하게 하고, 예전처럼 방비를 늦출 수 있겠습니까?[23]

②지금 대저 오랑캐의 정황은 예측하기 어렵고, 오랑캐의 힘은 헤
아리기 어렵습니다. 그러나 중국인이 말한 바로써 본다면, 저들은 속
전에는 이점이 있지만 지구전에는 능하지 못하고, 소위 대포라 하는
것도 다만 탁 트인 뱃길이나 넓은 들에서는 쏠 수 있을 뿐 산성에서는
어찌 할 수 없다고 합니다. 진실로 이 말과 같다면 우리나라의 지형은
계곡이 깊고 산이 험하니 곳곳의 산성에 방어망을 설치하여 대처한다
면 진실로 지키고도 남음이 있을 것입니다. 또한 들으니 저들의 군율
은 대단히 엄하고 기계도 정밀하고 예리하여 가히 갑자기 싸울 수는
없지만, 또한 두드러지게 뛰어난 힘이나 월등한 용맹은 없다고 하므로
… 어찌 우리 군대가 반드시 이기지 못한다고 할 수 있겠습니까?[24]

①은 「강방소」의 내용 중 병인양요 당시의 상황에 가장 근접하는
기술이다. 경진에까지 왔던 이양선이 물러갔으나 방비를 늦출 수 없
다는 지적은 일견 프랑스군과의 전투를 치른 이후 그들의 재침에 대
비할 것을 주장한 듯 보이기도 한다. 하지만 병인양요 때 피아 모두
큰 희생을 치른 전투가 벌어졌음을 간과해서는 안 될 것이다. 전투로
인한 피해 상황이나 전과에 대한 언급이 없고 단지 적이 곧바로 경진

---

23) 『고환당집』, 「강방소」, "況今番舶揚帆直達京津 眂我無備一至於此 此擧國之所
同耻 而廟算之所宜急也 彼意所在雖未可測 伏莽之憂有未能已 今豈可以旣退
而弛慮 踵前而緩備也".

24) 「강방소」, "今夫夷情叵測 夷力難料 然以中國人所言觀之 彼利速戰不能持久 所
謂大礮只可施於闊港大野 而無奈於山城 誠如是言 我國地形 嶔嶔崱屴 在在山
城 設防以處之 固可守而有餘也 又聞彼之師律甚嚴 器械精利 未可遽戰 然亦無
絶倫之力超距之勇 … 安見我師之必不勝也".

에 이른 것이 부끄럽다는 지적만 나타난 이 글을 병인양요 이후의 것
으로 보기에는 무리가 있다.

이는 적의 전력에 대해 언급한 ②를 보면 더욱 분명해진다. 오랑캐
의 정황과 힘을 헤아리기 어렵다고 전제한 점에서나, 중국인의 말에
의지하여 조심스럽게 승리를 전망했다는 점에서도 병인양요 이후의
글이라 보기 어렵다. 승리를 전망하는 근거를 전적으로 중국인의 말
에만 의존했다는 것은 적과의 전투를 치른 경험이 없음을 웅변적으로
말해주고 있다.

이상을 종합해 보면 강위가 「강방소」를 작성한 시점은 이양선이 경
강 일대에 나타나기 시작한 8월 중순에서 하순 사이임이 분명하다.
좀 더 구체적으로 말하자면 이양선의 양화진 출몰로 위기의식이 최고
조에 달한 8월 18일 대신과 장신들에게 대책을 마련하도록 한 고종의
지시와 관련된 것으로 보인다. 경기지역 방어의 책임을 맡은 총융사
신헌은 왕명에 따라 방수책을 마련하고자 부심했고, 신헌의 부탁을
받은 강위가 양이의 예상 침투로인 강화도에서 서울에 이르는 물길을
직접 둘러본 다음 방수책인 「강방소」를 마련했던 것이다.

2. 「청권설민보증수강방소」의 어양책

「강방소」의 방어책은 정약용이 『民堡議』에서 제시한 민보방위론을
계승하면서 동시에 위원의 『해국도지』 주해편의 어양책을 적극 수용
했다는 점에서 주목된다. 다산의 민보방위론은 군정의 문란으로 인한
국방력 공백을 메우려는 대안이었다는 점에서 군정의 폐단이 해결되

지 않은 19세기 중반에도 여전히 유용성을 갖고 있었다. 하지만 다산의 『민보의』는 왜를 가상적으로 상정했던 방위론이었기 때문에 서양인의 침략에 대한 대응책으로는 부적절한 것이었다. 이러한 점 때문에 강위는 민보 설치를 통해 국방력 공백 문제를 해소하면서 『해국도지』 주해편의 방어책을 받아들여 서양의 침략에 대응하려고 했던 것으로 파악된다. 이제 「강방소」의 방어책을 『민보의』의 민보방위론을 계승한 측면과 『해국도지』의 어양책을 수용한 측면으로 나누어 살펴보고자 한다.

1) 민보방위론의 계승

강위는 「강방소」의 첫머리에서 전쟁의 위협이 있으면 백성들이 동요하게 되는데, 이는 병정의 해이로 인해 믿을 바가 없기 때문이라고 말하고 있다. 그는 백성들을 동요하게 한 병정 해이의 실상을 다음과 같이 지적했다.

> 지금 병정이 오랫동안 느슨해져 있어 겨우 京營에 약간의 장졸이 있을 뿐이고, 戰陣에 대해서도 조악하게 알고 있을 뿐입니다. 여러 도의 군읍에는 전혀 군대를 훈련시키지 않는데, 다만 군대를 훈련시키지 않을 뿐이 아닙니다. 백성들이 군오에 충원되는 것을 부끄럽게 여기고, 아전들은 임시변통을 상례로 하여 달이 지나고 해가 흐르도록 虛簿를 단지 점검하지도 않으니, 실제로는 군인이 한 명도 없습니다. 뭇 백성들이 그것이 이와 같음을 알고 있으니 어찌 동요하지 않을 수 있겠습니까?[25]

---

25) 「강방소」, "今兵政久弛 僅有京營略干將卒 粗知戰陣 諸路郡邑一切不鍊 非徒不

당시 조선의 국방력은 군사력의 공백에만 그친 것이 아니라, 백성들의 군역 기피와 군적 자체의 허부화 등 심각한 문제를 안고 있었고, 이러한 사실을 잘 알고 있는 백성들의 동요는 당연하다는 것이다. 더군다나 조선의 國計는 "군대도 없고, 군량도 없는 상황"이라 할 만한데, "한 가지가 없어도 행할 수 있는 바가 없는데 두 가지 모두 없으니 어찌 백성들의 생명을 구하고 예기치 못한 일에 대비할 수 있겠는가" 하며 개탄하고 있다.26) 조선의 방위 태세는 이미 손쓸 수 없을 정도로 철저하게 무너져 있었던 것이다. 그러면서도 강위는 적의 침략이 우려되는 위기 상황을 오히려 군정 정비의 기회로 삼아야 한다고 역설했다.27)

한편 강위는 군정 정비가 시급함에도 불구하고 백성들을 동원하기가 현실적으로 용이하지 않다고 보았다. 당시 조선의 현실은 관리들의 가렴주구로 인해 백성들의 생활이 극도로 피폐해진 상황으로 1862년 삼남 일대를 휩쓴 임술민란과 같은 내란이 언제든지 재연될 수 있는 상황이었다. 관에 대한 반감으로 내란을 일으킬 가능성이 있는 백성들을 외침에 대항하는 병력으로 삼을 수 없음은 당연했다. 그는 설령 백성들을 억지로 징발하여 군을 편성하더라도 가족들에 대한 보호책이 전무한 상황에서는 전투력을 발휘할 수 없다고 생각했다. 그는 더

錬而已 民以充伍爲恥 吏以姑息爲常 以致月流歲 亡徒點虛簿 實無一兵 衆庶知其如此矣 安得不動'.
26) 「강방소」, "今日國計 可謂無兵無餉矣 一者無備猶無可爲 今二者俱無 何以救民命而待不虞乎'.
27) 「강방소」, "竊以臣愚 慮以今無兵無餉之日 衆心胥動之時 欲修軍政不已難乎… 今若因其必死之情 而指示可生之才 亦億兆之耳所願聞也 … 故臣則以爲迨今之時 戎政尙可修也'.

나아가 "아마도 징발에 응할 사람이 거의 없을 것"이라고까지 하여 대
민통제의 이완이 심각한 지경에 이르고 있음을 지적하였다.[28]

강위가 바라본 조선의 현실은 군비도 전무하고 백성들의 동원도 여
의치 않은 가운데 양이들의 침략이 임박한 그야말로 풍전등화와 같은
상황이었다. 이러한 상황 인식 속에서 강위는 백성들로 하여금 험준
한 지형에 의지하여 스스로 '先守後戰'하게 하는 개념의 민보방위론
을 대안으로 제시했다.[29]

> 마땅히 그들로 하여금 그 지방의 험준한 지형에 의지해 堡를 설치
> 할 것을 권장하여 만약 위급한 상황을 맞으면 노인과 어린아이를 데리
> 고 그 가축들을 옮기어 보 안에 모여서 스스로 지키도록 하며, 연락하
> 여 서로 돕기를 마치 『兵志』에 실려 있는 尹畊의 「堡約」 및 송대의 弓
> 箭社 類와 같게 하여 옛 현인들이 천 리를 고리와 같이 연결한 성을
> 생각했던 것처럼 한다면 그 효과를 볼 수 있을 것입니다. … 진실로 이
> 제도가 일단 이루어지면 백성들은 안으로 돌아볼 근심이 없어서 범 같
> 은 용기를 낼 수 있을 것이고, 징발 당하는 고통을 면하고 편안히 지키
> 는 즐거움이 있을 것이며, 나아가 싸우고 물러나 지키는 것이 진심에
> 서 나와서 농기구와 몽둥이도 모두 천하 막강의 병기가 될 것입니다.
> … 그러므로 진실로 그들에게 보를 세워서 스스로 지키게 한다면, 스

---

28) 「강방소」, "然臣又計之 今者中外任兵民之責者 不務實績 徒應虛文 搜括開丁
    以充軍伍 誅求窮蔀 以峙芻粮 則騷亂之極 必致內擾 勢當倒戈 何以制外虞乎
    況又使之聞變徵發 遠赴官調 置其父母妻子 於不知存亡之域 而投軀於鋒丸烈
    焰之的 設有忠肝義膽者 方寸已亂 無望奮勇 況以比屋愁苦之情 不識形名之類
    其肯公爾忘私 北首死敵 勢必土崩瓦解 獸駭鳥竄 寧死於巖穴之間 風濤之上 而
    恐無幾人應調者矣".

29) 민보방위의 전술적 기조가 되는 '선수후전'에 대해서는 다음 논문이 참고가
    된다(정경현, 1978, 「19세기의 새로운 국토방위론 -다산의 『민보의』를 중
    심으로-」, 『한국사론』 4, 344~351쪽).

스로 능히 수선하는 수고로움을 잊을 수 있을 것이고, 방어하는 힘을
떨쳐서 차라리 죽음으로써 적을 상대할 지라도 그들의 예봉이 그 친한
이들에게 미치지 않게 하고자 할 것이니, 이치의 형세가 반드시 미치
는 바입니다.[30]

　　강위의 민보방위론은 작자 미상의 『漁樵問答』과 신헌의 『민보집설』
등과 마찬가지로 다산의 『민보의』로부터 큰 영향을 받았다. 『민보의』
는 상비 국방전력도 없고 전시 비상국방전력의 동원도 여의치 않은
현실 속에서 왜의 침략을 우려하면서 관민 사이의 괴리가 심화된 현
실을 인정한 가운데 쓰인 현실주의적 국방개혁론이었다.[31] 강위가
「강방소」를 쓰던 시점도 다산이 『민보의』를 지을 당시와 사회 현실이
별반 다르지 않았으므로 민보 설치를 통해 백성들의 '선수후전'을 독
려하는 방법 이상의 실현 가능한 방어책은 없었다. 따라서 다산이 전
국에 무수히 많은 민보를 설치하여 상호 긴밀한 관계가 설정된 거미
줄 형태의 대적공동전선을 구상[32]했던 것처럼 강위도 "천리를 고리와
같이 연결한 성"과 같은 형태의 전국적 민보방위망을 생각하였다.
　　하지만 「강방소」에서 강위가 직접적으로 민보 설치를 거론한 지역
은 강화도에서 양화진에 이르는 한강 양안에 지나지 않았다. 이는

---

30) 「강방소」. "當使之 依其地方險阻之處 勸民立堡 設遇警急 卽令携其老幼 輸其
　　畜産 聚於堡內 使之自守 聯絡相救 如兵志所載尹畊堡約 及宋代弓箭社之類 昔
　　賢以爲千里連環之城 則其効可觀也 …誠使此制一成 則民無內顧之憂 而有負
　　嵎之勇 免調徵之苦 而有安守之樂 進戰退守出於血誠 鋤耰棘矜 皆天下莫强之
　　兵也 … 故苟使之 設堡以自衛 則自能忘繕修之勞 奮拒禦之力 寧以死當敵 而
　　不欲彼鋒之及於其親 理勢之所必至也".
31) 정경현, 앞의 논문, 340~341쪽.
32) 정경현, 위의 논문, 348쪽.

이양선이 양화진에까지 출몰한 비상한 사태에 대한 대책으로 작성되었기 때문인 것으로 이해된다. 서양인의 침입에 왕성이 무방비 상태로 위협받는 상황에서 경기 방어를 책임진 총융사 신헌을 위해 대작한 것임을 고려한다면, 서양인의 침입로인 한강 양안의 민보 설치에 논의를 집중하는 것이 오히려 자연스러운 것이다.

한강 양안의 민보 설치에 대한 강위의 구상은 교동도·강화도로부터 양화진에 이르는 양안의 높은 언덕에 모래 돈대를 설치하고 무기를 갖추어 백성들에게 익히게 하는 것과 적의 동향을 조기에 정확하게 파악하고 전달하는 체계를 갖추는 것의 두 가지로 요약된다.[33] 이러한 구상은 원래 민보방위론 자체가 그러하듯이 고대로부터 내려오던 전통적인 據險淸野戰法을 활용하려 한 것이라 할 수 있다. 그러나 거험청야전법은 적의 예봉을 둔화시켜 전쟁을 지구전으로 이끄는 효과는 있을지 몰라도 근대적 무기로 무장한 서양인의 공격을 방어하는 근본적 대안은 될 수 없었다. 강위 자신도 민보 설치를 통해 서양인의 공격을 막아낼 수 있다고 믿고 있었던 것 같지는 않다.

지금 성 중의 백성들은 성이 있어 몸을 지킬 수 있지만, 강가의 기천만 호는 스스로 지킬 방법이 없으니, 그들이 어떤 방법으로 스스로 지키겠습니까? 강가를 잃는다면 도성에 방비가 있더라도 또한 지킬 수 없고, 도성을 잃는다면 북한산성이 비록 험준하더라도 아마도 또한 지킬 수 없을 것입니다. 그러므로 능히 지킬 수 있는 방책을 행하고자 한다면, 먼저 강가의 장소를 선정하여 방어시설을 만들어 지킴으로써 백

33) 「강방소」, "又願聖明亟嚴京都江海之防 自喬桐江華兩沿以上楊花津以下 就高埠處隨設沙墩 甬道磊落相望 且遠設斥候以備瞭望 無襲虛套常如臨陣 使號令相續動靜卽達".

성들을 안정시키고, 保甲으로 편성하여 그 세력을 합하며, 그 재능을
가려서 미리 연습을 시키십시오.[34]

위 사료를 통해 강위가 민보 설치를 통해 얻고자 한 것이 무엇이었
는가를 엿볼 수 있다. 한강 양안에 설치된 민보는 도성을 방어하는 일
차적 저지선으로 설정되는데, 험준한 북한산성조차도 도성을 잃는다
면 지킬 수 없을 것이라고 한 점으로 보아 민보의 방어 효과에 큰 기
대를 걸었다고 보기는 어렵다. 오히려 민보 설치의 목적은 서양인의
침략에 무방비 상태로 노출되어 동요하는 백성들을 안정시키고 도성
을 방어하는 전력으로 동원하는 데 있었던 것으로 이해된다.

민보 설치가 백성들의 안정화와 동원에 주안점이 있었던 것은 병인
양요 직후인 1867년 2월 간행된 신헌의 『민보집설』도 마찬가지였다.
『민보집설』은 다산의 민보방위론을 계승했지만, 『민보의』에 비해 대
민통제의 의도가 보다 두드러진다는 점에서 內修策으로 이해되기도
한다.[35] 하지만 대민통제의 의도가 강화되었다 하더라도 국가 차원의
근본적 방어대책이 없는 상황에서 백성들의 자발적인 자위체제라 할
민보가 국방에서 차지하는 의미가 간과되어서는 안 될 것이다. 더구
나 「강방소」에서 한강 양안의 민보는 도성을 방어하는 1차 저지선으

---

34) 「강방소」, "今城中之民 則有城以衛身 至於江上幾千萬戶 無所自衛 其何以自守
乎 江上有失 則都城有備 亦不可守 都城有失 則北漢雖險 恐亦不可守矣 故欲
爲能守之策者 先守江上隨地設險以安其衆 編爲保甲以合其勢 簡其才藝預行練
習".

35) 최진욱, 1997, 「신헌의 내수어양책 연구」, 고려대학교 사학과 석사학위논문,
16~24쪽. 신헌의 『민보집설』을 외침보다는 민란 예방을 위한 대민통제 강화
에 주목적을 둔 내수책으로 규정하며, '국토방위'론이라는 성격 규정은 재고
되어야 한다고 본 견해는 주목할 만하다.

로 설정되어 강위의 어양책에서 빠질 수 없는 중요한 한 축을 이루고
있었다. 또한 후술하겠지만『해국도지』의 어양책을 본받아 한강 방어
개념을 제시한「강방소」에서 민보는 적의 상륙을 저지하여 강에 묶어
둠과 함께 한강에 침입한 적을 포위하여 협공하는 역할도 맡고 있었
다.

「강방소」에는 강위가 민보를 어떻게 운영하려 했는지는 나타나지
않는다. 상소문에 민보 운영에 관한 세세한 내용을 담는 것이 부적절
하기도 했지만, 이미 다산의『민보의』나 신헌의『민보집설』초고 등
에 상세하게 기록되어 있기 때문일 것이다.36) 강위가「강방소」를 쓰
던 시점의 생각과 같다고 보기는 어렵겠지만, 그가 남긴「勸設民堡論」
에는 단편적이지만 민보 운영에 관한 구상이 드러나 있다.37)

「권설민보유」에 나타난 민보의 설치와 운영에 대한 구상을 요약하
면 다음과 같다.

첫째, 민보의 설치와 운영이 자율에 맡겨지고 있다는 점이다. 민보
의 설치를 "각 면과 각 리의 일을 아는 사람들이 몇 차례 모임을 갖고

---

36) 강위는「강방소」에서 "지금 그(민보) 제도와 뜻이 모두 책으로 만들어져 있
다."고 하고 있다. 이 때 말한 책은「보약」과 궁전사 등이 수록된『병지』일
가능성도 있지만, 그보다는 조선의 현실에 맞게 쓰인『민보의』나『민보집설』
초고를 말한 것으로 생각된다.『민보집설』의 서문에는 신헌이 1862년 삼도수
군통제사로 있을 때부터 민보와 관련된 설들을 모아 초록한 것으로 되어 있
다. 강위와 신헌의 깊은 교분으로 볼 때, 강위가「강방소」를 쓸 때 이미 신헌
의『민보집설』초고를 보았을 가능성이 크다.

37)「권설민보유」는 1867년 왕의 諭示를 대작한 것으로 추정되는 글이다(『강위전
집(상)』,「권설민보유」, 439~441쪽). 이 추정의 근거는 첫머리에 "本府의 地方
紳士, 유생, 將吏, 黎庶人 등이 모두 알아서 강구하여 거행할 일을 委諭하노
라."라고 되어 있기 때문이다. 민보 설치가 국가적으로 용인되는 것은 1867년
1월 신헌의 건의가 채택되어『민보집설』이 간행·배포된 것과 관련된다.

열띤 토론을 거쳐 결정"하도록 했을 뿐 아니라, 군량의 유지와 담장 설치 · 방어대책 등도 현지 실정에 따라 자율적으로 결정하도록 하였다.[38] 이는 민보의 설치 여부를 백성들의 뜻에 따라 결정하도록 한 조정의 뜻과도 일치하는 것이다.[39]

둘째, 100호 이상을 기준으로 유사시 민보에 들어가 청야전법으로 대응한다는 점이다. 이는 민보의 조직을 10호를 1개 甲으로, 10갑을 1개 保로 편성하는『민보집설』의 조직 편성에 따른 것으로 보인다.[40]

셋째, 안정을 강조하면서 주민들의 이동을 극도로 제한하려 했다는 점이다. 이는 이 시기 민보방위론이 대외적 위기뿐 아니라 민란과 같은 대내적 위기의 예방에도 목적이 있었음을 보여주는 것으로, 병인양요 이후 대민통제가 강화되는 민보방위론의 성격 전환과 관련된 것으로 보인다.[41]

2)『해국도지』[42]「주해편」의 해방책 수용

강위는 다산의 민보방위론을 계승하여 민보 설치를 주장했지만, 왜

---

38)『강위전집(상)』,「권설민보유」, 439~440쪽.

39)『고종순종실록』, 고종 4년 1월 21일조.

40)「권설민보유」, 439~440쪽. 다산은 5인을 1伍로, 2오를 1隊로, 3대를 1旗로 하는 것을 기본편성으로 삼아 1~5개 기로 편성된 민보를 각각 幺堡, 小堡, 中堡, 大堡, 元堡라 하고 있다. 반면 신헌은 "每十戶編爲一甲 每十甲編爲一保"라 하여 가호 단위의 민보 편성을 구상했다(『민보집설』,「伍甲第一」). 편성의 기본 단위를 가호로 한 것은『민보집설』의 편성을 따랐기 때문이다.

41) 최진욱, 앞의 논문, 16~24쪽.

42)『해국도지』는 1844년 50권 44책으로 처음 간행된 이후, 1847년에 60권 24책으로, 1852년 100권 24책으로 증보되어 간행되었다. 각각의 판본은 간행된 직후에 조선에 전래되어 지식인들 사이에 읽혔는데, 국내에서는『해국도지』의 내

를 가상적으로 설정했던 다산과는 완전히 다른 방어책을 구상했다. 서양이라는 새로운 적을 막기 위해서 그는 『해국도지』에 담겨있는 방어책에 주목했다. 『해국도지』는 간행 직후인 1840년대부터 조선에 전래되어 지식인들에게 많은 공감을 얻고 있었다.43) 1866년 7월 평안감사 박규수가 뗏목을 이용한 화공으로 제너럴 셔먼호를 침몰시킨 사례는 『해국도지』「주해편」에서 제시된 전술이 실전에서도 효과를 발휘할 수 있음을 보여주는 것이었다.44) 양이의 침범이 임박했다는 위기감 속에서 방어책 마련에 나섰던 강위도 당연히 『해국도지』「주해편」의 방어책을 받아들이고 있다.

용을 발췌한 초략본이 간행되기도 했다(이광린, 1995, 앞의 논문, 3~7쪽). 이 외에도 『해국도지』는 필사본의 형태로 남아있기도 하여 다양한 판본이 존재한다. 본 연구에서는 『해국도지』의 다양한 판본 중에서 1849년에 60권 24책으로 간행된 古微堂重訂本(고려대학교 도서관 소장)을 참고했다.

43) 위원의 해방사상이 담긴 『경세문편』과 『성무기』도 전래되어 지식인들에게 많이 읽혔지만, 그 반향은 『해국도지』에 미치지 못하였다(노대환, 앞의 책, 169~174쪽).

44) 윤소영, 1995, 「轉換期の朝鮮の對外認識と對外政策」, お茶の水女子大學 博士論文, 63쪽 ; 손형부, 1997, 『박규수의 개화사상연구』, 일조각, 88쪽 ; 원재연, 2001, 「해국도지 수용 전후의 어양론과 서양인식 ―이규경(1788~1856)과 윤종의(1805~1886)를 중심으로―」, 『한국사상사학』 17, 402쪽. 원재연은 제너럴 셔먼호 사건 때 뗏목을 이용한 화공 사례는 물론 병인양요 당시 양헌수 부대가 정족산성으로 이동할 때 잠수꾼을 동원한 사례도 『해국도지』의 전술에 따른 것으로 보았다. 한편 김명호는 『해국도지』에 제시된 전술의 핵심이 서양 선박을 내하로 유인하여 공격하는 데 있고, 화공의 경우도 火船뿐 아니라 水雷・火箭・噴筒 등 다양한 무기를 구사하고, 수륙 양면에서 차단・매복・기습・협공 등 입체작전을 펴는 것이라 지적하고, 박규수가 셔먼호를 일부러 내하로 유인한 것이 아니고, 무기나 작전 구사에서도 한계가 뚜렷했음을 들어 셔먼호 격퇴에 『해국도지』의 전술이 응용되었다는 주장에 대해 회의적인 입장을 보였다(김명호, 2003, 「제너럴셔먼 사건과 박규수」, 『대동문화연구』 42, 334쪽).

조선에서도 이미 18세기 후반부터 서양 세력에 대한 대비가 필요하
다는 인식이 나타나고 있었다. 安鼎福·李德懋·柳得恭 등이 왜와 교
섭하고 있는 阿蘭陀(네덜란드)에 대해 대비해야 한다는 해방론을 주
장했던 것이다. 19세기에 들어 이들의 해방론적 인식을 계승한 것은
정약용이었다. 그러나 서양에 대한 대비의 필요성을 지적하기는 했지
만, 이들에게 서양 세력의 위협이 현실적인 것으로 받아들여지지는
않았던 것 같다. 다산에게서조차 해방의 구체적인 대상으로 상정된
것은 서양이 아닌 일본이었다.[45] 정약용은 바다를 통해 침입해오는
왜를 어디에서 막을 것인가를 직접 거론하지는 않았다. 하지만 동래·
통영·호남지방·고금도 등을 왜의 침입 우려가 큰 지역으로 들었
고,[46] 『민보의』 말미에 虞侯 李重協을 위해 지은 「大芚山築城論」을
부록으로 실었던 것을 보면 남해안의 해안선 일대에서 왜의 침략을
막으려고 생각했음이 분명하다.

강위는 「강방소」에서 조선 재래의 해방책과는 완전히 다른 전술개
념을 제시했다. 바다로부터 침입해오는 적을 內河 깊숙이 끌어들여
격파하는 개념, 즉 '江防'을 말했던 것이다. 물론 바다로부터 쳐들어오
는 적이 내하를 통해 침투해 온다는 점에서 강방은 해방론의 연장에
있는 개념이다. 하지만 강위가 해안 또는 해구 방어를 외면한 채 한강
양안의 방어만을 말한 것을 볼 때 조선 재래의 해방론과는 궤를 달리
하는 것임을 알 수 있다. 「강방소」의 어양책 중 가장 핵심개념이라 할
강방은 『해국도지』 「주해편」의 영향을 받은 것이었다. 그가 강방 개

---

45) 노대환, 앞의 책, 166~168쪽.
46) 국방부 전사편찬위원회, 1989, 『민보의·민보집설』, 4~6쪽.

넘을 채택한 데에는 한 달 전인 7월에 제너럴 셔면호 사건에서 검증
된 전술이라는 점도 작용했을 것이다. 대동강에 침입한 제너럴 셔면
호를 화공과 포격으로 격침시킨 경험은 「주해편」의 전술에 대한 신뢰
도를 높였을 것이기 때문이다.[47]

위원은 『해국도지』「주해편」에서 어양의 대책을 '議守上', '議守下',
'議戰', '議款'의 항목으로 나누어 서술하고 있다. 그는 守·戰·款의 세
가지 방법 중에 가장 우선되어야 할 것이 '수'라고 보았는데, 수비를
못하면 싸우는 것도, 화친하는 것도 불가능하기 때문이었다.[48] 위원
의 이러한 생각은 「주해편」의 편재에도 그대로 반영이 되어 '의수'가
가장 앞에 배치되었고, 상과 하로 나뉘어져 가장 많은 분량을 차지하
고 있다. '의수상'에서는 적을 어디에서 막을지에 대해서, '의수하'에서
는 병력의 조련 문제에 대해 각각 서술하고 있다. 위원이 제시한 '의
수'의 골자는 다음과 같다.

> 自守의 방책은 두 가지가 있다. 하나는 外洋을 지키는 것이 海口를
> 지키는 것만 못하고, 海口를 지키는 것이 內河를 지키는 것만 못하다
> 는 점이다. 둘째는 客兵을 징발하는 것이 그 지방의 土兵을 조련하는
> 것보다 못하고, 水軍을 징발하는 것이 水勇을 조련하는 것보다 못하다
> 는 점이다.[49]

---

47) 이 문제는 박규수가 『해국도지』「주해편」의 전술을 채택한 것인가 여부와
　　는 상관이 없다. 왜냐하면 박규수의 의도와 상관없이 제너럴 셔면호 사건
　　그 자체가 내하에서 적을 포위 섬멸하는 전술의 유용성을 입증한 것이기 때
　　문이다.

48) 위원, 『해국도지』「주해편」1, '議守上', "不能守何以戰 不能守何以款 以守爲
　　戰而後 外夷服我調度 是謂以夷攻夷 以守爲款而後 外夷範我馳驅 是謂以夷款
　　夷".

49) 위의 책, '의수상', "自守之策二 一曰 守外洋不如守海口 守海口不如守內河 二

위원은 불리한 외양이나 해구보다는 내하에서 적을 막을 것, 다른 지역 군대의 징발보다는 해당 지역의 지형에 익숙한 지방군과 잠수에 능한 수용을 동원할 것을 자수의 방법으로 제시했던 것이다. 그는 외양에서 적을 막아야 한다는 주장에 대해 적함이 장점을 발휘할 수 있는 외양에서 적과 맞서기 어려운 이유를 설명하고, 내하에서 적을 막는 방법을 다음과 같이 제시하고 있다.

적이 내하에 들어오면 … 우리는 상류 한 면만 막는 데 그칩니다. 먼저 물이 얕고 좁은 요해처를 택합니다. 가라앉힌 배와 줄로 묶은 뗏목으로 그 앞을 막고, 沙垣과 대포로 그 측면을 지키며, 다시 하류를 방비하여 말뚝과 뗏목으로 그 후면을 끊습니다. 그런 후에 바람과 조수에 편승하여 水勇을 가려 뽑아 불붙은 배를 몰아서 앞뒤에서 공격합니다. 혹은 광동성에서 만든 바의 서양 수뢰를 모방해서 어두운 밤에 헤엄쳐서 배 바닥에 보내어 일거에 폭발시킵니다. 혹시 오랑캐들이 군대를 나누어 육지로 올라와 우리의 배후를 포위하면 미리 몰래 해자를 파서 그 앞을 끊고, 층층이 지뢰를 매설하여 그 혼백을 빼앗습니다. … 양안의 병포로 수륙에서 협공하면 오랑캐의 포는 담장을 뚫을 수 없고 우리의 포는 가히 배에 미칠 수 있어서 바람과 파도가 사방에서 일어나고 초목이 모두 군대가 되는 것이고 오랑캐의 배는 스스로 구하기에 겨를이 없을 것이니 어찌 능히 포를 돌려 우리를 공격하겠습니까?[50]

<hr/>

日 調客兵不如練土兵 調水師不如練水勇".
50) 위의 책, '의수상', "賊入內河則 … 我止禦上游一面 先擇淺狹要隘 沈舟絙筏以遏其前 沙垣大礮以守其側 再備下游椿筏以斷其後 而後乘風潮 選水勇或駕火舟 首尾而攻之 … 或倣粵中所造西洋水雷 黑夜泅送船底 出其不意 一擧而轟裂之 … 倘夷分兵登陸 繞我後路 則預掘暗溝以截其前 層伏地雷以奪其魄 … 兩岸兵礮水陸夾攻 夷礮不能透垣 我礮可以及船 風濤四起草木皆兵 夷船自救不暇 尚能回礮攻我乎".

이상은 위원이 서양 세력의 공격을 어떻게 격퇴하려 했는지를 잘 보여준다. 그의 구상은 서양 선박을 좁고 얕은 곳으로 유인하여 기동성을 떨어뜨린 뒤 사방을 포위하여 수륙 양면에서 공격하는 것으로 요약된다. 적을 포위하기 위해서 상·하류에는 말뚝과 가라앉힌 배와 뗏목 등을 배치하고, 양안에는 모래 담장을 세우고 대포를 배치하는 방법을 제시했다. 또 혹시 있을지 모르는 적의 상륙에 대비해서는 해자와 지뢰 설치를 통해 맞서며, 적함에 대해서는 수륙 양면에서의 포격과 함께 잠수부를 활용한 수뢰 폭발, 화공 등의 전술을 병행함으로써 격퇴한다는 것이다. 이외에도 '독연기(毒煙)', '횟가루(沙灰)' 등을 바람에 날려 적을 무력화시키는 방법도 제시되고 있다.

강위가 「강방소」에서 『해국도지』를 직접 언급하지는 않았지만, 그가 해안 방어가 아닌 강방을 주장한 것은 『해국도지』의 '守內河' 전술에 공감했기 때문으로 보인다. 실제로 그가 제시한 강방의 방법은 『해국도지』 「주해편」의 '수내하' 전술과 매우 유사하다.

> 지금 마땅히 서둘러 수영에서 물에 익숙한 수졸을 징발하고, 또한 헤엄을 잘 치는 어부를 모집하여 모두 경강에 이르도록 하십시오. 漁箭을 엮는 제도에 의거하여 물속의 수십 곳에 말뚝을 박고 쇠로 말뚝을 감싸서 배가 이르면 반드시 부딪히도록 하여 배가 움직이기 어려울 때를 기다린다면 거사할 수 있을 것입니다. 또한 포를 실은 거함과 땔나무를 쌓은 나무뗏목을 만들어 항내에 감추어두고 적이 올 것에 미리 대비하여 뗏목에 땔나무를 쌓아둡니다. 사람은 땔나무 밖에 있으니 비록 오랑캐의 포격이 있다 하더라도 능히 우리를 상하게 할 수 없을 것입니다.[51]

---

51) 「강방소」, "今宜急調水營習水水卒 且募漁採善泅海夫 悉詣京江 依結漁箭之制

우선 물에 익숙한 수졸과 헤엄 잘 치는 어부를 경강에 모으라는 것은 『해국도지』의 '練水勇'을 연상시킨다. 또한 물속에 말뚝을 박아 내하로 침입한 적의 배가 걸려 움직이지 못하게 하여 공격하려 했던 점도 『해국도지』의 내용과 일치한다. 함포와 땔나무를 실은 뗏목으로 화공을 감행하려 했다는 점도 위원의 전술을 그대로 받아들였음을 알 수 있다. 또한 전술했던 한강 양안에 沙墩을 세워서 대포를 배치하여 적을 공격하는 방법도 사실은 『해국도지』에서 위원이 제시한 것이었다.[52] 다만 잠수꾼을 이용하여 적함 바닥에서 수뢰를 폭파시키는 방법을 채택하지 않은 것은 조선에서 수뢰를 제작하거나 도입한 일이 없으므로 현실성이 없기 때문으로 여겨진다.[53]

이와 같이 강위는 위원이 『해국도지』 「주해편」 '의수'에서 어양의 방책으로 제시한 '수내하', '연수용' 등의 개념뿐만 아니라 구체적인 활용 방법까지도 받아들이고 있었다. 또한 지방군의 양성과 활용을 의미하는 '練土兵'도 일반 백성들로 구성된 민보군으로 대치되어 있지만

植杙水中幾十處 以鐵裹杙 舟至必衝 候其難動卽可擧事 且造載礮巨艦 儲柴木 筏 藏於港內 準備赴敵 峙柴於筏 人在柴外 雖有夷礮不能傷我".

52) 강위가 한강 양안에 沙墩을 세우고 戰具를 배치하자고 한 것은 의심할 바 없이 『해국도지』의 영향을 받은 것이다. 내하에 침투한 적선을 포위·공격하는 위원의 구상에서 육지로 상륙하는 적을 저지하면서 적선을 협공하는 양안의 대비는 불가결한 것이었다. 강위가 『해국도지』 「주해편」의 어양책을 받아들이면서 이 점을 몰랐을 리 없다. 따라서 한강 양안에 대한 대비도 『해국도지』에 제시된 방법을 채택한 것이다. 다만 앞서 살폈듯이 강위가 한강 양안에 세우려 했던 모래 돈대는 위원의 구상과는 다른 민보였고, 그 보루에서 수비를 담당한 것도 土兵이 아닌 일반 백성이었다.

53) 수뢰포는 1867년 신헌에 의해서 비로소 제작된다. 1867년 9월 11일 신헌은 전날 있었던 수뢰포 시험발사 성공에 대한 공으로 가자되었다(『고종순종실록』, 고종 4년 9월 11일조).

사실상 개념적인 부분은 받아들인 셈이다. 결국 강위는 『해국도지』
「주해편」 '의수'의 어양책 모두를 수용했던 것이다.

　다만 조선의 현실과 괴리된 내용은 버리고 대안을 제시했는데, 그
것은 『해국도지』의 어양책과 민보방위론의 결합으로 표출되었다. 때
문에 그 스스로도 "이것은 이름이 강방이지만 실제로는 민보의 제도"
라고 말했던 것이다.[54] 그가 민보의 제도라고 강조했음에도 불구하고
「강방소」의 핵심은 강방에 있었다. 한강 방어를 위해 『해국도지』에
제시된 방어책을 전면적으로 받아들이면서 조선의 현실에 맞춰 '사원'
과 '토병'을 각각 민보와 민보군으로 대체한 것이 「강방소」였던 것이
다. 물론 강위의 민보방위론이 한강 양안에만 한정된 것이 아니었음
을 고려하면, 민보를 단순히 『해국도지』의 전술에 종속된 것으로 이
해하기는 곤란하다. 하지만 「강방소」에서 집중적으로 논의되는 한강
방어에서 양안의 민보는 『해국도지』의 전술을 구성하는 일부분으로
설정되어 있다.

　강위는 강방과 민보가 결합된 방어책으로 서양의 침입을 막아낼 수
있을 것으로 낙관하였다. 그가 임진·병자 양난 때는 외적이 먼 거리
의 땅을 밟고 쳐들어와서 공격도, 수비도 어려웠지만, 지금은 해구로
부터 경강까지의 거리가 백 리가 되지 않으니 외적이 들어오기도 쉽
지만 우리가 방어하기도 쉽다고 한 것은 그러한 자신감의 표현이었
다.[55] 이러한 자신감의 이면에는 서양인이 이익만을 추구하는 금수에
가까운 존재인 반면, 조선은 성인과 조종의 가르침을 준수하여 도덕

---

54) 「강방소」, "是名江防 而實則民堡之制也".
55) 「강방소」, "往於壬丙之難 寇蹈千里之境而來 故寇入甚難 而我防亦難 今自海口
　　達於京江不滿百里 寇入甚易而我防亦易".

적으로 우위에 있다는 인식이 있었고, 서양의 명분 없는 출병을 하늘
이 돕지 않을 것이라는 희망도 섞여 있었다.56) 강위도 윤종의 · 박규
수 등과 마찬가지로 동도의 우월성에 대한 강한 믿음을 갖고 있었던
것이다.57) 따라서 조선이 내수를 돈독히 함으로써 적에게 대항하면
오랑캐가 아무리 강하더라도 하늘도 돕지 않을 것이고 우리나라 사람
들의 호응도 없어서 공격할 수 없을 것이라고 결론짓고 있다.58)

3. 어양책의 성격

　제1차 중영전쟁 이후 대외적 위기의식의 고조에 따라 다양한 대응
론이 나타났지만, 그 내용은 동도에 대한 확고한 신뢰를 바탕으로 내
수에 힘쓰며 천주교의 확산 방지에 노력한다는 수준을 벗어나지 못했
다. 이러한 논의는 서양의 군사적 공격을 받았을 때 그에 대응할 현실
적인 방책이 될 수 없다는 점에서 한계가 있었다. 서양인의 침략 가능
성을 낮게 보고 있었던 지식인들의 인식이 그대로 반영되었기 때문이
다. 이러한 낙관적 인식으로 말미암아 서양의 군사적 침략에 대한 실

---

56)「강방소」, "然聞彼夷假名行敎 而實則專尙詭詐 得其善言 終不可信 況其所習與
　　中國神聖之敎 絶相違背 禁人祭先 淫人妻女 騙人財賄 惟利是射 是則不止夷狄
　　而寔乃禽獸之類 … 且彼之兵 出乎無名 師直爲壯 天道佑善 我國雖弱 於拒彼
　　何有哉".
57) 노대환, 앞의 책, 3장 참조.
58)「강방소」, "故臣願殿下 察乎義欲之分 明乎彼己之數 一於天心 篤於內修 以慈
　　衛國 以哀抗敵 天人協從 擧無不順 衆心成城 固於金湯 夷雖暴狠 天所不佑 我
　　人之所不與也 豈能有加於我哉 由是論之 勝敗之算 有所在也".

질적인 대응책은 북경 함락 이후에야 비로소 나타나기 시작하였다. 대표적인 예가 訓練千摠 尹爕이 제시한 禦夷方略59)과 前 獻納 朴周雲이 올린 상소60) 등이다. 이들이 제시한 어양책을 「강방소」와 비교해 보면 강위가 제시한 어양책의 성격이 보다 명확히 드러날 것이다.

훈련천총 윤섭이 어양책을 담은 상소를 올린 것은 북경 함락 소식이 전해진 직후인 1861년 초였다. 윤섭의 방어론에서 주목되는 점은 서양의 침략에 대한 해방책과 함께 중원에서 밀려난 청의 침략 및 비적들의 발호에 대비한 육방책을 제시하고 있다는 것이다.61) 상소의 서두에 서양이 아니라 청의 침입 가능성을 언급하면서 그 예상 침입로와 방어책을 서술한 점은 대단히 이채롭다. 북경 함락 소식에도 불구하고 서양의 침략 가능성보다 오히려 서양 세력에 밀려난 청국이 조선을 넘볼 가능성이 크다고 여겼던 것이다.

청의 침략 가능성을 우려하는 윤섭의 태도는 병자호란 이후 18세기 중엽까지 조선 사회에서 비교적 널리 공유되었던 ‘寧古塔回歸說’을 계승한 것이었다. ‘영고탑회귀설’은 시기에 따라 내용이 다소 변하지만, 기본 골격은 청의 운명적인 몰락을 전망하면서 그들이 패퇴하여 자신들의 본거지인 영고탑으로 돌아가는 길에 강성한 몽고족에게 막혀 우

---

59) 윤섭의 어이방략은 병인양요 이후 기정진 등이 개진했던 방어론과 내용상 매우 유사하다는 점에서 척사론 계열의 해방론에 큰 영향을 미친 것으로 추정된다(노대환, 앞의 책, 201쪽).
60) 『승정원일기』, 고종 3년 9월 3일조. 박주운은 본관이 함양으로 1852년 정시 문과에 병과로 급제하여 직강, 헌납, 수찬, 칠곡 부사, 부교리 등의 관직을 거친 인물이다.
61) 김류, 『해상기문』, 「訓練千摠尹爕論禦夷方略」, “大國興廢 非所逆覩 而以大勢論之 若失中原 則勢必東迁於遼陽 徵索於我矣 … 設令淸人 托假道觀我 知我有備 不敢生意歸去之速也”.

회하면서 조선을 침략하게 될 것이라는 내용이다.[62] 윤섭은 서양의
침략을 받아 북경까지 함락되는 사태를 목도하면서도 서양 세력의 침
략에 밀린 청이 패퇴하여 그들의 발상지인 영고탑으로 돌아가면서 조
선을 침략할 가능성이 크다는 '영고탑회귀설'을 다시 제기한 것이다.
이는 서양에 대한 위기의식이 고조되고 있는 상황에서도 그들의 침략
을 현실적인 것으로는 좀처럼 믿지 않으려 했던 당시의 분위기와도
상통한다.

 물론 윤섭의 상소 중반 이후에는 서양에 대한 방어책이 개진되어
있다. 윤섭은 서양의 해독을 알면서도 그 힘을 두려워하여 요구를 받
아들이는 것은 목전의 편안함을 취하다가 그 해독을 받는 것이라 하
여 적극적인 방어를 주장했다. 그의 방어책의 핵심은 서양의 장점을
무력화시키고 우리의 장점을 최대한 이용한다는 데 있었다. 서양의
장점으로는 뛰어난 대포와 함선이, 우리의 장점으로는 험준한 지세가
거론되었다. 따라서 조선이 취해야 할 방책은 불리한 수전을 회피하
고 육전으로 유도하여 전통적인 거험청야전술에 의한 지구전으로 대
응하는 것이었다. 또한 그는 서양인들이 수만 리 밖에서 오기 때문에
군량의 원활한 조달도, 10척 이상의 병선을 동원하기도 어렵다는 점
등을 들면서 이러한 전술이 성공할 가능성이 높은 것으로 판단하였
다.[63]

---

62) '영고탑회귀설'에 대해서는 배우성, 1998, 『조선후기 국토관과 천하관의 변화』,
    일지사, 64~93쪽 ; 허태용, 2009, 『조선후기 중화론과 역사인식』, 아카넷, 152~
    161쪽 참조.
63) 한편 윤섭이 거험청야전술을 통해 승리하리라 낙관한 데에는 서양에 대한 잘
    못된 인식도 깔려 있었다. 윤섭은 서양인들의 대포는 평지에서나 힘을 발휘
    할 뿐이지, 조선과 같은 험한 지형에서는 효과를 발휘할 수 없다고 하면서 다

　윤섭의 기본구상이 거험청야전술에 의거한 육전이었지만, 해방의 중요성을 완전히 무시했던 것은 아니었다. 하지만 그 범위는 한강과 직접 연결되는 강화도·교동도와 그 서북에 위치한 섬들의 방비를 강화하는 데 국한되었다. 그 이외의 침투 예상지역으로 거론된 홍주·남양·수원·인천·부천 등은 적을 끌어들여 퇴로를 끊고 적의 모선과 상륙정을 불태우는 전술을 제시하고 있다. 적을 내륙 깊숙이 끌어들이는 수단으로 천주교 신자들의 내응을 역이용하자고 제안한 점은 눈길을 끈다.[64]

　요컨대 윤섭의 어양책은 전통적인 거험청야전법에 의거한 지구전으로 서양의 침략을 막아내려 한 방위책이었다. 윤섭이 서양을 잘 막아내고 있는 사례로 들고 있는 安南에 대한 묘사가 『해국도지』의 내용과 유사하다는 점이 지적되기도 했지만,[65] 그가 제시한 방어책은 의연하게 전통적인 방법에 의거한 것이었다. 해안 방어의 면에서도 강화·교동 등 한강과 연결된 해구 지역의 방비를 강화할 것을 주장했지만, 구체적으로 어떻게 방비를 강화하여 적을 물리칠 것인가에 대해 언급하지는 않았다. 이는 강위가 구체적인 대응책을 제시한 것과는 큰 차이가 나는 것으로, 윤섭이 서양보다 청국의 침략 가능성을 더 높게 보았던 것과 관련이 있는 듯하다.

　음과 같이 말하고 있다. "그들은 활과 화살이 없고, 손안의 장기가 단지 반 자의 短銃에 있을 뿐인데 그 미치는 거리가 삼십 보에도 이르지 못한다. 또한 걸음걸이는 기울어진 땅에서는 적합하지 못하니 실로 천하의 약한 도적인 것이다."

64) 윤섭, 앞의 글. "近來邪學大熾於兩湖之間 或不無我國之人爲細作於彼而必曰 我國弛武無備 雖下陸深入無所忌憚 迨此時暗自約束 將其計而取之 豈非兵家所謂仍敵制勝者乎".

65) 노대환, 앞의 책, 200~201쪽.

전 헌납 박주운이 상소를 올린 시기는 병인양요 직전인 1866년 9월 3일이다. 박주운의 상소에서 우선 주목할 점은 서양의 물리력에 대해 대수롭지 않게 평가하고 있다는 사실이다. 그는 중국이 서양의 물리력에 굴복한 까닭을 서양 오랑캐가 강한 상대여서가 아니라 중국이 방어를 잘못한 데서 기인한 것으로 보았다. 중국의 지형은 천연적인 험지가 적어 서양 오랑캐들이 평원이나 강해에서 강한 자신들의 장점을 유감없이 발휘할 수 있었지만, 조선의 지형은 삼면이 높은 산맥으로 첩첩이 쌓여있는 험지여서 충분히 방어할 수 있다는 것이었다.[66]

이처럼 박주운은 조선의 장점을 최대한 살릴 수 있는 거험청야전술에 의거한 지구전을 방어책으로 제시했다. 기본적으로는 산성 방어의 중요성을 말하면서도 인적 동원과 재정 부담을 고려하여 민보의 설치를 구상했다는 점에서는 강위의 방어책과 유사하다.[67] 그러나 박주운의 구상은 해방에서 시작하여 차츰 내지에 이르기까지 민보를 설치하여 거험청야전법으로 대응한다는 전통적 전술에 치우쳐 있었다. 강위의 민보방위론이 강방과 긴밀하게 결합되어 있었던 것과는 달리 박주운의 구상에서는 내하를 통해 침입해 들어오는 적에 대한 격퇴 방법을 거의 염두에 두지 않았다. 단지 내하로 들어오는 적에 대해서는 수심이 얕아 상륙 가능한 강물 속에는 마름쇠를, 큰 선박이 들어올 염려

---

66) 『승정원일기』, 고종 3년 9월 3일조.
67) 박주운이 직접 민보를 거론한 것은 아니다. 다만 유성룡의 차자에 나오는 倭壘의 설치를 주장했는데, 왜루는 『민보의』와 『민보집설』에 제시된 민보 축성법의 하나였다. 또한 고을마다 왜루를 쌓아 상위 행정구역과 연계 속에서 운영하려고 한 점도 민보의 운영방식과 일치하는 것이다. 박주운의 구상도 결국 기존의 활용 가능한 산성을 이용하면서 그 공백을 민보 설치로 메우려는 민보방위론에 다름 아니었다.

가 있는 강 입구에는 큰 쇠사슬을 설치하는 방법이 제시되었을 뿐이 었다. 그러면서도 박주운은 백 척, 천 척의 서양배가 오더라도 끝내 우리 땅을 한 발자국도 엿보지 못할 것이라고 자신감을 피력하였다. 서양의 군사력에 대한 경시 때문이겠지만 박주운의 어양책은 전통적 인 거험청야전법에서 한 치도 벗어나지 못했던 것이었다.

지금까지 「강방소」와 비슷한 시기에 쓰인 윤섭·박주운의 어양책 의 특징을 살펴보았다. 이들 상소는 서양에 대한 위기감이 고조되는 상황에서 강렬한 대결의식을 바탕으로 쓰였다는 점에서 「강방소」와 일치한다. 하지만 이들이 제시한 서양에 대한 방어책은 강위의 방어 책과 커다란 차이가 있었다. 서양의 침략에 제대로 대처하기 위해서 는 서양의 전력 파악이 필수적인데, 윤섭과 박주운은 서양에 대한 피 상적인 정보를 바탕으로 의연하게 전통적인 전술만을 고집했던 것이 다. 이에 반해 강위는 조선의 현실적 조건을 고려한 가운데 서양의 침 략에 대한 중국인의 경험을 접목하여 강방이라는 새로운 개념의 전술 을 제시하였다.

대외적 위기 속에서 서양을 막아내야 할 대상으로 여겼던 점에서는 강위도 윤섭·박주운 등과 다를 바가 없었다. 하지만 강위가 가졌던 위기감은 이들보다 한층 절박하고 구체적이었던 것으로 생각된다. 전 통적인 전술에서 벗어나『해국도지』「주해편」의 '수내하' 개념을 받아 들인 것은 거험청야전술만으로는 서양의 침입을 막아낼 수 없다는 현 실적 판단에 기초한 것이기 때문이다. 강위의 어양책은 비록 민보방 위론과『해국도지』의 어양책의 결합으로 서양의 침략을 물리칠 수 있 다고 파악한 한계는 있지만, 서양 물리력의 실상에 한 걸음 더 접근한 방어책이었다 할 수 있다. 강위가『해국도지』등을 통해 서양의 실체

파악에 노력했고, 또 그것을 반영하여 방어책을 만든 점은 주목할 만
하다. 대상에 대한 실체적 접근을 통해 대책을 마련하려 했던 강위의
실사구시적 태도가 그를 윤섭·박주운 등과 달리 개국론자로 바뀌게
한 요인이었던 것으로 보인다.

물론「강방소」는『해국도지』「주해편」의 내용 중 '의수'만을 받아들
였을 뿐 그 핵심 내용이라 할 수 있는 오랑캐의 장기를 수용하자고 주
장하는 데 이르지는 못했다. 하지만 위원이 '싸움(戰)'보다 '지킴(守)'이
우선되어야 한다고 강조했음을 볼 때, 강위는 오히려 「주해편」의 논
리에 대단히 충실했던 것으로 이해된다.[68] 따라서 강위가 '오랑캐의
장기를 배워서 오랑캐를 제압한다.'는 위원의 주장도 받아들였을 가능
성이 있지만 분명하지는 않다. 하지만 그가 설령 이를 수용했다고 해
도 대원군 정권의 강경한 배외주의로 인하여 자신의 생각을 섣불리
표출할 수는 없었을 것이다.

한편 상소문이라는 글의 성격 탓에 빚어진 것일 수 있지만,「강방
소」는 서양의 근대적 무기체계에 대한 올바른 인식이 결여되어 있다
는 치명적인 한계를 안고 있다. 서양의 대포가 "탁 트인 뱃길이나 넓
은 들에서는 쏠 수 있지만 산성에서는 어찌 할 수 없다."는 수준의 인
식은 서양의 근대식 무기체제의 실상과는 현격한 거리가 있는 것이었

---

68) 강위가「강방소」에서『해국도지』「주해편」의 핵심 내용인 '서양의 장기를 배
워서 서양을 제압한다(師夷之長技以制夷).'는 주장을 하지 않았다는 점을 들
어 그의 한계를 지적해서는 안 될 것이다. 왜냐하면 위원의 논리 속에 이미
충실히 지킨 이후에야 서양의 장기를 배우고, 서양의 원수를 이용하여 서양
을 제압한다는 단계가 설정되어 있기 때문이다. 강위가「강방소」를 쓴 시점
은 서양인의 침략을 굳게 지키는 단계였지 서양인을 싸워서 제압하는 단계는
분명 아니었던 것이다.

다. 강위의 어양책이 『해국도지』「주해편」의 전술을 수용한 점에서 윤섭·박주운 등의 방어책보다 앞선 것이었지만, 서양의 침략을 막아낼 방어책으로서는 여전히 큰 한계를 지닌 것이었다.

강위의 「강방소」는 실제 조정에 제출되지는 않았기 때문에 실전에서 효과를 검증해 볼 기회를 얻지 못했다. 하지만 그가 상소에서 제시한 방어책이 설령 채택되어 활용되었다 하더라도 그의 낙관처럼 서양의 침략을 맞아 실효를 거두기는 어려웠을 것이다. 무기체계의 변화가 뒷받침되지 않은 전술 변화만으로는 근대식 무기를 앞세운 서양인의 공격을 막아내기 어렵기 때문이다. 따라서 병인·신미 두 차례 양요를 통해 서양의 무력을 직접 확인한 이후 강위는 자신의 어양책이 지닌 한계를 깨닫고 서양의 실체 파악을 위한 새로운 모색에 적극적으로 나서지 않을 수 없었다.

연행사행과 자주적 개국론의 형성

1. 개국론 형성의 배경

1866년 9월 발생한 병인양요는 우려했던 서양세력의 침략이 현실화되었다는 점에서 조선 사회에 큰 충격을 주었다. 다소의 과장은 있겠지만 프랑스군의 강화도 상륙 소식이 전해지자 都民이 지방으로 피난길에 나서 가재도구가 길을 메우고 시전들이 모두 비었다고 할 정도로 극도의 혼란에 빠졌다.[1] 병인양요를 통해 서양의 물리력을 직접 경험한 조정에서는 재침에 대비한 군비 증강을 서둘렀다. 프랑스군과의 전투에서 효과를 보았던 포군을 각지에서 양성하는 한편 『해국도지』를 참조하여 서양 신무기인 수뢰포와 전함을 제작하기도 했으며, 군비 강화의 재원으로 쓸 세원 확보에 나섰다.[2]

그러나 대원군 정권의 군비증강책은 무비의 근대화라는 점에서는 치명적인 한계를 안고 있었다. 군사력 강화가 포군 양성에 집중되었을 뿐, 『해국도지』·『瀛環志略』 등을 참고하여 수뢰포·전함 등을 제작하려는 시도도 일회적인 것에 그치고 말았다. 또한 무비서인 『戎書撮要』를 편집하는 데 참고로 한 병서도 『해국도지』를 제외하면 모두 명대 이전의 것으로 전통적인 방어술에 무게가 두어졌음을 알 수 있

---

1) 朴齊絅, 『近世朝鮮政鑑(上)』, "大院君方令大臣會議於議政府 適變報至 上下驚惶 都民久不見兵火 至是扶老挈幼 避亂於諸州縣 搬運家具 道路塡塞 市廛皆空". 서울 계동에서 태어나 자란 유길준도 이때 11세의 나이로 가족과 함께 경기도 광주로 피난에 올랐다고 한다(유동준, 1987, 『유길준전』, 일조각, 5~8쪽).

2) 대원군 정권의 군비 확충에 대해서는 연갑수, 『대원군집권기 부국강병정책 연구』(서울대학교 출판부, 2001)의 3·4장 참조. 1867년 9월 9일에는 한강 露梁北岸에서 고종이 친림한 가운데 전함의 진수식과 수뢰포의 시험 발사가 이루어졌다(이광린, 1995, 「해국도지'의 한국전래와 그 영향」, 『(개정판) 한국개화사연구』, 일조각, 13~14쪽).

다.[3] 이런 정도의 군비 증강으로 서양의 침략에 효과적으로 대처할 수 없음은 물론이며, 그 결과 1871년 벌어진 신미양요에서의 전투는 조선의 완패로 끝나고 말았다.

병인양요 직전인 1866년 8월 하순 강위는 총융사 신헌을 위해 강화도에서 양화진에 이르는 양이의 예상 침입로를 직접 답사하고 방어책을 담은 「강방소」를 지었음은 앞에서 서술하였다. 이 상소에서 그는 정약용의 민보방위론과 『해국도지』 「주해편」의 해방책을 결합한 새로운 전술을 제시하였다. 그의 전술은 『해국도지』의 전술을 수용한 점에서는 긍정적이었지만, 무비의 근대화가 배제된 채 전술 운용의 변화만을 꾀한 것이었으므로 근대식 무기로 무장한 서양세력을 맞아 실효를 거두기 어려운 것이었다. 그런데도 그는 자신의 방어책이 적을 물리치는 데 효과를 발휘할 것이라는 것을 의심하지 않았다. 이러한 낙관의 이면에는 동도의 우월성에 대한 강한 확신이 자리하고 있었다.[4]

양요 이후 강위가 자신의 생각을 직접 밝힌 기록이 없어 그의 생각에 어떠한 변화가 있었는지 정확히 알 수는 없다. 하지만 서양인을 물리칠 수 있다고 믿었던 그의 생각에 변화가 있었음은 다음의 기록들에서 미루어 짐작된다.

김택영은 「추금자전」에서 병인양요 이후 외국의 정형을 알지도 못하면서도 서양인을 두려워할 것 없다고까지 말하는 당시의 분위기를

---

3) 노대환, 2005, 『동도서기론 형성 과정 연구』, 일지사, 226~227쪽.
4) 일본과의 수교 협상 과정에서 중요한 역할을 수행했던 박규수·오경석·강위 등 초기개화사상가들이 양요기에 갖고 있었던 사상적 지향은 문호개방론보다는 서양을 막아내려는 해방론에 가까운 것이었다(이헌주, 2006(a), 「자주적 개국론 형성에 관한 연구」, 『국사관논총』 108, 227~229쪽).

강위가 몹시 우려했다고 밝혔는데,[5] 이를 통해 병인양요 직전의 자신
감이 사라지고 위기의식이 자리하게 되었음을 미루어 짐작할 수 있다.

　한편 이건창은 「강고환묘지명」에서 자신이 서양에 대처하기 위해
서는 그들에 대해 알아야 하기에 서양과 최근의 중국 정세에 관심을
갖고 있다고 말하자 강위가 크게 놀라서 손을 잡으며 격려했던 신미
양요 무렵의 일화를 소개하였다.[6] 주지하듯이 1871년 4월 조정에서는
종로를 비롯한 전국 주요 도시에 척화비를 세워 척양의지를 천명했
다.[7] 그 결과 사람들은 외국에 대해 말하는 것조차 손을 저으며 경계
할 정도로 정국이 경색되었던 것이다. 이 일화는 1871년 무렵 강위가
고식적인 무비책에 기반하여 추진되던 조정의 대외강경책에 반대하
며 서양을 제대로 알기 위해 노력을 기울이고 있었음을 보여준다.

　『해국도지』나 『영환지략』 등의 서적이나 전해 듣는 이야기를 통해
서 정보를 얻어야 하는 상황에서는 성과가 제한적일 수밖에 없었다.
1873년과 1874년 잇달아 연행하게 된 강위는 정보에 대한 갈증을 중
국인들과의 교유를 통해서 마음껏 해소할 수 있었다. 그 결과 연행에
서 돌아온 후 그는 주변의 우려하는 시선에도 아랑곳하지 않고 공공
연히 천하사를 말하며 합종연횡을 설파하는 모습으로 변모해 있었
다.

---

5)　『김택영전집(이)』, 「추금자전」, 182쪽, "法蘭西人以我不許通商 以兵艦侵江華
　　　而敗去 當是時國家習於自守 上下之間 舉不知外國情形 或言西洋人不足畏
　　　火琴子以爲深憂".
　　　『이건창전집(하)』, 「강고환묘지명」, 1086쪽, "當是時 朝廷方拒西洋人 勒刮邪
　　　黨 士大夫承指 務爲正大之議 或語外國事 則搖手以爲戒 余時弱冠備侍從 獨私
　　　以爲獵者遇獸固當射之 然亦宜略知 所射爲何獸 獸景何狀 以是頗留心 明史外
　　　夷名目 及近日中國戰和之跡 偶以語君 君驚拊手 曰有人矣哉 勉之".
7)　『고종순종실록』, 고종 8년 4월 25일조.

강위는 두 차례의 연행에서 무엇을 보고 들었으며 어떤 생각을 갖
게 되었을까? 또한 공공연히 천하사를 말하며 합종연횡을 설파하게
된 그의 변화를 어떻게 이해해야 할까? 이 물음에 답하기 위해서는 강
위가 연행 과정에 남긴 기록들을 면밀히 검토할 필요가 있다. 박규수
나 오경석이 별다른 연행기록을 남기지 않은 조건에서 강위의 사례를
검토하는 것은 다른 개국론자들의 개국론 형성을 유추하는 데도 도움
이 될 것이다.

두 차례의 연행에서 강위는 「北游日記」·「北游談草」·「北游續談草」
등의 기록을 남기고 있다. 각각의 기록에 대해서 간략히 소개하면 다
음과 같다.

「북유일기」는 1873년 동지겸사은사행에 참여한 강위가 약 5개월여
에 걸친 사행을 기록한 연행일기로서 사신 일행의 행적을 비교적 소
상하게 다루고 있어 필담기록인 「북유담초」를 보완하는 자료이다.[9]

「북유담초」는 1873년 연행시의 필담기록으로 첫머리에 '蓉山間'이
라 되어 있는 것으로 보아 정사 정건조가 묻고 청조의 형부주사 장세
준이 답변한 기록이다. 따라서 『강위전집』에 수록되어 있고 또 강위
가 필담에 동석했더라도 정건조의 기록이라고 보아야 할 것이다.[10]

---

8) 이건창이 "다음 해에 나도 또한 연경에 가게 되었는데, 군도 또한 따라갔다.
   … 돌아옴에 미쳐서는 일삼는 바를 갑자기 모두 바꾸어 합종연횡을 분주히
   설파하는 사람이 되어 공공연히 천하의 일을 말하는데 가히 막을 수 없었
   다."(「강고환묘지명」)고 한 것이나, 김홍집이 "군이 일찍이 두 차례나 입연하
   였고 유독 천하사를 마음에 두고서 왕왕 感奮하여 사람들이 혹 괴이하게 여
   기기도 했지만 (군은) 후회하지 않았다고 들었다."(「序」)고 한 것에서 이러한
   사실이 확인된다.
9) 1874년에도 연행일기가 쓰였을 것으로 생각되나 아쉽게도 남아있지 않다.
10) 노대환, 앞의 책, 241~242쪽. 담초 말미에 '고객담초'가 부기된 형식을 보더라

자료의 성격상 「북유담초」는 1873년 사행이 집중적으로 관심을 보인 사안과 필담에서 얻었던 정보의 성격을 파악하는 데에만 제한적으로 활용할 것이다.[11]

　「북유속담초」는 강위가 서장관 이건창의 반당으로 참여한 1874년 연행 때의 필담기록이다. 「북유담초」가 정건조와 장세준의 필담만을 담고 있는 것과는 달리 「북유속담초」에서는 강위와 이건창이 필담의 주체로 나서 장세준, 黃鈺, 徐郙, 中福綏 등 보다 다양한 중국인을 상대로 필담하고 있다. 주목할 점은 「북유속담초」의 첫머리에 강위가 궁금한 사항을 조목조목 거론하면서 황옥에게 장문의 질문을 하는 형식의 '談草設問'이 실려 있다는 것이다. '담초설문'은 강위가 1차 연행 이후 풀 수 없었던 의문점을 필담 시에 묻기 위해 별도로 정리한 것으로 보여 그의 내면적 갈등을 푸는 실마리를 제공한다.[12]

도 정사의 기록임은 의심할 여지가 없다.

11) 장서각에는 1873년 사행의 정사인 정건조가 남긴 기록인 『北楂談草』가 소장되어 있다. 동일한 필담을 수록한 것이기에 내용상 「북유담초」와 일부 글자만 상이할 뿐 같은 기록이다. 다만 『북사담초』에는 「북유담초」에서 보이지 않는 禮部尙書 萬靑黎와의 필담이 수록되어 있다. 따라서 본 연구에서는 「북유담초」를 주로 인용하면서 만청려와의 필담을 다루는 경우에 한해서 『북사담초』를 활용할 것이다.

12) '담초설문'은 사실상 대만사건, 북경 함락, 양무운동 등 동아시아를 둘러싸고 복잡하게 돌아가는 국제정세를 강위가 질문하는 형식을 빌려 정리한 글이다. 첫머리의 협주에 '乙亥春'이라고 시점이 기록되어 있는 것으로 보아 그가 북경에 도착한 직후인 1875년 초 필담에 대비하여 생각을 정리한 것으로 보인다. 또한 '古懽問 孝侯答'이라는 협주가 붙어 있지만 장문의 질문에 대하여 황옥이 답변한 내용은 보이지 않는다.

2. 연행사행을 통한 견문의 확대

1) 1차 연행: 주변 정세에 대한 탐문

정건조를 정사로 하는 동지겸사은사 일행이 1873년 10월 24일 사폐하고 서울을 떠나 북경에 도착한 것은 12월 26일이었다. 일행은 다음 날인 27일 예부를 방문하여 국서를 봉정함으로써 사신으로서의 공무를 시작했다. 공무 처리와 함께 일행은 북경의 명승을 살펴보고 琉璃廠 서점을 방문하고 청국인들과 교유하면서 북경을 떠나는 1874년 2월 12일까지 총 45일간 바쁜 일정을 보냈다. 사신 일행이 접촉했던 인사들은 예부상서 만청려, 형부주사 장세준, 四譯舘提督 善聯, 漢人 蔭官 李敦愚, 主事 卓景濂, 御史 吳鴻恩, 蒙古人 蒙王 莰齋, 普景璞, 普勒仲, 潔軒 등이다. 일행은 이들과 접촉하면서 일본 및 서양의 침략 가능성, 양무운동 상황, 북경 함락에까지 이르게 된 경위 등 다양한 정보를 수집하였다.

사신 일행이 가장 빈번히 접촉했던 인물은 형부주사 장세준이었다. 「북유일기」에 따르면 사신 일행은 숙소인 玉河舘과 장세준의 집인 雙魚罍齋를 오가며 1월 9일, 12일, 13일, 14일 모두 4차례에 걸쳐 그와 필담했다. 이는 예부상서 만청려와의 필담이 2월 2일 한 차례만 이루어진 것과도 대비된다. 물론 정건조 등이 장세준과 가장 많이 접촉한 것은 일행의 선호도와 직접적인 관련이 없다.[13] 사실 사신 일행은 장

---

13) 사신 일행이 장세준을 가장 많이 접촉한 것은 그의 견해에 공감하는 바가 컸기 때문일 개연성이 있다. 하지만 접촉 빈도를 근거로 정건조 등이 당시 청 사상계의 주류적 두 경향인 淸議論과 洋務論 중 후자에 더 공감했다고 보는

세준을 만나기 이전인 1월 7일부터 만청려를 만나려 시도했지만 그가
바빠서 기회를 얻지 못하다가 2월 2일에서야 비로소 만나게 된 것이
었다. 다시 만나기로 한 약속도 만청려가 시간을 내지 못하여 불발로
끝나고 말았다.14) 정보 획득이 주목적이었던 일행은 고급 정보에 접
근 가능한 고위 관리인 만청려와의 만남을 오히려 더 선호했다. 연초
부터 만나고자 애썼던 만청려로부터 연락을 받자, 정건조가 장세준과
의 선약을 미루고 달려갔던 것도 이를 반증한다.15)

「북유담초」에는 제목 옆에 '甲戌春'이라는 협주가 달려 있을 뿐 필
담이 이루어진 일시가 나타나 있지 않고 말미에 '고객담초'가 붙어있
다.「북유일기」에 따르면 1월 14일 강위가 정건조의 서찰을 휴대하고
장세준을 찾아가 단독으로 필담했다고 하는데, '고객담초'는 바로 이
때의 필담을 기록한 것으로 여겨진다.16)「북유담초」는 외형상 정건조
와 장세준 사이의 한 차례 필담과 강위의 '고객담초'만을 묶어 놓은 듯
보이지만, 대화의 형식과 협주에 유의하여 살펴보면「북유일기」에 언

노대환의 견해는 수긍하기 어렵다(노대환, 앞의 책, 245~246쪽).
14) 정건조,『북사담초』, 1쪽, "因歲時人事紛劇 未便求見 待至新年正月初七日 使
首譯齋書往探 託以有事 且言有暇 自當報聞 不宜頻煩來問 待至正月將盡 仍無
音耗 不得已又使首譯往探 始許以二月初二日 會于其第".
15)『강위전집(하)』,「북유일기」, 779쪽.
16)「북유일기」, 766쪽, "余持上价書札 往雙魚罍齋筆話 且受張員外聯書六對扁書
一幅 薄暮而歸". '고객담초'는 강위가 전날의 필담의 미진함을 지적하며 나머
지 半截文을 지어줄 것을 요청하자, 장세준이 나머지 반절문을 지어줄 경우
혹시라도 누설되면 일에 이롭지 않을 뿐 아니라 오히려 일을 해칠 우려가 있
다며 거절하고, 정건조와 함께 뒤의 반절문을 완성하라고 당부하는 것이 내
용의 전부다. 노대환은 이를 장세준이 필담 내용이 절반 밖에 기록되지 않았
다고 강위를 힐난한 것으로 보았는데, 이는 문답 주체의 혼동에서 비롯된 오
독으로 보인다(노대환, 앞의 책, 246쪽).

급된 네 차례의 필담이 날짜 구분 없이 함께 묶여 있는 것임을 알 수 있다.17)

첫 번째 필담의 끝은 정건조가 이미 이러한 큰 의논을 말씀하셨으니 가르침을 마쳐달라고 하자 장세준이 답변하는 대목이다.18) 정건조가 '가르침을 마쳐달라(幸卒敎之).'고 한 것도 필담을 끝내자는 암시로 보이지만, 협주에 답변하던 장세준이 붓을 멈추고 "무익한 이야기는 다만 사람의 뜻을 괴롭힐 뿐"이라며 "좋은 말로 회포를 풉시다."라고 한 것으로 볼 때 필담이 끝난 것으로 보인다.19) 더욱이 이 날의 만남이 미리 약속된 것이기는 했지만 초면이라는 점을 고려하면,20) 주인이 정중하게 필담을 마치자고 하는데 계속할 것을 고집하기는 어려웠을 것이기 때문이다.

두 번째 필담은 "이어서 글을 써서 말하기를 '이야기가 끝났습니다.' 하였다. 오래지 않아 헤어졌는데 다음 만남을 기약함이 없었다."라는 협주로 보아 명확히 알 수 있다.21) 세 번째 필담은 당연히 말미에 붙은 '고객담초' 앞까지다.

이렇게 본다면 「북유담초」에는 '고객담초'까지 포함하여 「북유일기」에 언급된 4회의 필담이 모두 수록된 셈이 된다. 필담이 이루어진 것

---

17) 「북유담초」를 서로 다른 날 이루어진 네 차례의 필담으로 이해하고 살펴보면, 각각 다른 화제로 집중적인 대화가 이루어졌음이 쉽게 눈에 띄어 자료의 명료한 이해에도 도움이 된다.

18) 『강위전집(하)』, 「북유담초」, 823~824쪽.

19) 장세준의 답변 뒤에 나오는 협주는 다음과 같다. "至此又停筆不書曰 無益之談 徒惱人意 且須閣起欲 以好話鬯懷".

20) 「북유일기」, 763~764쪽.

21) 「북유담초」, 837쪽, "仍書云辭畢矣 不久當別 後會無期".

도 각각 「북유일기」에 나타난 1월 9일, 12일, 13일, 14일로 추정되어 장세준과의 필담이 사행 초기에 집중되어 있음을 알 수 있다.

「북유담초」의 대화를 살펴보면 한 가지 특징적인 사실이 확인된다. 그것은 정건조가 얻으려는 정보와 장세준이 주려고 한 정보 사이에 큰 괴리가 있었다는 점이다. 이는 조선과 청국이 처한 입장의 미묘한 차이가 필담에 그대로 반영된 결과였다. 정건조 등의 일차적 관심은 단연 1873년 6월 일본 사신이 서양 사신과 함께 조선 침벌을 품달했다는 설의 진위와 그 구체적 내용 및 그에 따른 대책에 있었다.[22] 세계 문제로 일본과 갈등을 빚고 있던 조선으로서는 청국으로부터 전해진 일본의 침략설에 촉각을 곤두세울 수밖에 없었다.

이제 「북유담초」에 실린 세 차례의 필담을 조·청 양국의 관심 내지 입장 차이에 유념하면서 순차적으로 살펴보려고 한다.

첫 번째 필담에서는 중국이 서양과 화호한 사연, 러시아의 위협 등도 다뤄지고 있지만, 중심 화제는 1873년 6월 일본 사신이 서양 사신들과 더불어 천자를 알현하여 조선 침벌을 품달했다는 설(이하 '침략설')과 관련된 것이었다. 필담은 정건조가 '침략설'에 대해 우려를 표하면서 조언을 구하는 데서 시작된다.[23] 사실 정건조의 관심은 '침략설'에 대한 구체적인 정보 획득에 치우쳐 있었다고 해도 과언이 아니다. 이는 화제가 잠시 러시아의 위협에 관한 것으로 옮아갔을 때 정건

---

22) 노대환은 만청려와의 필담을 근거로 당시 정건조가 서양 세력의 침탈 가능성을 가장 우려했다고 보았는데, 이는 사실과는 다소 거리가 있는 듯 보인다(노대환, 앞의 책, 242~243쪽). 정건조가 서양의 침략을 우려했던 것은 사실이지만, 당시 그가 가장 염려했던 점은 倭 또는 倭와 洋이 함께 조선을 공격하지 않을까 하는 점이었다. 이 점은 장세준과의 필담에서도 확인된다.

23) 「북유담초」, 800~801쪽.

조가 곧 '침략설'의 구체적인 내용과 그에 대한 대책으로 화제를 돌리고 있는 것에서도 확인된다.[24]

　반면 장세준의 관심사는 조금 달랐다. 그는 '침략설'에 대한 구체적 정보를 묻는 정건조의 요청에 직접적인 답변을 회피하면서 적을 대하는 방법은 힘과 형세를 헤아려 처할 바를 살피는 데 있는 것이라며 조선과 왜·양 중 누가 강하냐고 반문하였다. 이와 함께 그는 조선의 우환이 양·왜에 그치지 않는다며 러시아에 대한 경각심을 심어주고 있다.[25] 장세준이 러시아의 위협을 강조한 것은 1871년 회교도의 반란을 빌미로 러시아가 신강 지역을 점령하여 청국과 분쟁을 빚고 있던 상황과 관련된 것으로 보인다. 그러나 러시아에 대해 느끼는 청국의 위기의식을 조선이 공유하기는 어려웠을 것이다. 정건조는 러시아의 위협에 대해 납득하기 어렵다는 반응을 보이며 구체적인 정황을 묻고 있다.[26] 하지만 이내 정건조는 장세준이 답변을 회피했던 '침략설'로 질문을 되돌려 구체적인 답변을 얻어내고 있다.

　이때 정건조가 얻은 정보는 일본과 함께 알현한 나라가 영국·프랑

---

24) 첫 번째 필담의 대부분은 '침략설'에 관련된 문답에 할애되었다. 정건조가 침략설과 관련하여 조선 내의 강렬한 주전론에 대해 우려를 표하자 장세준은 적에 대한 정확한 정보도 없이 전쟁을 주장하는 것의 위험성을 지적하면서 필담을 매듭짓는다.

25) 「북유담초」, 803~804쪽. 만청려도 1874년 2월 2일의 필담에서 "귀국에는 두 가지 근심이 있는 듯하니 동쪽의 왜와 북쪽의 아라사입니다. 아라사인들은 근래에 급격히 강해져 호시탐탐 이웃의 영토를 침략하여 차지하려 하니 마땅히 미리 대비하여 엄히 막아야 합니다."라고 러시아에 대한 경각심을 심어주었다(정건조, 『북사담초』, 2쪽). 만청려는 1866년 오경석에게도 러시아는 "탐욕스럽고 사나움이 그치지 않고 또 바라는 바가 토지"라며 경각심을 심어주고자 하였다(『양요기록』, 10쪽, "峩羅斯尤不可測 貪狼無厭又所欲者土地").

26) 「북유담초」, 808쪽.

스・러시아・미국・화란 등 5개국이라는 점,[27] 이들이 오랫동안 조선
에 대해 분을 쌓아왔으므로 미리 대비하여 엄히 막아야 한다는 점 등
이었다.[28] 정건조는 또한 일본이 러시아나 프랑스의 도움을 받아 침
략하려 할 것인데 러시아는 만국박람회 준비로, 프랑스는 월남과 전
쟁 중이므로 일본을 도와줄 여력이 없어 침략에 대비할 겨를은 있을
것이라는 답변을 들었다.[29] 장세준과의 첫 만남에서 일행은 초미의
관심사였던 '침략설'의 진위, 구체적인 내용, 실현 가능성 등 필요한
기본 정보를 모두 얻었던 셈이다.

　두 번째 필담은 완전히 다른 양상으로 진행되었다. 정건조는 앞선
필담을 통해 이미 필요한 정보를 얻었기 때문인지 미진한 이야기를
마무리해 달라고만 하고 장세준의 견해를 듣는 것으로 일관했다. 이
로 인해 장세준은 자유롭게 자신의 견해를 피력할 수 있었지만, 앞선
필담에서 정건조가 전한 조선의 강경한 주전론[30]을 우려한 탓인지 이
를 만류하는 데 치중했다. 장세준의 말은 중국의 실패한 경험에 근거
하여 조선의 주전론을 만류하는 것이었기에 상당히 설득력이 있었다.
그가 전한 이야기의 골자는 다음과 같다.

　장세준은 먼저 중국이 서양과의 전쟁에 휩쓸리고, 태평천국의 난까
지 일어나 큰 곤란을 겪게 된 원인을 신하들이 가벼이 전쟁을 말한 잘
못에서 비롯된 것이라 진단했다.[31] 이어서 그는 서양과 화호한 이후

---

27) 「북유담초」, 810쪽, "英法俄美荷蘭 五國之使 同時覲見".
28) 「북유담초」, 813쪽, "彼之蓄憤於貴邦 似非一日 不可不豫爲之備 嚴爲之防也
　　然臨急籌策 誠爲大難 要當於暇豫時 十反其思而善處之也".
29) 「북유담초」, 815~817쪽.
30) 「북유담초」, 805쪽, "然敝邦大小之情 有戰無和 輕發此論 得罪於國人矣".
31) 「북유담초」, 825~828쪽.

에는 오히려 서로 친목 도모에 힘쓰고 어렵게 하는 일이 없어 백성들
의 삶도 예전 모습으로 돌아가고 있음을 전하면서 이는 천하대세가
과거와 크게 다르기 때문이라고 말했다.[32] 그가 천하대세의 변화로
본 것은 두 가지로 요약된다. 첫째, "화륜선·화륜차 운행의 신속함과
전신의 신비로운 신속함, 철로와 도로의 편리함, 총과 화포의 정교함"
등 기술적 진보가 전대미문이라는 점이다. 둘째, 서양인의 의도가 영
토가 아닌 통상에 있을 뿐이라는 점이다.[33]

　장세준은 놀라운 기술력을 지닌 서양인들을 대적하기는 어렵고, 그
들이 원하는 것은 영토나 인민이 아닌 통상이라며 서양인과의 화호를
권하였다. 또한 그는 서양인을 금수로 보는 조선인의 일반적 정서를
의식한 듯 서양인도 "선을 즐기고 의를 좋아하여 타고난 천성을 지키
는 常道를 얻고 있다."고 지적했다.[34] 아울러 그는 중국이 서양의 정
형을 알기 위해 同文館을 곳곳에 설치하고, 개항장의 신문을 정선하
여 간행하고 있음을 전하면서 조선도 國中 명가의 총준자제를 가려
뽑아 북학할 것을 권하였다. 그리하면 서양 각국의 동정을 알게 될 뿐
아니라 서양인과 자연스럽게 교유하면서 서로에 대한 오해와 원한을
풀 수 있을 것이라는 것이다.[35] 끝으로 그는 전쟁을 고집하여 큰 위기
를 맞았던 중국의 실패를 다시 거론하며 10년 가까이 서양과 불화하
면서도 단지 전쟁만을 고집하는 조선에 대해 우려를 표하는 것으로
필담을 맺었다.[36]

---

32) 「북유담초」, 828쪽.
33) 「북유담초」, 828~829쪽.
34) 「북유담초」, 830쪽.
35) 「북유담초」, 831~834쪽.

세 번째 필담은 서양의 침입에 대한 방어책을 화제로 진행되었는 데, 서로의 입장 차이만 명확히 드러나고 있다. 장세준은 중국의 경험 을 언급하면서 중국보다 군사력이 못한 조선은 양이와의 전쟁에서 승 산이 없다고 만류했다.[37] 조선이 천혜의 험준한 지형에 의지하여 싸 울 수도 있겠지만, 지형의 험준함도 양이의 침범에 대응하기에는 미 흡한 수준이라는 지적도 잊지 않았다.[38] 그런데 이에 대한 정건조의 반응은 대단히 이채롭다. 정건조는 "선생의 거험청야책은 실로 우리 의 마음과 합치"한다며 자세한 이야기를 해달라고 했던 것이다.[39] 사 실 장세준의 말은 거험청야책이 실효를 거두기 어려우니 서양과 화호 해야 한다고 권한 것이었다. 그런데도 정건조가 거험청야책으로 화제 를 몰고 간 것은 주화론이 수용되기 어려울 것이라는 판단에서 차선 책을 마련하기 위한 의도였던 것으로 보인다. 이에 대해 장세준은 거 험청야책이 지속적인 시행도 어려울 뿐 아니라 국내외의 형편상 실효 를 거두기 어려움을 지적했다. 西夷와 東倭가 만전필승을 기약하며 조선을 도모하려고 벼르고 있다는 점, 서이가 러시아·왜와 연합하여

---

36) 「북유담초」, 835~836쪽.

37) 「북유담초」, 838~839쪽. 장세준은 영국군이 병기와 기계의 정밀함, 군율의 엄 정함, 여러 차례의 실전 경험이라는 세 가지 면에서 중국보다 뛰어났다고 말 했다.

38) 「북유담초」, 839~840쪽, "다만 들으니 귀국은 지형의 험함이 하늘이 만들어 놓은 것 같아서 굳게 지키기에 좋습니다. … 그러나 들으니 수도와 바다의 관 문 사이의 거리가 대단히 짧아 채식한 군사도 한 달음에 이를 수 있고, 一帶 의 긴 강은 원래 뛰어 건널 수 없을 정도로 험한 것이 아니고, 성과 담장의 제도도 또한 충분히 좋아서 金湯의 견고함이 있는 것도 아니니 이 전쟁 주장 이 어찌 위험한 방법이 아니겠습니까?".

39) 「북유담초」, 842쪽, "先生據險淸野之策 實契我心 願畢其說 使弟得以藉手 以 聞於敝邦之當事者".

공격할 가능성이 있다는 점, 백성 중 일부가 향도 노릇을 하고 정보를
유출할 가능성이 있다는 점 등이 그것이었다.[40] 따라서 장세준의 말
은 자연스럽게 서양과 화호할 것과 서양 각국의 정형을 파악하기 위
해 노력할 것을 권하는 데로 이어졌다.[41] 정건조는 장세준의 말에 공
감하면서도 조선의 완강한 척양 분위기 때문에 결국 전쟁에 이르고야
말 것이라며, 양이의 기세가 오래 가지는 못할 것이라는 막연한 기대
감을 피력하였다.[42]

　지금까지 「북유담초」에 수록된 세 차례의 필담을 살펴보았는데, 각
각의 필담에서 다뤄진 화제에 차이가 있음을 알 수 있었다. 하지만 정
사 정건조의 관심은 1873년 6월의 '침략설'과 서양의 침략을 막아낼 방
책 마련에 집중되었고, 장세준은 이러한 조선의 주전론을 만류하며
서양과 화호할 것을 권하고 러시아의 위협을 강조했다는 점에서 일관
되었다. 정건조는 장세준의 화호 권유에 공감하면서도 조선 내의 완
강한 주전론을 들어 난색을 표했다. 귀국 후 복명에서 정건조가 장세
준의 권유에 대해 전혀 언급하지 않은 것도 주전론을 의식하였기 때
문인 것으로 보인다.[43] 따라서 필담에서 장세준이 권고한 내용들이

---

40) 「북유담초」, 842~845쪽.
41) 「북유담초」, 846~847쪽.
42) 「북유담초」, 847~849쪽.
43) 정건조 일행의 귀국 복명은『승정원일기』고종 11년 3월 30일조에 보인다. 노
　대환은 1870년대를 기점으로 양무운동의 주안점이 군사 공업 육성에서 '富의
　추구'로 옮겨간 점을 지적하면서 필담 내용을 이와 관련짓고 있다. 양무운동
　의 성격 변화와 관련하여 장세준의 권고가 '부'의 측면에 치중되었던 데 반하
　여 정건조는 '强'의 측면에 관심이 많았기에 이에 대해 불만을 가졌던 것으로
　이해했다(노대환, 앞의 책, 246~247쪽). 경청할 만한 견해지만 정건조가 실제
　로 장세준의 권고에 불만을 가졌을까 하는 점은 다소 의문스럽다. 왜냐하면
　정건조가 조선의 주전론에 대해 경계하면서 서양과의 화호를 권하는 장세준

정책으로 현실화되기는 어려웠다. 하지만 강위 등은 이건창을 비롯한 주변 인물들에게 필담기록을 보여줌으로써 지식인들에게 적지 않은 영향을 끼쳤던 것으로 보인다.[44]

2) 2차 연행: 국제 정세 인식의 심화

1874년 6월 24일 일본의 침략 위협을 알리는 청 예부의 긴급 자문이 조선에 전해졌다. 자문은 나가사키에 5,000명의 군대를 주둔시키고 있는 일본이 대만에서 철병한 이후 조선을 도모하려 하고 있으며, 조선과 분쟁이 있었던 프랑스와 미국이 이를 도울 것이라는 내용을 담고 있었다.[45] 조선 조정은 다음날인 25일 차대를 열어 이 문제를 논의했다. 이 자리에서 박규수가 결코 소홀히 넘길 일이 아니니 대비책을 강구할 것을 주장했지만, 이유원의 주장에 따라 일본과 서양에 대한 방

의 지적에 대해 "선생의 이 주장은 가히 피차가 모두 극진하다 할 만하다."거나, "전쟁을 버리는 것 이외에 결단코 하나의 방책도 본받을 수 없고, 한 마디 말도 시행할 수 없을 것"(「북유담초」, 847~848쪽)이라고 말하여 공감을 표시하였기 때문이다. 정건조가 서양의 침입에 대한 방어책을 묻고 있는 것은 장세준의 화호 권고에 공감하면서도 조선 내의 여론상 수용되기 어려울 것이라는 생각에서 차선책을 얻고자 한 것으로 이해된다.

44) 『이건창전집(하)』, 「강고환묘지명」, 1086쪽 ; 노대환, 위의 책, 247~248쪽.
45) 청 자문에서 일본의 침략 가능성을 경고한 근거는 辦理臺灣等處海防大臣 沈葆禎의 상소에 언급된 프랑스인 고문 지켈(Giquel, Prosper Marie ; 중국명 日意格)의 언급이었다. 지켈은 일본이 프랑스·미국의 도움을 받아 조선을 공격하면 조선이 당해낼 수 없다고 보고, 중국이 조선에 프랑스·미국과의 통상조약을 맺도록 권유하여 일본을 고립시켜야 한다는 대처 방안을 제시했다(『고종순종실록』, 고종 11년 6월 24일조 ; 권석봉, 1986, 「양무관료의 대조선 열국입약권도책」, 『청말 대조선정책사연구』, 일조각, 82~85쪽 ; 송병기, 1985, 「이유원·이홍장의 교유와 이홍장의 서양 각국과의 수교 권고」, 『근대한중관계사연구』, 단대출판부, 23쪽).

비를 엄히 한다는 수준의 입장 정리만 있었을 뿐 구체적인 대책 마련
으로 이어지지는 못했다.[46] 하지만 6월 29일 박규수와 이유원이 왜
학훈도 安東晙의 문책과 대일 교섭의 재개를 주장한 데서도 볼 수 있
듯이 청의 자문은 적지 않은 파장을 가져왔다.[47] 이러한 가운데 7월
12일의 都目政事에서는 李會正, 沈履澤, 이건창이 각각 동지사행의 정
사와 부사, 서장관으로 임명되었다.[48]

　동지사 일행이 폐현하고 서울을 떠난 것은 10월 28일이었는데,[49]
강위도 서장관 이건창의 반당으로 사행에 참여하였다. 비록 일본의
침략설이 현실화되지는 않았지만, 이에 관한 정보의 탐문은 동지사
일행의 중요한 관심사일 수밖에 없었다. 따라서 동지사 일행은 다양
한 인사들과 교유하며 일본과 서양의 동태 파악에 주력하는 한편 양
무운동의 실상을 알기 위해 노력하였다. 특히 강위는 궁금한 점을 '담
초설문'으로 정리하여 휴대하고 다니면서 필담 때 내어 보이고 답변
을 들었던 것으로 보인다.[50]

---

46) 서양과의 수교 권유에 대해서 조선 조정은 이유원이 "총리아문이 우리나라에
　　알리고자 하는 일이 있으면, 단지 그 일만 말하는 것으로 그쳐야 합니다. 무
　　엇 때문에 통상 등의 이야기를 하여 마치 공갈을 치고 유혹하듯이 한단 말입
　　니까?"라고 불만을 토로한 데서도 알 수 있듯이 세부적인 논의조차 하지 않았
　　다(『승정원일기』, 고종 11년 6월 25일조).
47) 손형부, 1997, 『박규수의 개화사상연구』, 일조각, 152~156쪽.
48) 『고종순종실록』, 고종 11년 7월 12일조.
49) 『고종순종실록』, 고종 11년 10월 28일조.
50) '담초설문'은 앞서 지적했듯이 강위가 황옥에게 묻는 형식으로 되어있는데,
　　황옥으로부터 명확한 답변을 듣지 못했다. 「북유속담초」에는 '담초설문' 이외
　　에도 강위가 필담의 주체가 된 담초가 두 편 더 실려 있다. 장세준과의 필담
　　을 기록한 '梅史談草'와 황옥과의 필담인 '露香談草'가 그것이다. '로향담초'에
　　서 강위가 한 차례 보충 질문을 했을 뿐 이들 담초에는 공통적으로 강위의
　　물음이 보이지 않는다. 이는 미리 '담초설문'을 작성해 두었다가 필담 시에 이

　권두에 놓인 것에서도 알 수 있듯이 '담초설문'은 사실상 「북유속담초」 전체의 화제를 집약해 놓은 성격을 띤다. '담초설문'이 첫 번째 연행 이후 새로운 국제질서를 견문하면서 겪었던 강위의 사상적 고민을 설문 형태로 정리한 것이기는 하지만 이건창 등의 관심도 이와 크게 다르지 않았기 때문이다.[51] 따라서 강위가 '담초설문'에서 제기한 의문점을 중심으로 「북유속담초」의 내용을 살펴보고자 한다.

　'담초설문'을 통해 1874년 연행에서 강위가 필담을 통해 얻고자 했던 것은 다음 세 가지로 요약된다. 첫째는 청 예부에서 飛咨로 전한 침략설과 대만사건의 전말에 대한 것이었다. 둘째는 두 차례의 중영전쟁에서 청국이 패하게 된 내막과 청국이 추진 중인 양무운동의 성격에 관한 것이었다. 셋째는 향후 조선의 대응과 관련하여 이중적 태도를 보이고 있는 일본과 서양을 어떻게 이해해야 하는가 하는 점이었다. 주목되는 것은 그가 중영전쟁과 양무운동에 관한 질문을 던지고 있다는 점이다. 이에 대해서는 이미 1873년 연행에서 기본적인 정보를 얻었음을 고려하면 납득 안 되는 점을 재차 확인한 것으로 이해된다.

① 일본의 침략설 및 대만사건의 전말

　청 예부에서 비자로 전한 일본의 침략설이 조선 사신들의 중요한

　를 보여주고 답변을 요청했기 때문인 것으로 보인다. 장세준이나 황옥의 답변이 '담초설문'에서 제기한 의문점에 대체로 부합한다는 점도 이러한 추정을 가능하게 한다.

51) 세부적인 점에서는 다소 차이가 있지만 이건창이 필담할 때에 관심을 보인 내용도 대체로 '담초설문'과 유사하다.

관심사였음은 분명하다. 강위가 '담초설문'에서 가장 먼저 침략설의
상세한 전말을 듣고 싶다고 한 것은 그러한 관심의 표현이라 생각된
다. 그런데 일본의 침략이 불발로 끝난 탓인지, 아니면 다른 경로로
상세한 전말을 들은 탓인지 알 길이 없지만, 필담의 초점은 침략설 자
체보다는 대만사건의 전말과 향후 서양·일본의 침략 가능성에 맞추
어졌다. 이건창이 형부시랑 황옥과의 필담에서 지난 해 청 예부의 비
자를 받고 조선에서 몹시 우려했음을 전하면서도 후일의 우환을 더욱
염려한 것도 이와 맥을 같이 한다.52) 대만사건에 관해서는 이건창과
황옥의 필담인 '영재여황효후담초'에서 상세히 다루어져 있다.53)

이건창은 일본 왕이 서학에만 힘쓰고 있고, 대장군의 무리가 곳곳
에 흩어져 난을 일으키는 등 소동을 부리자 일왕이 그들의 뜻을 강하
게 금지하지 못하여 대만침략을 발생한 것으로 설명하며 사실 여부를

---

52) 『강위전집(하)』, 「북유속담초」, '寗齋與黃孝侯談草', 888쪽, "乃於去年秋 總理
衙門 據督臣片奏 洋將所報 以爲日本欲於臺灣退兵後 卽當從事高麗 敝邦大小
群情 以此滋益憂慮 雖幸目前無事 恐有他日之憂".

53) '영재여황효후담초', 887~906. 이건창과 황옥의 필담은 '담초설문' 작성 이전
에 이루어진 것으로 생각된다. '담초설문'의 질문 내용 중에 '영재여황효후담
초'에서 황옥이 답한 내용이 포함되어 있기 때문이다. 물론 강위가 다른 경로
로 해당 정보를 얻었을 가능성도 배제할 수는 없지만, 황옥에 대한 간략한 소
개가 '영재여황효후담초'에 붙어있는 점도 이러한 추정을 뒷받침한다. 「북유
속담초」에는 '談草設問', '梅史談草', '附寗齋與張梅史談草', '露香談草', '寗齋與
徐頌閣談草(4차례)', '寗齋與黃孝侯談草', '寗齋與陳筱農卽中福綏談草'의 순으
로 담초들이 수록되어 있다. 연행일기가 남아있지 않아 단정할 수는 없지만,
「북유속담초」는 필담이 이루어진 날짜와 무관하게 강위가 자신을 중심으로
묶은 것으로 보인다. 즉, 강위 자신의 의문점을 정리한 '담초설문'을 권두에
놓고 자신이 직접 필담한 내용을 전반부에, 이건창의 필담은 후반부에 묶어
정리했던 것이다. 한편 윤소영은 이건창의 대일인식을 살피면서 '영재여황효
후담초'을 상세히 다루었다(尹素英, 1995, 「轉換期의 朝鮮의 對外認識과 對外政
策」, お茶の水女子大學 博士論文, 183~188쪽).

확인했다.[54] 이에 대해 황옥은 폐번치현 이후 대장군의 권력은 이미 없는 것이며, 일본인의 서양 복색 사용도 자강에 뜻을 둔 때문이라고 설명하고, 대만침략도 선단의 규모로 보아 일본 정부의 명이 없이 유민이 벌인 사건으로는 볼 수 없다고 답변하였다. 이어진 문답에서는 배의 숫자가 부지기수로 많았으며 일본이 전비로 은 80만 냥을 서양인으로부터 빌렸다는 사실 등이 언급되었다. 서양인이 전비를 빌려주었다는 말에 대해 의문을 품었던지 이건창은 대만의 일이 왜인들의 주견에 따른 것인지 아니면 별도로 종용한 자가 있는지를 물었다. 이에 대해 황옥은 "대개 주모자가 있기 마련인데 단지 표면에 드러나지 않을 따름"이라며 은연중에 대만사건의 배후로 서양을 지목하고, 강화를 주선한 것도 서양인임을 첨언했다.[55] 황옥의 뜻을 알아챈 이건창은 "'대개 주모자가 있다(總有主謀).'는 한 구절이 이미 양이를 지칭"한 것이라며, 양이들이 대만사건을 모의하고, 전비를 빌려준 까닭이 무엇이며, 그러면서도 또 화해를 주선한 이유 등 양이의 의도가 무엇인지에 대해 질문하였다.[56] 이에 대해 황옥은 왜인들이 서양인의 지시를 받는 것이 많고, 또 서양인의 주선도 중국을 위한 것이 아니라고 간단히 답변할 뿐이었다.

---

54) 당시 조선 지식인의 일반적 인식은 일본의 구제 변경이 서양의 강요에 따라 추진한 것이기 때문에 백성들의 호응이 없어 일왕이 고립된 상황이라는 것이었다(노대환, 앞의 책, 242쪽). 이건창의 질문은 이러한 인식에서 나온 것으로 이해된다.

55) '영재여황효후담초', 891쪽, "似乎摠有主謀 但不出面耳 此間僅與犒師而還 亦是西人說合".

56) '영재여황효후담초', 892쪽, "總有主謀一句旣指洋夷 夷之於臺原無干涉 何故主其謀 何故借銀 又何故後來說合 其意爲中國 排難解紛歟 抑欲倭之受犒歟 或其意並不爲彼此 而說戰說款 摠之欲天下多事歟".

　　주목되는 것은 대만사건 처리에 대한 황옥의 평가였다. 청국이 대만사건을 배상금 지불로 매듭지은 까닭은 중국 땅에서 타인이 군대를 이끌고 다니는 것을 원치 않았기 때문이라는 것이다. 대만사건 처리의 득실에 대해서도 일본이 많은 전비를 소비하고서도 적은 배상금을 받았기 때문에 뜻을 이루었다고 할 수 없는 반면, 중국은 서양의 의도를 파악한 조정의 당상관이 있어서 함부로 움직이지 않고 약간의 배상금 지불로 국면을 전환시켰으므로 오히려 큰 수확을 얻은 것이라 평가했다. 이건창 등이 이러한 평가를 쉽게 수긍하기는 어려웠을 것이다. 그 때문인지 이건창은 곧바로 "이미 징발된 군대가 있다면 편안히 끝까지 싸우는 데 응할 수 있을 텐데 어찌 적을 위로하여 보내는 데 이른 것입니까?"라고 의문을 표했다. 이에 대해 황옥은 "전쟁을 했다면 군대 동원에 쉼이 없어 나라의 재정을 모두 소비했을 것인데, 배상금으로 지불한 돈은 겨우 10만 냥에 불과하다."는 궁색한 답변을 했을 뿐이었다.[57]

② 중영전쟁 및 洋務運動에 대한 평가

　　1873년 연행사 일행이 양무론자인 장세준뿐 아니라 청의론자 만청려를 만났던 것과 마찬가지로 1874년 연행에서 강위 등은 양무론자인 장세준·황옥 이외에도 청의론자인 한림원 시독 서부를 만나 필담했다. 강위 등은 당면한 대외적 위기를 바라보는 중국 사상계의 판이한 두 시각을 모두 접했던 것이다. 필담에서 양무론과 청의론의 시각 차

---

57) '영재여황효후담초', 893쪽, "(寗齋) 旣是調兵 便應鏖戰 何至犒師而遣之 (孝侯) 戰恐用兵不休 總費國帑 犒僅十萬".

이가 가장 극명하게 드러난 부분은 중영전쟁과 양무운동에 대한 평가였다.

중영전쟁에 대해서 장세준은 이해를 살피지 않고 전쟁만을 주장한 탓에 큰 화를 불러왔다는 견해를 밝히면서, "지금 단지 전쟁을 말하는 것은 사람마다의 고상한 흥취지만 오직 국가가 그 곤궁함을 당할 따름"이라며 청의론자들의 주전론을 비판했다.[58] 장세준은 서양과의 전쟁에서 승리를 거두기는 사실상 어렵다고 보았던 것이다. 황옥도 강위와의 필담에서 "오랑캐를 막는 데 좋은 방책이 전혀 없다는 것은 대략적인 정형"이라 하여 서양의 군사적 우위를 인정하였다.[59] 이러한 현실인식 속에서 장세준·황옥 등은 조선 사신에게 서양과의 화친을 권고하며 양무운동의 논리를 설파했던 것이다.

한편 강위 등은 중영전쟁을 바라보는 서부의 완전히 다른 시각도 접했다. 이건창이 북경 함락 직전 僧格淋沁의 北塘 방어 실패에 대해 묻자, 서부는 승격림심이 일시적으로 북당을 잃은 것은 사실이지만 패배한 것이 아니라고 답변했다. 승격림심의 북당 회복 기도가 간사한 이들의 주장에 밀려 좌절되어 通州로 철병한 것이니, 이는 국가가 스스로 천진을 버린 것이지 저들이 함락시킨 것이 아니라는 것이다.[60] 그는 서양인들이 뜻을 이룰 수 있었던 것은 "간사한 자들이 내

<hr />

58) 「북유속담초」, '매사담초', 863~864쪽. 장세준은 1차 연행 때에도 중영전쟁 실패의 원인을 주전론자들의 강경론에서 찾은 바 있다(「북유속담초」, 825~828쪽).

59) 「북유속담초」, '露香談草', 873쪽, "禦夷全無善策 大約情形".

60) 「북유속담초」, '甯齋與徐松閣談草(四次)', 881~883쪽. 1860년 8월 1일에 北塘이, 14일에는 塘古가 영불 연합군에 의해 함락되자, 청 조정은 화의를 추진하면서 大沽 방어를 하던 승격림심에게 "천하의 근본은 海口에 있는 것이 아니라 경사에 있다."고 하여 철저히 방어하지 않음으로써 21일에는 대고가, 24일에는 천진이 영불 연합군에 의해 점령되었다(신승하, 1985, 『근대 중국의 서

부에 있고, 추한 백성들이 외부에 있었기" 때문이라고 하여 서양의 군사력 때문이 아니라 화의를 주도한 양무론자들 때문에 실패했다고 보았다.[61]

청의 양무운동 추진 사실이 조선에 처음 알려진 것은 1866년경이었다. 1872년과 1873년 각각 연행에서 돌아온 박규수와 민영목에 의해 양무운동에 대한 긍정적인 보고가 올라오기도 했지만, 1870년대 초반까지는 대체로 양무운동에 대해 부정적인 시각이 일반적이었다.[62] 1873년 연행에서 양무운동의 추진 배경을 어느 정도 파악했던 강위가 '담초설문'에서 재차 이에 대한 의문을 표시했던 것도 조선 내의 우려의 시각과 무관하지 않을 것이다.

장세준은 양무운동의 성격을 "양인의 장기를 모두 얻어서 저들이 믿을 바가 없도록 하려는 깊은 뜻이 있는 것으로, 저들의 기술로 저들의 마음을 공격하는 것"이라 설명했다. 또한 강위의 우려를 의식한 듯 "저들의 기술을 배우는 것은 그 기술로써 그들을 공격하는 것이지, (중국이) 오랑캐가 되어 오랑캐를 공격하는 것은 아니다."라고 하여 양무운동이 서양의 발달된 기술만을 수용 대상으로 하고 있음을 명확히 했다.[63] 황옥도 유학생 파견을 통해 서양의 언어·문자·기술을

양인식』, 고려원, 61쪽).

61) '영재여서송각담초(4차)', 887쪽, "大要奸人在內 蒭民在外 夷遂得遂其志".

62) 주진오, 1993, 「개화파의 성립과정과 정치·사상적 동향」, 『1894년 농민전쟁연구3』, 역사비평사, 156~157쪽 ; 노대환, 앞의 책, 231~238쪽.

63) '매사담초', 864쪽, "學機器學言語也 有深意欲盡得洋人之所長也 使彼無可恃也 以彼之術攻彼之心也 我習彼術 以其術攻之也 非以夷攻夷也". 황옥도 양무운동의 취지를 고법에서 양이를 막을 방책을 찾을 수 없어 부득불 점차 양법을 써서 그 이로움을 함께 하고자 구하는 것이라고 하여 장세준과 비슷하게 설명했다('로향담초', 873쪽).

배워 중국이 상당한 효과를 거두고 있는 것으로 평가했다.[64] 황옥은
또한 서양이 강한 이유를 묻는 이건창의 질문에 상업을 통해 국부를
증진시킨 데서 기인한 것으로 설명하고,[65] 서양과의 통상 이후 우려
되는 은 유출도 상해를 기준으로 계산할 경우 오히려 유입이 많다고
했다.[66]

　반면 서부는 조정에서 추진하는 양무운동에 대해 대단히 비판적인
입장을 피력했다. 그는 서양의 기술만을 배우는 것이라는 양무론자의
논리에 대해 결국은 洋敎를 배우는 것과 차이가 없다고 보았다. 또한
이건창이 서양과의 교역에서 은 유입이 더 많다는 황옥의 말의 진위
를 확인하자, 그는 "중국 전역의 재력을 다하여 구만 리 밖의 땅에 돌
아가게 하고서도 일을 논하는 자는 오히려 양은이 많이 들어오고 중
국은이 적게 나간다고 한다."며 통렬하게 비판하였다.[67]

　'담초설문'에서 강위가 중국이 서양과 일본에 대한 두려움을 갖고
있는 것이 아닌가 우려한 데서도 볼 수 있듯이,[68] 서양과 일본의 침략

---

64) '영재여황효후담초', 901쪽, "曾有一主事帶諸童子入彼中 學其語言文字 而於技
　　藝 自然兼習 緣彼技藝 專尙器械 於船砲等均得用".
65) '영재여황효후담초', 900쪽, "(審齋) 大抵洋之强悍 天下畏之 專由其兵力器械之
　　精且强歟 抑有他故歟 (孝侯) 大約由商賈 而興其國貨足 故兵强無他道也".
66) '영재여황효후담초', 905~906쪽, "通商此處無他患 所患者銀出洋 然以上海計之
　　伊進洋之銀數 較出洋爲多".
67) '영재여서송각담초', 877~878쪽, "(審齋) 或云通洋而後 洋銀之入中國者多 而中
　　國之銀出洋者尙少 此語確否 (頌閣) 中國竭九州之財 歸於九萬里之外 而議事
　　者尙謂洋銀多入 而中國之銀少出".
68) '담초설문'에는 서양과 일본을 대하는 중국의 태도에 대한 강위의 깊은 우려
　　도 나타난다. 중국이 백용을 양화에 의존하고, 국가 재정도 양세에서 취하고
　　있는 것이 서양인의 번성함이 반영된 것으로 비춰지는데다가, 중국이 대만사
　　건을 배상금 지불로 매듭지은 것은 서양·일본과 갈등을 빚고 있었던 조선으
　　로서는 우려할 만한 일이었을 것이다. 중국이 신묘한 기략이 있어서 그렇게

위협에 직면한 조선으로서는 향후 정책 방향과 관련하여 중영전쟁·
양무운동 등 중국의 실상을 정확히 파악할 필요가 있었다. 강위 등은
양무론자와 청의론자를 모두 만나 상반된 주장을 듣고 재확인함으로
써 이러한 목적을 달성하고자 했다. 강위가 이들과의 만남을 통해서
어떤 결론을 내렸는지 「북유속담초」의 내용만으로는 확인하기 어렵
다.69) 다만 강위가 이듬해 강화도조약 체결 교섭 과정에서 대일개국
을 주장하고 있음으로 볼 때 양무론자들의 주장에 더 공감했을 것으
로 생각된다.

③ 일본·서양의 의도와 조선의 대응 방법

두 차례의 양요와 연이은 일본의 침략설에 부심했던 조선으로서는
서양과 일본의 진의를 파악하여 대처하는 것이 중요했다. 따라서 이
문제는 「북유속담초」에 나타난 필담에서도 주요한 화제 중 하나였다.
하지만 장세준·서부와의 필담에서는 이 문제가 다뤄지지 않고 황옥
과의 필담에서만 상세하게 나타나고 있다.70)

한 것이라면 다행이겠지만, 두려움 때문에 그렇게 한 것이라면 조선에게도
큰 근심이라는 그의 지적은 조선의 입장을 잘 반영하고 있다('담초설문',
858~862쪽).

69) 청의론자인 서부와의 필담은 양무론자인 황옥·장세준 등과의 필담이 끝난
후에 집중적으로 이루어진 듯하다. 서부와의 첫 번째 필담에서 이건창은 황
옥·장세준 등에게서 들은 내용을 되묻고 있기 때문이다. 필담이 이루어진
횟수를 근거로 강위 등이 어느 견해에 더 공감했다고 결론짓기는 어렵다.
「북유속담초」에 따르면 장세준과는 2차례, 황옥과는 2~3차례, 서부와는 4차
례 필담이 이루어졌다.

70) 강위 등이 장세준·서부에게는 서양에 대한 조선의 대응책을 묻지 않은 점은
공통적이지만, 그 이유는 서로 달랐던 것으로 보인다. 1873년 연행 때 장세준
이 정건조에게 조선의 주전론을 우려하며 서양과의 화호를 권유한 바 있어

황옥은 서양인과 왜인들이 통상을 통해 이익을 얻으려 하는 의도일 뿐 나라를 멸망시키거나 토지·인민을 빼앗으려는 것은 아니라고 했다.[71] 이건창은 황옥의 설명을 납득하기 어려웠던지 "돈과 재물이 다하면 토지 또한 어찌 지키겠습니까?"라고 반문하며 이 때문에 조선이 힘이 약한데도 화호하지 않는 것이라 했다. 이에 황옥은 이익을 취하는 데에도 道가 있어 재물이 다하는 상황에 이를 수는 없다며 이건창의 우려를 불식시키려 했다.[72]

서양의 관심이 이익 추구에만 있다는 말은 자연스럽게 서양과의 화호 권고로 이어졌다. 황옥이 강위에게 "오랑캐를 막는 데 좋은 방책은 전혀 없다."며 "양인은 압박하여 이익을 도모할 따름이므로 심하게 배척해서는 안 된다."고 했던 것이다. 그런데 화호 권고임이 분명한 황옥의 말에 대한 강위의 반응은 다소 엉뚱했다. "서양을 배척하자는 주장을 견지하다가 능히 물리칠 수 없는 형세가 되면 어떻게 하겠는가?"라고 반문했던 것이다. 이는 강위가 서양과의 화호가 정책화되기 어

사신 일행은 그의 입장을 이미 알고 있었다. 그가 섣부른 전쟁이 중국에 불러온 화를 언급한 점만으로도 강위 등은 그의 생각에 변함이 없음을 확인할 수 있었을 것이다. 반면 서부의 경우는 양무파 정권의 수세적 대외정책에 비판적인 주전론자였기 때문이 아닌가 생각된다. 이건창은 그에게 중영전쟁과 그 이후 중국의 상황에 대해서만 물었는데, 이는 이건창 스스로도 전쟁을 통해 서양을 막아낼 수 있다고 믿지 않았기 때문인 것으로 보인다.

71) '로향담초', 871쪽, "西夷但欲通商立馬頭 而不志滅國"; '영재여황효후담초', 904쪽, "倭君自立爲主 大將軍無權 土地人民 伊國自有之 似不應覬覦他人 卽西人亦只重錢". 오경석도 1866년 吳懋林으로부터 "서양인의 욕심은 토지에 있지 않고 천하가 모두 상업을 하게 하여 그 가운데서 이익을 취하려는 계책"이라는 말을 들었다(『양요기록』, 2~3쪽).

72) '영재여황효후담초', 904~905쪽, "(審齋) 錢財盡 則土地亦何以守 此敝邦寧不量力而戰 不與和也 (孝侯) 土地自足資衣食 馭之有道 亦不至於盡也".

려울 것이라고 판단했기 때문인 것으로 보인다. 이에 대해 황옥은 古義를 견지하는 사람이 많겠지만 조선도 만전을 기할 방책이 없으니 순리에 따를 수밖에 없다고 답변했다. 아울러 서이가 전력을 기울인다면 조선이 막아낼 수 없을 것이라는 말로써 서양의 군사력이 조선이 감당하기 어려운 수준임을 재삼 강조했다.[73]

그런데 황옥은 이건창에게는 사뭇 다른 이야기를 하고 있다. 이건창이 조선을 위한 조언을 부탁하자, 황옥은 외환에 대해서는 그 힘을 헤아려 싸울 수 있으면 싸우고, 싸우는 데 능하지 못하면 화호하는 것이라 하였다.[74] 이건창은 그의 지적에 공감을 표시하면서도 조선 내의 완강한 척양 분위기를 전하였다. 그러자 황옥은 스스로 힘을 헤아릴 것을 충고하면서도 "이미 힘이 약하지만 뜻이 강하니 또한 일을 성취할 수 없다고는 말할 수 없다. 힘써 행하고 천명을 기다리는 것이 좋을 것"이라고 했던 것이다.[75] 강위에게 강한 어조로 전쟁이 승산 없음을 말했던 것과는 커다란 차이가 아닐 수 없다.

황옥이 강위에게 양인들을 심하게 배척해서는 안 된다고 한 것이나, 이건창에게 스스로의 힘을 헤아려야 한다고 한 것에서 그의 진의가 무엇이었는지 잘 드러난다. 그가 애초에 조선에 권하려 했던 것은 서양과의 화호였던 것이다. 황옥이 강위와 이건창에게 각기 다른 말을 했던 이유는 상대방의 반응과 관련된 것으로 보인다. 황옥의 말에 대해 두 사람 모두 조선 내의 척양 분위기를 전하지만, 두 사람의 논

73) '로향담초', 873~874쪽.
74) '영재여황효후담초', 894쪽, "外患之來 要在自量其力 能戰則戰 不戰能則和 此外似無別論".
75) '영재여황효후담초', 894~897쪽.

조에는 큰 차이가 있었다. 즉, 강위는 서양을 배척하다가 실패할 경우
를 우려하는 입장이었던 반면, 이건창은 조선이 힘이 약하면서도 척
양을 고집하는 이유를 변호했던 것이다. 황옥도 이건창의 척양 의지
를 확인한 만큼 서양과의 화호를 강하게 말할 수 없었던 것으로 보인
다.[76)

　황옥과 강위 등의 필담에서 특히 주목되는 점은 황옥이 '왜양일체'
의 관점에서 일본을 바라보고 있었다는 것이다. 황옥에 의하면 일본
과 서양의 의도가 통상을 통해 이익을 얻는 데 있다는 점에서 일치한
다. 또한 일본은 서양에 이용되고 서양을 위해 보복하려는 존재, 혹은
서양인의 지시와 부림을 받는 존재로 설명된다.[77) 황옥의 관점에 따
르면 일본을 대하는 방법 또한 서양에 대처하는 방법과 다를 수 없을
것이다. 이건창이 조선을 위해 근심스럽게 여기는 바가 또한 무엇이
냐고 묻자, 황옥은 "서양인을 대하는 것으로 대하는 것이 옳을 것"이
라고 답하고 있다. 이에 이건창이 "이는 倭를 대할 때 서양을 대하듯
하라는 말씀입니까?"라고 반문하자, 명확히 "그렇다."고 답변하였다.[78)

　황옥이 제시한 왜양일체론에 대하여 이건창의 질문은 구체적인 대
응 방법으로 이어졌다. 이에 대해 황옥은 "군사들을 정비하고 훈련시켜
서 그들(洋倭)이 오는 것"을 기다릴 것을 조언하며 "講和하는 것은 어

---

76) 노대환도 이건창과 강위 사이의 차이를 지적한 바 있다. 즉, 이건창은 양무에
　 는 상당한 관심을 가지고 있었으나 화의에는 소극적이었던 반면, 강위는 서
　 양과의 관계 개선을 통해 양무를 추진하려는 입장이었던 것으로 추정했다(노
　 대환, 앞의 책, 256쪽).

77) '로향담초', 872쪽, "不過倭總爲西夷之用 須防其爲西夷報復耳"; '영재여황효후
　 담초', 892쪽, "伊服色已改西人 大約受西人指使之處多".

78) '영재여황효후담초', 897쪽, "(영재) 中朝君子 爲敝邦慮患者 又何如也 (효후)
　 以待西人者 待之可也 (영재) 此謂待倭如待洋歟 (효후) 然".

쩔 수 없어서 행하는 것"이라 하였다.79) 황옥의 말은 양왜와의 전쟁도
불사하려는 조선의 의지를 격려하는 듯이 보인다. 하지만 청국도 이
미 어쩔 수 없어서 양왜와 강화했던 점을 고려하면, 이는 오히려 척양
의지가 강한 이건창에게 강화를 우회적으로 권한 것으로 이해된다.
이후의 문답이 양무운동의 성과와 화호 이후 안정된 청의 상황으로
이어진 것도 이를 반증한다.

3. 자주적 개국론80)의 형성

 지금까지 「북유담초」·「북유속담초」를 통해 두 차례 연행 과정에
서 강위가 어떤 활동을 했고, 또한 그가 얻었던 정보가 어떠한 것이었
는지를 살펴보았다. 강위 등은 북경에서 다양한 성향의 인사들과 활

---

79) '영재여황효후담초', 899~900쪽.
80) 본 연구에서 사용한 '자주적 개국론'이라는 용어는 다음과 같은 의미를 지닌
   다. 주지하는 바와 같이 조선은 군함까지 동원한 일본의 외압에 굴복하여
   1876년 2월 강화도조약을 체결하고 문호를 개방하였다. 하지만 조선의 문호
   개방을 외압에 따른 결과로만 이해할 경우 역사 발전의 동력을 외부에서 찾
   는다는 점에서 적지 않은 문제가 있고 또한 역사적 사실과도 거리가 있다. 강
   화도조약 체결 과정을 살펴보면 국내외적인 난제들을 풀어나가며 조약이 무
   사히 성사되도록 한 박규수, 오경석, 강위 등의 간과할 수 없는 노력이 있었
   기 때문이다. 북학사상에 계보적으로 연결되는 공통점을 지닌 이들은 강화도
   조약 체결 이전에 이미 연행 경험을 바탕으로 문호개방을 통한 서구의 신문
   물 수용으로 조선의 근대화를 달성해야 한다는 개국론을 형성하였다. 이들의
   문호개방 주장은 외압에 의해 강요된 것이 아니라 스스로의 자주적인 결정에
   따른 것이므로 '자주적 개국론'이라 불러 마땅하고, 또한 그것은 조선이 주도
   권을 갖고 조선의 이익과 부강을 위한 방법으로 실행하는 것이니만큼 내용상
   으로도 자주적이었다.

발하게 접촉했고, 필담을 통해 일본·서양의 동향, 양무운동의 진행
상황, 중영전쟁·대만사건의 전말 등에 대해 폭넓게 의견을 교환했다.
필담에서 이들 문제에 대해 문답한 것은 향후 조선의 정책적 방향성
을 결정하는 데 참고하고자 함이었음은 물론이다. 하지만 필담록은
어디까지나 필담에서 어떠한 대화가 오갔는지를 보여줄 뿐 필담의 결
과 참여자들이 어떠한 결론을 내리게 되었는지를 그대로 보여주지는
못한다. 따라서 연행 경험을 통해 강위가 겪게 되는 사상적 변화는 연
행 전후의 행적 변화에서 유추할 수밖에 없을 것이다.

　강위는 프랑스와의 교전이 벌어지기 전인 1866년 8월 「강방소」에서
동도의 우월성에 대한 확신과 함께 서양인의 침략을 격퇴할 수 있을
것이라는 낙관론을 표출한 바 있다.[81] 하지만 두 차례 양요를 통해 서
양의 군사적 우위를 확인한 이후 그에게 낙관 대신 깊은 우려감이 자
리하게 되었다. 그가 우려했던 것은 서양의 군사력이 가벼이 볼 수준
이 아님에도 불구하고 체계적 대책도 없는 조정의 대외강경책과 서양
에 대해 알지도, 알려고도 하지 않고 얕잡아 보는 사회 분위기였다.[82]
그도 서양인의 침략을 물리쳐야 한다는 데는 이견이 없었지만, 이를
위해서는 서양에 대한 정확한 정보와 그에 기반한 대책 마련이 필요
하다고 보았던 것이다. 때마침 주어진 두 차례의 연행은 그가 서양에
대해 구체적인 정보를 획득할 기회가 되었다.

　연행에서 돌아온 이후 강위는 이전과는 다른 모습으로 변화하지만,

---

81) 이헌주, 2004, 「병인양요 직전 강위의 어양책」, 『한국사연구』 124 및 Ⅲ장 참조.
82) 『김택영전집(이)』, 「추금자전」, 182쪽, "이때를 당하여 국가에서는 자수에만
　　익숙하여 지위가 높고 낮음을 가릴 것 없이 모두 외국의 정형에 대해 알지
　　못하였다. 어떤 사람은 서양인이 두려워할 만하지 못하다고 말하기도 하였는
　　데, 추금자는 대단히 우려스럽게 생각하였다."

그 변화는 시간을 두고 단계적으로 이루어졌던 것 같다. 이건창은 1차 연행 이후 강위가 자신에게 「북유담초」를 보여준 일을 다음과 같이 적고 있다.

> 때마침 군은 정판서를 따라 연경에 갔고, 돌아와서 그 중국인과 더불어 이야기한 것을 글로 만들어 나에게 보여주었는데 모두 예전에 금지하고 꺼리는 바여서 사람으로 하여금 놀라고 두렵게 하는 내용이었다. 군은 읽으면서 탄식하고 또 웃음을 터뜨렸는데, 장한 기운이 흘렀지만 나는 묵묵히 오직 짐작만 할 수 있었을 뿐이었다.[83]

강위가 이건창에게 「북유담초」를 읽혀 조선을 둘러싸고 있는 국제 정세의 움직임을 알리려 했음을 알 수 있다. 하지만 이건창이 "예전에 금지하고 꺼리는 바"이고 "놀라고 두렵게 하는 내용"이라 한 것에서도 짐작할 수 있듯이, 강위도 친근한 몇몇 사람에게 조심스럽게 보여줬을 것으로 생각된다. 그러나 2차 연행 이후 강위는 완전히 돌변하여 주위의 시선도 아랑곳하지 않고 공공연히 천하사를 말하며 합종연횡을 주장하는 적극적인 모습으로 변화했다.[84]

2차 연행 이후 강위가 적극적인 모습으로 돌변한 까닭은 두 가지로 생각해 볼 수 있다.

첫째, 2차 연행을 통해 1차 연행 때 풀지 못했던 문제들에 대한 해답을 얻음으로써 적극적으로 자신의 주장을 할 수 있게 되었다는 점

---

83) 『이건창전집(하)』, 「강고환묘지명」, 1086쪽, "會君從鄭判書赴燕京 歸以其所與中國人談者爲文示余 皆舊所禁諱 使人駭怖 君且讀且噫且笑 意氣流動 余則黙然 固有以卜之矣".
84) 『이건창전집(하)』, 「강고환묘지명」, 1086쪽.

이다. 앞서 지적했듯이 강위는 북경에 도착한 직후인 1875년 초 필담에 대비하여 미리 의문점들을 '담초설문'으로 작성하여 두고 필담에서 활용함으로써 궁금증을 상당히 해소할 수 있었다.

둘째, 조선을 둘러싼 국제정세의 급박함을 한층 더 절박하게 느끼게 되었던 것으로 생각된다. 1차 연행 직후 가까운 인물에게만 필담록을 읽히는 극도의 조심성을 견지했던 그가 공공연히 합종연횡을 주장하게 된 것은 그가 느끼는 대외적 위기감이 대내적 위험을 기꺼이 감수할 만큼 고조되었음을 보여주는 것이다.

이상의 내용을 종합해보면 1870년대 초까지도 어떻게 하면 서양인의 침입을 물리칠 수 있을까 고심했던 그가 1875년에는 합종연횡의 외교를 주장하고 1876년에는 대일개국을 주장하는 모습으로 변모했다. 그의 이러한 변모는 1873·1874년 두 차례의 연행에서 얻은 정보와 경험에 기반한 것이었음은 의심할 나위가 없다. 이제 필담록에 나타난 내용을 바탕으로 그가 개국론자로 변모하게 된 요인들에 대하여 살펴보고자 한다.

첫째, 중국의 위상에 대한 재인식을 지적할 수 있다. 강위가 연행과정에서 직접 눈으로 목격하고 필담을 통해 확인한 중국의 모습은 종래의 '대국'과는 상당한 거리가 있었다. 중국의 힘은 서양 열강의 침략은 물론이고 일본의 대만침략에 대해서조차 강력히 대응하지 못할 정도로 보잘것없었던 것이다. 이런 상황에서 서양이나 일본이 조선을 침범해 올 경우 중국이 조선에게 별다른 도움이 못될 것임은 너무도 자명한 일이었다. 1874년 동지사행에서 이건창이 일본의 침략 가능성을 우려하며 대처 방안을 묻자, 황옥은 "외환이 닥쳤을 때 요체는 스스로 헤아리는 데 있다. 그 힘이 능히 싸울 만하면 싸우는 것이고, 싸움에 능하지 못하면 화호하는 것이다. 이것 외에는 별다른 방법이 없다."고 답변한 바 있다.[85] 황옥의 답변은 지극히 원론적인 것이기는 했지만 청국이 조선을 도울 여력이 없음을 간접적으로 시인한 것이 아닐 수 없다. 따라서 그는 청국의 원조를 기대할 수 없는 상황에서 서양·일본의 침략에 맞서 홀로 싸우기는 어렵다고 판단했을 것이다. 개국통상도 서양·일본과의 무력충돌을 회피하는 하나의 외교적 대안으로 얼마든지 제기될 수 있는 것이었다.

둘째, 서양인의 의도와 서양인에 대한 재인식이다. 강위가 서양인과 그들의 의도를 어떻게 생각했는지에 대해서 명확히 알 수는 없다. 강위가 장세준·황옥 등 양무론자에게서 서양인의 의도는 통상을 통해 이익을 얻는 데 있을 뿐 토지·인민에는 욕심이 없으며, 서양인도 우리와 마찬가지로 선을 즐기고 의를 좋아한다는 이야기를 들었음이 확인될 뿐이다. 하지만 조선이 아무리 고립무원 상태로 서양·일본의 침략에 직면해 있더라도 그들과의 화호 가능성을 인정하지 못한다면 개국통상을 주장할 수 없었을 것이다. 따라서 강위는 서양인과 그들의 의도에 대한 양무론자들의 설명에 대체로 공감했던 것으로 판단된다. 이는 동일한 이야기를 듣고도 이건창이 서양인과의 화호에 강한 반감을 보이며 척양의 뜻을 강하게 보였던 것과 달리 그가 조선 내의 강한 주전론으로 인해 서양과 전쟁하는 상황이 벌어질까 우려한 점에서도 엿볼 수 있다.

셋째, 급격하게 서구화를 지향하고 서양인과 동일한 이해관계 속에서 실질적으로 그들과 한편이 되어 함께 보조를 맞추는 일본의 변화

---

85) '영재여황효후담초', 894쪽.

상을 확인했다는 점이다. 1873·1874년 청 예부에서 보낸 두 차례의 비자에서 이미 일본은 서양인들과 함께 조선 공격을 꾀하는 존재로 묘사된 바 있다. 황옥과의 필담을 통해 강위 등은 일본의 대만침략이 국내에 알려진 것과는 달리 일본 정부 차원에서 이루어졌고, 그 과정에 서양인이 깊숙이 개입한 사실도 새롭게 알게 되었다. 황옥이 전한 일본의 모습은 기본적으로 왜양일체론에 입각한 일본상이었다. 따라서 일본의 자강정책 추진에 대한 인식을 논외로 한다면,[86] 강위가 접했던 정보의 성격상 강위의 대일인식도 기본적으로는 왜양일체론에 입각한 부정적인 것일 수밖에 없었다고 생각된다.

요컨대 강위는 두 차례의 연행을 통해서 조선을 둘러싼 국제정세에 대해 새롭게 인식함으로써 개국론을 형성했다. 이미 병인·신미양요를 도발했던 서양인들이 조선 침략의 뜻을 포기한 것이 아니라 여전히 만전필승의 기회를 엿보며 호시탐탐 노리고 있다는 사실은 심각한 문제가 아닐 수 없었다. 종래에 교린국이던 일본도 이미 서양과 일체가 되어 그들과 함께 조선을 침략할 가능성이 있다는 사실은 그가 느끼는 위기의식을 더욱 증폭시켰을 것이다. 게다가 그는 조선이 오랫동안 의지했던 중국이 이미 대국적 면모를 상실하여 조선의 위기 상황에도 별다른 도움을 줄 수 없을 것이라는 사실도 확인할 수 있었다. 그가 연행 과정에서 확인한 조선의 상황은 고립무원으로 강력한 적들에 둘러싸여 그야말로 풍전등화와 같은 위태로운 형국이었던 것이다.

---

86) 강위는 일본이 추진하는 자강정책에 대해서는 긍정적인 평가를 내렸던 것으로 보인다. 강화도조약 체결 당시 뛰어난 농기와 강한 군대를 근거로 일본을 '强隣大國'이라 평했던 것은 그러한 그의 인식이 반영된 것이었다. 이에 대해서는 Ⅴ장에서 논할 것이다.

이러한 상황에서 그는 조선이 살아남는 길은 승산 없는 전쟁이 아니라 문호개방을 통한 외교적 해결에 있다고 믿게 되었다.

2차 연행에서 돌아온 후 위험을 무릅쓰고 공공연히 합종연횡을 말하였던 것은 그가 느낀 절박함의 반영에 다름 아니었다. 하지만 그가 외교적 해결만이 유일한 돌파구라고 여겼더라도 서양인이 금수에 지나지 않고 그들이 조선을 멸망시키려는 의도를 가졌다고 보았다면 결코 문호개방을 통한 외교적 해결을 대안으로 제시할 수는 없을 것이다. 1874년 그와 함께 연행했던 이건창이 끝내 서양인을 화호 대상으로 받아들이지 못하였던 반면 강위는 이를 인정하였기에 개국론자가 될 수 있었던 것이다.

대일수교 교섭과 개국론의 전개

1. 대일수교 교섭 참여와 역할

　메이지 유신 이후 수립된 일본의 신정부는 1868년 말부터 조선에
사절을 파견하여 왕정복고 사실을 알리고 대마도주를 통해 이루어지
던 외교관계의 재정립을 시도했다. 그러나 서계의 위격이 문제가 되
어 일본의 의도는 번번이 좌절되었고, 1875년을 전후한 시점부터 일
본의 대조선정책은 마침내 무력 사용을 포함한 강경책으로 전환하게
되었다. 1875년 9월 강화도에서 발생한 운요호 사건은 일본의 대조선
강경책의 필연적인 결과물이었다.[1]

　일본 정부가 운요호 사건 처리와 수교 교섭을 위해 구로다 키요타
카(黑田淸隆)와 이노우에 카오루(井上馨)를 각각 특명전권대신과 특
명부전권대신으로 삼아 파견한 전권단 일행이 대마도를 출발한 것은
1875년 12월 17일(이하 날짜는 음력)이었다. 이들은 12월 19일 부산에
입항하여 약 1주일간 머물다 북상하여 12월 말 인천·남양만 앞 바다
에 도착했다.[2] 일본 측이 경기 연안에서 무력시위를 하는 가운데 조
선 정부는 1876년 1월 5일 접견대관에 신헌을, 접견부관에 尹滋承을

---

1) 운요호 사건을 해군성 내의 사쓰마 정한파의 소행으로 보는 일반적인 견해와
　는 다른 주장이 최근 제기되어 주목된다. 김흥수는 당시 '내각 분리 문제'로
　갈등을 겪고 있던 오쿠보 정권의 이토 히로부미(伊藤博文) 등이 시마즈 히사
　미츠(島津久光) 등 수구파와 이타가키 다이스케(板垣退助) 등 급진파를 제거
　하기 위한 국내정략의 일환으로 계획적으로 도발한 사건이라고 보았다. 이를
　이용하여 시마즈와 이타가키를 축출하는 데 성공한 오쿠보 정권은 운요호 사
　건을 조선 측의 폭거로 역선전하여 일본 국내의 광범위한 정한논쟁을 야기하
　였다(김흥수, 2009, 『한일관계의 근대적 재편 과정』, 서울대학교출판문화원, 5
　장 참조).
2) 김기혁, 1991, 「강화도조약의 역사적 배경과 국제적 환경」, 『국사관논총』 25,
　34~35쪽.

임명하여 일본 측과 교섭하도록 했다.[3]

　강위도 이때 신헌의 개인수행원인 반당의 자격으로 대표단에 포함되어 강화도 현지로 떠나게 되었다.[4] 강위의 조약 참여는 스스로 "나는 재능이 없는데도 욕되게도 대관에게 알려져 수행하는 수레를 더럽히게 되었다."고 밝힌 데서 알 수 있듯이, 그의 재능을 높게 평가한 신헌에 의해 발탁된 것이었다.[5]

　신헌은 김정희의 제자로 스승으로부터 金石學·詩道·書藝 등을 배웠는데, 특히 隸書에서는 김정희도 자신보다 낫다고 극찬할 정도였고, 금석학에도 뛰어나 『金石源流彙集』이라는 책을 저술하기도 했다.[6]

---

3) 접견대관 일행은 조약 체결 협상에 참가하여 일기체의 협상 기록 『沁行日記』를 남겼다. 『심행일기』는 상, 하 2책으로 구성되어 있는데, 현재 고려대학교 도서관 한적실에 소장된 상권은 1876년 1월 5일부터 1월 24일까지, 국립중앙도서관 고전운영실에서 소장하고 있는 하권은 1월 25일부터 조약을 매듭짓고 귀경하는 2월 5일까지의 일이 담겨 있고 말미에 2월 6일의 복명기록이 실려 있다. 다보하시 키요시(田保橋潔)도 『近代日鮮關係の硏究(上)』(1940)을 쓰면서 『심행일기』 상권을 이용하였는데, 하권을 구해볼 수 없음에 대해 유감을 표한 바 있다. 최근 김종학은 흩어져 있던 『심행일기』 상, 하권과 강위의 「심행잡기」를 비롯한 몇 건의 강화도조약 관련 사료를 모아 원문과 번역문을 묶어서 『심행일기 -조선이 기록한 강화도조약』(푸른역사, 2010)으로 출간하였다. 이 책의 해제에서 김종학은 『심행일기』의 소재를 발굴하여 알린 것이 『근대한국외교문서』 편찬위원회에 참여하고 있는 이상찬 교수와 김홍수 교수라고 하였지만, 이는 사실과 다르다. 다보하시가 소재를 알지 못해 유감스러워했던 『심행일기』 하권을 발굴하여 학계에 처음 소개한 것은 본인이다. 다만 본인은 다보하시가 이용했던 『심행일기』 상권의 소재는 파악하지 못해 원본을 직접 활용하지 못하였다(이헌주, 2001, 「강위의 대일개국론과 그 성격 -강화도조약 체결을 중심으로-」, 『한국근현대사연구』 19 참조).

4) 이광린, 1979(a), 「강위의 인물과 사상」, 『한국개화사상연구』, 29쪽.

5) 『고환당집』, 「심행잡기」 단락 1, "時余以不材辱知于大官 忝在後車". 「심행잡기」는 총 14개 단락으로 구성되어 있는데, 이하에서는 인용의 편의상 '단락 1', '단락 2' 등으로 표기하겠다.

6) 박찬식, 1988, 「신헌의 국방론」, 『역사학보』 117, 42~46쪽.

김정희의 제자라는 인연에서 시작된 두 사람의 인연은 전술했듯이 1853년 전국 유랑을 마친 강위가 무주에서 유배생활을 하던 신헌에게 의탁함으로써 본격화되었다. 이때부터 강위는 1860년대 중반까지 신헌의 門客으로 생활할 때가 많았고, 신헌도 기꺼이 후견인 역할을 하면서 그의 재능을 적극 활용했다. 강위가 1860년대 초 兵·水營의 移設에 대한 조정 논의의 그릇됨을 비판한「駁慶尙左道兵水營移設議」를 쓴 것이나, 1866년 서양에 대한 방어책을 담은「請勸設民堡增修江防疏」를 쓴 것도 모두 신헌의 의뢰에 따른 것이었다. 강위가 대일수교 교섭에 참여하게 된 데에는 이러한 접견대관 신헌과의 개인적 친분이 크게 작용하였다.

그러나 강위의 대일수교 교섭 참여는 신헌과의 개인적 친분 이전에 그가 연행을 통해 국제정세에 대한 폭넓은 안목을 갖추고 있었기 때문에 이루어진 것이었다. 1873년·1874년 연이은 冬至使行 참여를 통해서 그는 이미 "중국과 서양의 최근 일들을 모두 탐지하고 돌아왔다."는 평판을 얻고 있었던 것이다.[7] 오랜 친교를 통해 그의 재능을 누구보다도 잘 알았고 또 적극적으로 활용했던 신헌이 그를 발탁한 것은 그가 연행을 통해 갖추게 된 외교적 안목을 대일수교 교섭에서 활용하려는 의도였던 것으로 보인다. 따라서 강위가 비록 반당의 자격으로 수교 협상에 참여하기는 했지만, 그의 역할은 개인수행원 수준을 훨씬 넘어서 접견대관 일행이 수교 교섭 과정에서 올바른 정세 판단을 할 수 있도록 조언하는 것이었다.[8]

---

7) 이중하,「본전」,『강위전집(상)』, 372쪽, "以故得盡探中西近事而歸".
8) 신헌은 조미조약 체결 때에도 강위를 종사관에 임명하려 했지만, 강위가 김옥균과 함께 일본에 체재 중이었기 때문에 뜻을 이룰 수 없었다(주승택,

　　강위의 대일수교 교섭 참여가 신헌의 반당 자격으로 이루어진 탓에
정부의 공식기록에서는 그의 이름이나 활동에 대한 기록을 찾아볼 수
없다.[9] 그는 접견대관 신헌의 그림자로서 신헌의 이름으로만 드러날
뿐 구체적인 활동이 기록될 위치에 있지 않았던 것이다. 다만 이건창
이 강위의 묘지명에 "講和 초에 군은 대관을 따라 강화도에 가서 재상
에게 글을 보내 그 결심을 도왔다."고 밝히고 있고,[10] 『강위전집』에
「代申大官上桓齋朴相國」이 실려 있어 그의 역할을 짐작케 할 따름이
다. 공식기록의 부재와 사료 부족은 수교 교섭 당시 그가 한 역할을
밝히는 데 큰 장애가 아닐 수 없다. 따라서 일본 측과의 협상 내용을
검토하고 그 결과를 정부에 보고하는 역할을 하였던 정도로 추정되고
있을 뿐이다.[11] 본 절에서는 수교 교섭 당시의 시대적 상황 속에서 그
가 남긴 『고환당집』의 기록들이 갖는 역사적 의미에 주목함으로써 그
의 역할을 보다 구체화시켜 보고자 한다.

　　조선 정부가 1876년 1월 5일 신헌을 접견대관에, 윤자승을 접견부관
에 임명했을 때 이들의 파견을 결정한 명분은 '柔遠之義에서 그 바라
는 대로 한번 만나 이야기하는 것이 마땅하다.'는 것이었다.[12] 그런데

　　1991(b), 「강위의 개화사상과 외교활동」, 『한국문화』 12, 156쪽).

9) 『심행일기』에는 조약 체결 후 일본 측이 접견대관 일행에게 보낸 贈給物種記
　가 실려 있는데, 여기에 "隨員姜 海氣絹 一疋 紅絹 一疋 煙草 十束"이라고 기
　록되어 있을 뿐이다.

10) 『이건창전집(하)』, 「강고환묘지명」, 1087쪽, "講和初 君從大官如江華 貽書宰
　相贊其決".

11) 이광린, 1979(a), 앞의 논문, 29쪽. 한편 주승택은 『고환당집』의 내용 검토를
　통해 강위가 단순한 수행원이나 보좌역에 그친 것이 아니라 조약 과정에 깊
　숙이 개입하고 있음을 지적하였다(주승택, 1991(b), 「강위의 개화사상과 외교
　활동」, 『한국문화』 12, 142쪽).

12) 『승정원일기』 고종 13년 1월 5일조. 이에 앞서 의정부에서는 1875년 12월 26일

조선 정부는 이미 1875년 12월 19일 일본 외무성 六等出仕 히로츠 히로노부(廣津弘信)에게서 수호통상조약 체결을 위해 일본 전권대신 일행이 강화도로 온다는 사실을 전달받고 있었다.[13] 따라서 묘당에서 대일정책 전반에 관해 검토할 충분한 시간적 여유가 있었던 셈이다. 그럼에도 불구하고 이 기간 동안 조선 정부가 일본 측의 요구에 대한 대처방안을 논의한 흔적은 보이지 않는다.[14] 그 결과 일본 전권 일행이 경기 연안에 당도했을 때 조선 정부는 어떠한 공식적인 입장도 가질 수 없었다. 따라서 접견대관의 보고는 대일수교를 둘러싼 조정의 공론이 정해지지 않은 상황에서 향후 조선의 대일개국 여부를 결정짓는 중요한 판단 근거가 될 수밖에 없었다.[15]

　접견대관 일행은 1월 11일 강화도 현지에 도착했고, 다음 날인 12일 접견부관 윤자승이 접견 절차와 장소 등의 문제로 일본 측 外務權大丞 모리야마 시게루(森山茂) 등과 접촉한 것을 시작으로 공식적인 활동에 들어갔다.[16] 접견대관은 사안의 중대성으로 인하여 수시로 회담 진행 상황을 보고하고 중요 사안에 대해서는 묘당에 품의했다.[17] 그중

부산훈도 玄昔運과 오경석 등을 보내어 경기 연안에 출몰한 이선을 문정토록 조치했는데(『승정원일기』 고종 12년 12월 26일조), 이들은 1월 4일 강화도에 도착하여 일함 모슌마루(孟春丸)에 승선하여 문정하고 있다(「我カ國艦船ノ動靜ニ關スル件」,『일본외교문서』 9, 26~27쪽).

13)「黑田辨理大臣江華島ニ赴クヘキ旨先報ノ件」,『일본외교문서』 8, 150~151쪽.

14) 같은 기간 『일성록』·『승정원일기』 등 연대기 자료의 기록에는 대일수교와 관련한 단 한 차례의 논의도 나타나지 않는다.

15) 강화도에서 회담이 진행 중이던 1월 20일 고종은 시원임대신들을 모아 차대를 열었으나, 이 자리에서도 어떤 명확한 결론 없이 접견대관의 보고를 기다려 대응책을 강구하기로 하였다(『일성록』, 고종 13년 정월 20일조).

16)『일성록』, 고종 13년 정월 13일조.

17) 접견대관 일행이 조정에 보고한 장계는 『일성록』 고종 13년 정월 13일·14일·

1월 21일자의 보고에는 18일 회담에서 전쟁 위협까지 서슴지 않는 일본 측의 태도와 그들이 제시한 조약안의 한역본이 담겨 있다.[18] 그런데 이 보고가 있은 지 사흘 후인 24일에 의정부가 일본 측의 수호통상조약 체결 요구를 수용한다는 방침을 접견대관에게 통보한 점은 주목할 만하다. 이 기간 동안 일본 측의 요구와 관련한 공식적인 회의가 없었던 점을 감안한다면, 이는 개국의 불가피성을 역설한 박규수, 이최응 등 소수의 개국론자들의 의견을 고종이 전격적으로 수용한 결과였다고 생각된다.[19] 이어서 25일에 의정부는 번거롭고 시일이 지체된다는 이유로 신헌에게 조약에 대한 전결권을 부여함으로써 사실상 전권대신으로 격상시켜 협상을 조속히 매듭짓도록 했다.[20]

조선 정부가 대일수교 결정을 공식적 논의과정 없이 전격적으로 결정하고, 접견대관 신헌에게 사실상의 전권을 부여하여 조약 체결을 서둘게 한 까닭은 무엇이었을까? 서계문제 처리에서 수교 결정에 이르는 과정을 살펴보면 저간의 사정을 짐작할 수 있다.

메이지 유신에 성공한 일본이 조선과의 관계를 새롭게 하고자 사절을 파견한 것은 1868년 말부터였다. 그러나 조선은 일본이 보낸 서계에 '朝臣'·'皇'·'勅' 등의 용어가 사용되고, 조선에서 조급한 圖書를 사용하지 않는 등의 위격이 있음을 문제 삼아 번번이 접수를 거부했다. 이 과정에서 대일 강경책을 주도했던 대원군이 실각하자, 1874년 8월

17일·19일·20일·21일조에 나타난다. 이외에도 강화도 현지의 상황은 경기감사, 강화판관 등의 보고를 통해 신속하게 조정에 전달되고 있다.
18) 『일성록』, 고종 13년 정월 21일조.
19) 최덕수, 2000, 「강화도조약과 개항」, 『한국사』 37, 240~241쪽.
20) 『일성록』, 고종 13년 정월 25일조.

박규수, 이유원 등은 일본서계 접수를 거부한 책임을 물어 안동준 등의 처벌을 주장하며 공개적으로 서계접수를 주장했다. 그러나 박규수는 대원군 등 척사파의 강력한 비판에 밀려 마침내 동년 11월 4일 우의정에서 물러나게 되었다.[21] 대원군이 실각했음에도 불구하고 여전히 척사론이 여론에서 우위를 점하고 있어 대일관계 개선을 기대하기 어려운 상황이었던 것이다.

1875년 1월 하순 모리야마 시게루에 의해 呈納된 서계의 처리를 둘러싼 2월 5일과 일본의 무력시위가 시작된 이후인 5월 10일의 차대 기록을 살펴보면 조정 내의 여론에서도 척사론이 우세했음을 알 수 있다.[22] 2월 5일의 차대에서는 고종의 적극적인 서계접수 의지 표명에도 불구하고 접수 거부가 다수를 점했고, 5월 10일의 차대에서는 박규수·이최응 등 소수만이 서계접수를 주장했을 뿐 김병국 등 7명은 반대, 나머지 24명은 유보적인 태도를 보이고 있었다. 1876년 1월 20일의 차대에서도 대다수의 대신들이 구체적 대응책을 제시하지는 못했지만 일본의 태도를 비난하는 견해가 지배적이었다.[23] 조정 내의 여론이 대일 강경론으로 흐르는 상황에서 수교 문제의 섣부른 공론화는 자칫 조일관계의 파국을 초래할 위험성까지도 내포하는 것이었다.

한편 수교 교섭이 진행되고 있는 동안에도 재야유생을 비롯한 척사론자들의 척왜상소가 빗발치고 있었다. 1월 20일 전 지평 李學年이 주

21) 손형부, 1997, 『박규수의 개화사상연구』, 일조각, 148~157쪽.
22) 『승정원일기』, 고종 12년 2월 5일 및 동 5월 10일조.
23) 최덕수, 앞의 논문, 230~239쪽. 1월 20일 차대에서 사간 신석구는 "위무를 떨쳐서 역외로 축출할 것"을 주장하기도 했다(『승정원일기』, 고종 13년 1월 20일조).

전상소를 올린 것을 필두로, 23일에는 崔益鉉과 전 사간 張晧根의 상
소가, 27일에는 현직관리인 우통례 吳尙鉉의 척왜상소가 잇달았다.[24)
또한 최익현이 '持斧伏闕'하여 상소한 것과는 별도로 23~25일에는 같
은 화서학파에 속하는 유생 50인이 洪在龜를 소수로 하여 3일간의 伏
閣 聯名儒疏運動을 전개했다.[25)

이상을 통해 보면 조야를 막론하고 대일수교에 대한 반대 여론이
월등히 우세했음을 알 수 있다. 이는 대일수교 방침을 굳히고 있었던
고종에게도 적지 않은 정치적 부담이었을 것이다. 따라서 고종은 척
왜상소를 올린 장호근, 최익현 등을 도배형에 처해 반대여론을 억누
르는 한편,[26) 박규수-신헌으로 이어지는 통로를 통해 조약을 신속히
매듭지음으로써 조약 지연에 따른 정치적 부담을 최소화하려 하였다.

여기서 주목할 점은 대일수교 교섭을 주도했던 인사들의 면면이다.
조약 체결을 주도한 조선 측 인사에는 박규수, 신헌, 강위, 오경석 등
개국론자들이 망라되어 있었다.[27) 박규수와 오경석은 '개화사상의 비
조'로 지칭되는 인물이고, 강위 역시 개화사상 형성에 기여한 인물로
거론된다. 또한 신헌은 병인양요 이후 위원의『해국도지』를 토대로
수뢰포 등 서양식 신무기의 제작을 시도한 인물이었다. 이들이 대일
수교 교섭을 위해 함께 보조를 맞춘 것은 결코 우연적인 일이라 볼 수

---

24) 『승정원일기』, 고종 13년 1월 20일, 23일 및 27일조.
25) 권오영, 1989, 「김평묵의 척사론과 연명유소」, 『한국학보』 55, 134~140쪽 ; 김
    도형, 2014, 『근대 한국의 문명전환과 개혁론 −유교 비판과 변통−』, 지식산
    업사, 172~179쪽.
26) 『승정원일기』, 고종 13년 1월 23일 및 27일조.
27) 신헌은 문호개방을 주장한 바 없으므로 엄밀히 말하면 개혁적 인사라 할 수
    는 있어도 개국론자라고 말할 수는 없다.

없다.[28]

실제로 신헌이 접견대관으로 임명되어 강화도로 파견된 것은 박규수의 주선에 의한 것이었고,[29] 강위는 앞서 지적한 대로 신헌에 의해 발탁되었다. 오경석의 참여 배경은 명확하지 않지만 박규수가 1872년 연행할 때 오경석이 수역으로 동행한 점을 고려하면 역시 박규수의 주선에 의해 파견되었을 가능성이 크다.[30] 이렇게 본다면 1876년 2월 체결된 강화도조약은 일본의 군사적 위협에 조선이 굴복한 데 따른 것이지만, 일본의 군사적 외압에 직면하여 조선의 개국론자들이 공동 대응을 통해 문호개방을 현실화시킨 결과라는 측면도 간과되어서는 안 될 것이다.

접견대관 신헌 일행은 조약을 무사히 매듭짓기 위해 두 가지 난제를 동시에 해결해야만 했다. 하나는 여론상 우위를 점하였던 척사파의 논리에 적절히 대응하면서 조약 체결의 당위성을 설득하는 문제였고, 다른 하나는 일본의 무리한 요구를 막아내면서 조일관계가 파국으로 치닫지 않도록 조약을 성사시키는 문제였다. 만일 척사파의 반대논리에 적절한 반박을 통해 맞서지 못한다면, 여론이 급격히 '척왜'로 기울어 자칫 대일관계가 파국으로 치달을 가능성이 컸다. 또한 일본의 위협에 굴복하여 무리한 요구까지 수용한다면, 이후 조약에 대

---

28) 이외에도 朴定陽의 부친 朴齊近도 강화도 판관으로 접견대관 신헌을 보좌했는데, 이는 박규수의 추천에 따른 것으로 추정된다(한철호, 1998(b), 「고종 친정 초(1874) 암행어사 파견과 그 활동 -지방관 징치를 중심으로-」, 『사학지』 31, 207쪽).

29) 신헌의 접견대관 임명은 박규수가 민규호와 상의하여 내린 결정이었다(황현 저, 김준 역, 1994, 『매천야록』, 교문사, 64쪽).

30) 강위가 북경에 갔던 두 차례의 사행의 수역 역시 오경석이었다(신용하, 2000, 『초기 개화사상과 갑신정변연구』, 지식산업사, 19쪽).

한 책임론이 대두되어 조약 체결을 주도한 개국론자들이 정치적으로 큰 타격을 감수해야 했을 것이기 때문이다.

강위가 조약과 관련하여 남긴 글은 「代上瓛齋朴相公珪壽書」, 「沁行雜記」, 「擬疏」, 「答日本使書」, 「代申威堂與森山書」, 「擬答日本書札」 등 모두 여섯 편으로 모두 『고환당집』 보유편에 수록되어 있다. 이 중 앞의 세 편은 강위가 당시의 객관적 정세인식에 기초하여 척사파의 논리에 대해 정면으로 반박한 글이지만, 뒤의 세 편은 모두 조약 체결 이후에 쓰인 글로 조약 체결 당시 그의 역할이나 입장을 살피는 데는 한계가 있다. 하지만 趙寅熙나 신헌 등을 대신하여 일본의 요구 중 수용하기 어려운 문제에 대한 조선의 입장을 밝히는 내용이어서 조약 체결 당시 강위의 역할을 가늠케 한다. 이상 여섯 편의 글의 내용을 개략적으로 소개하면 다음과 같다.

「대상환재박상공규수서」는 강위가 신헌을 대신해서 박규수에게 보낸 편지로 대일수교가 결정되는 1월 24일 이전에 쓰인 글이다.[31] 박규수의 편지나 지침이 있었던 듯 서두에 박규수의 정세판단을 인용하고 그의 견해에 찬동하면서 자신의 견해를 부연 설명하는 형식으로 되어 있다.[32] 강화도 현지에서 본 일본 전권대신 일행의 동향을 분석하여 조약 체결의 불가피함을 역설하는 내용으로, 조정의 대일수교 결정에 중요한 역할을 한 편지로 생각된다. 중앙의 박규수와 강화도 현지의 접견대관 일행이 서로 긴밀한 연락을 통해 정보를 교환하면서 조약에 대한 안팎의 문제를 해결했음을 보여주는 자료이다.

---

31) 『강위전집(상)』의 「보유」편에는 동일한 글이 「代申大官上桓齋朴相國珪壽」 라는 제목으로 실려 있다.
32) 주승택, 1991(b), 앞의 논문, 138~139쪽.

「심행잡기」는 가장 풍부한 내용을 담고 있는데, '見軼後追記'라는 협주로 보아 조약 당시 그때그때 중요한 일들을 기록해 두었다가 나중에 서울로 돌아와서 기억을 더듬어 보충한 글이다. 총 14개의 단락으로 구성되어 있는 이 글은 수교교섭 당시 조일간의 주요 쟁점과 양국의 인식 차이, 조정을 비롯한 국내여론, 척사파의 논리와 그에 대한 반박, 강위의 정세 판단과 대책 등이 비교적 소상하게 기록되어 있어 대일수교 교섭을 이해하는 데 없어서는 안 될 자료이다.[33]

「의소」는 신헌을 위하여 대신 작성한 사직상소이다. 조약을 무사히 매듭짓고 서울로 돌아온 신헌이 조약 체결이 잘못되었음을 비난하는 여론으로 궁지에 몰렸던 것 같다. 이에 강위는 신헌을 대신하여 조약 체결이 불가피했음을 변호하는 내용의 사직상소를 작성하는데, 정확한 연유는 알 수 없지만 실제로 제출되지는 않았다.

「답일본사서」는 강화도조약이 아니라 6개월 후 이뤄진 조일수호조규부록 및 통상장정 체결과 관련된 글이다. 이것 역시 강위가 강수관 조인희를 대신하여 일본 사신에게 답신으로 작성한 것인데, 일본 측이 제시한 조관 중 불편이 없을 것을 우선 골라 시행하고 나머지는 차차 시행하자는 내용이다. 그러나 협주에 "혹자가 통상의 단서를 열고자 한다고 의심하여 비방했기 때문에 보내지는 못했다."고 밝히고 있어 실제로 일본 측에 전달되지는 않았던 것 같다.[34]

---

33) 주승택은 「심행잡기」의 사료적 가치에 주목하여 모두 15단락(사실은 14단락)으로 되어있는 「심행잡기」를 단락별로 내용을 상세하게 다룬 바 있다(주승택, 1991(b), 앞의 논문, 142~151쪽). 일본의 침략성에 대해 제대로 이해할 수 없었던 강위 등 접견대관 일행이 갖는 인식의 한계를 지적하기도 했지만, 전체적으로 「심행잡기」의 내용을 충실하게 소개하게 소개하는 데 그쳤을 뿐 본격적인 분석은 이루어지지 못했다.

「대신위당여삼산서」는 강화도조약 다음해인 1877년 신헌을 대신해서 일본 外務權大丞 모리야마 시게루의 편지에 답한 글이다. 1876년 가을과 겨울에 걸쳐 모리야마가 신서 8종, 다기 1부 등의 선물과 함께 두 통의 편지를 보냈는데, 이 편지에서 젊은 유학생을 파견하여 일본의 근대 문물을 배울 것을 권유했던 모양이다. 이에 대해 강위는 유학생을 파견하면 견문이 일신하여 천지고금의 一大運會가 되겠지만, 조선 사람들은 천성이 柔謹하여 옛 풍속에 안주하고 자수할 따름이어서 정부에서 억지로 강요할 수 없다며 사양하고 있다.

「의답일본서찰」은 일본 측의 서신에 대한 답장을 대작한 것은 분명하지만, 정확히 언제, 누구를 위한 대작인지는 불분명하다. 다만 '또한 제시하신 두 개의 조관에 대해서는 우리 조정의 의논이 전과 다르지 않다.'는 내용이 있는 것으로 보아 1880년 제2차 수신사 김홍집을 수행할 당시 그를 위해 대작한 것이었을 가능성도 있다.[35]

이상과 같이 강위의 글들은 모두 척사파를 의식하면서 그들의 논리

---

34) 『고환당집』, 「답일본사서」, "丙子代趙講修官爲之 或疑欲開通商之端得謗不果送". 주승택은 「답일본사서」의 내용을 소개하면서 조일수호조규 체결 당시의 기록으로 오인하였다(주승택, 1991(b), 위의 논문, 137~138쪽). 하지만 趙 강수관을 대신하여 지었다는 협주로 볼 때, 6개월 후의 수호조규부록 및 통상장정 체결과 관련된 글이 분명하다.

35) 주승택은 「의답일본서찰」을 강위가 신헌을 대신하여 쓴 것으로 추정하였다(주승택, 1991(b), 위의 논문, 138쪽). 조약의 조관이 언급된 것으로 보아 강위가 신헌이나 조인희를 위해 대작한 것일 수도 있지만, 그보다는 김홍집을 대신해 쓴 글로 추정하는 이유는 『고종순종실록』에 나오는 다음과 같은 복명기록 때문이다. "敎日開港等事更先言耶 弘集日花房義質一次私問 故答以朝議與前無異則更不發說矣"(『고종순종실록』, 고종 18년 8월 28일조). 「의답일본서찰」이 김홍집을 위한 대작일 경우 하나부사 요시모토(花房義質)의 서신에 대한 답장으로 이해되며, '仁川開港'과 '公使駐京' 문제를 허용할 수 없다는 조정의 의논에 변함이 없음을 밝힌 것으로 보인다.

를 때로는 조심스럽게, 때로는 통렬하게 반박하는 성격이거나, 일본의 요구에 대해 이유를 들어 정중히 거절하는 내용을 담고 있다. 이는 강위의 역할이 반당이라는 한계를 훨씬 넘어서는 수준이었음을 보여준다.

조약 체결 당시 강위의 역할은 다음과 같이 추정된다.

첫째, 수교 협상 과정을 지켜보면서 그 내용을 검토하고 협상 결과를 정부에 보고하는 역할이다.[36] 정부에 올린 공식적인 장계를 강위가 작성했는지 여부는 확인할 길이 없지만, 적어도 조정 내에서 조약 체결을 실질적으로 이끌었던 박규수에게 강화도 현지의 생생한 정보를 전달함으로써 대일수교를 결정하는 과정에 중요한 역할을 했던 것이다.

둘째, 조일 간의 민감한 현안에 대한 조선 측의 입장을 정리하여 외교문서로 작성하는 역할을 했던 것으로 추정된다. 『고환당집』에 실린 대일서신은 비록 강화도조약 체결 이후에 쓰인 것이기는 하지만, 수교 교섭 당시 강위의 역할을 유추하는 데 충분한 자료라 생각된다. 이들 서신을 통해 그는 일본의 요구가 마땅한 것이지만 받아들이기 어려운 조선의 사정을 들어 정중히 거절함으로써 조선의 입장을 관철시키기 위해 노력했던 것이다.

끝으로, 대일개국의 당위성 내지 불가피성을 역설함으로써 사실상 개국론자들의 입장을 대변하는 역할을 수행하였다. 이는 척사론이 여론상 우세한 상황에서 이에 대한 반박을 통해서 입지를 넓혀야 했던 개국론자들의 현실적 요구와 긴밀한 관련이 있다. 강위가 이러한 요

---

36) 이광린, 1979(a), 앞의 논문, 29쪽.

구에 부응하여 척사파의 논리를 정면으로 반박하면서 개국의 정당성
을 강변했다는 것은 그가 개국론을 대변하는 실질적인 이론가였음을
보여준다.

요컨대, 강화도조약은 일본의 군사적 압력에 직면하여 조선의 개국
론자들이 조약을 원만히 매듭짓기 위해 합심하여 노력한 결과물이었
다. 개국론자들은 안으로는 척사파의 논리에 반박하면서 조약 체결의
당위성을 설득하고, 밖으로는 일본의 무리한 요구를 거절하면서도 양
국 관계가 파국으로 치닫지 않도록 해야 하는 어려움에 직면하고 있
었다. 이러한 개국론자들의 현실적 요구에 부응하여 개국의 정당성을
옹호하는 이론가 역할을 수행했던 이가 바로 강위였던 것이다.

2. 대일개국의 논리

1) 정세인식과 일본관

「심행잡기」의 서두에서 강위는 "지금 이에 일본이 사신을 보냈는데
어찌하여 우리나라 사람을 통틀어 그 까닭을 깊이 아는 자가 적은가?
따라서 적을 가벼이 여기는 마음이 없지 않을 따름이다."라 하여 일본
에 대한 무지와 경시를 질타하였다.[37] 일본이 "충분히 계산하고 생각
한 후에 출발한 것이지, 우리가 생각하는 것처럼 헛되이 더위 먹어 사
람을 위협하는 것"이 아니기 때문에 일본의 계산과 의도를 파악해야

---

37) 「심행잡기」 단락 1, "今茲日本之送使也 奈我擧國之人少有深知其故者 故不無
易敵之心焉".

만 올바른 대응이 가능하다는 것이다.[38]

그렇다면 강위는 일본의 계산과 의도가 무엇이라고 파악하였을까?

下示하신 "일본영사가 처음에 중국에 들어가 관을 열고 교시하며 조약을 정할 것을 청할 때에 '勿侵屬國'이라는 1조가 있다. 지금 저들이 중국에 사신을 보내 조선과 수호 운운을 칭하는 것은 이미 조약이 있기 때문인 것이다. 그러므로 스스로 이번의 거사가 수호를 위한 것임을 분명히 하여 그 뜻이 만일 여의치 못하여 병력을 동원함에 이른다면 또한 중국에 '조선이 먼저 잘못했으므로 어쩔 수 없었다. 용병함에 이른 것은 일본이 중국에 약조를 어긴 것이 아니다.'라고 發明하고자 하는 것이다. 그 뜻은 분명 이와 같은 것이다. 그러므로 우리가 먼저 움직이지 않으면 저들이 비록 병선으로 위협한다 할지라도 반드시 먼저 발병하여 공격함에 이르지는 못할 것이다." 이 한 단락의 가르치신 뜻은 진실로 옳고, 금일 일본이 전쟁을 칭하는 핵심이며, 또한 금일 일을 처리하는 기요인 것입니다. … 이것으로 본다면 저들의 정상이 비록 지극히 헤아리기 어려우나 또한 도리어 조약을 두려워하니 우리가 먼저 잘못 하지 않는다면 저들도 또한 감히 가벼이 움직이지 못할 것입니다. 오늘날 믿고서 종사할 바는 오직 이 한 문장뿐입니다.[39]

위 인용문 중 下示 이하의 인용 부분은 박규수의 정세인식이다. 박규수는 일본이 사신을 파견한 의도가 전쟁의 단서를 마련하기 위한

---

38)「의소」, "臣是以知彼有成算熟慮而出 非如我人所料虛喝刦人而已者也".

39)「대상환재박상공규수서」, "下示 日本領事初入中國 請開館交市定條約時 有勿侵屬國一條 今彼之遣使中國 稱以修好朝鮮云者 以其曾有條約也 故自明此擧之爲修好 而其意萬一不如意而至於動兵 則亦欲發明於中國曰 朝鮮先失故不獲已 而至於用兵非日本之違約於中國也 其意必如此 然則我不先動 彼雖以兵船恐喝 必不至於先發加兵矣 此一段敎意誠是 今日日本稱兵之肯綮也 亦今日處事之機要也 … 以此觀之 彼情雖極回測 亦顧畏條約 我不先失則彼亦不敢輕動 今日所恃而從事者 惟此一段而已".

것이라고 보고 있었다. 그는 일본이 청일수호조규의 '속국을 침범하지
않는다.'는 조항 때문에 조선을 함부로 침공할 수 없으므로, '수호'라는
명목으로 군대와 사신을 보내 전쟁의 빌미를 얻으려는 것이므로 우리
가 먼저 병력을 동원해서는 안 된다고 보았던 것이다. 이에 대해 강위
는 전적으로 찬동하면서 전쟁을 막기 위해 우리가 처할 바는 '우리가
먼저 잘못 하지 않는다.'는 점에 있다고 강조했다.

　강위는 더 나아가 "혹시라도 먼저 범한다면 이를 핑계 삼아 중국 조
정에 변명할 수 있을 것이고, 여러 오랑캐들에게 이를 퍼뜨려 벌과 개
미가 떼를 지어 달라붙듯이 우리를 팔아먹고 위협하려는 계책"이라며,
중국 조정에 대한 핑계거리 마련 이외에도 일본이 양이와 함께 조선
을 침략할 가능성도 있음을 지적하고 있다.40) 이러한 인식은 1873년
에 전해진 일본과 서양 세력의 조선 침략설의 영향을 받은 것으로 비
단 강위만의 생각은 아니었다. 조선 조야에 커다란 위기의식을 불러
왔던 침략설의 내용은 1873년 6월 왜사가 양사와 함께 청 황제를 만나
조선을 정벌하겠다는 요구를 하였으나 거절당했다는 것이었다. 1873년
연행 때 남긴 「북유담초」에는 침략설의 진위 여부에 대한 큰 관심과
강한 위기의식이 잘 드러나 있다. 침략설의 진위에 대한 정건조의 물
음에 장세준은 일본 사신이 영국·프랑스·아라사·미국·네덜란드
등 5개국 사신과 함께 황제를 알현한 사실은 있지만, 구체적인 내용에
대해서는 알지 못한다며 답변을 회피했다. 하지만 정건조는 집요한

---

40) 「의소」. 「심행잡기」에도 이와 거의 유사한 내용이 나타난다. 박규수도 1875년
　 대원군에게 보낸 서신에서 "서양과 한편이 된 일본이 세계를 받지 않음에 분
　 노하여 침범해 오면 오래도록 우리나라를 엿보던 서양이 합세하여 올 것"이
　 라고 지적한 바 있다(손형부, 앞의 책, 158쪽).

질문을 통해서 결국 장세준에게서 관련 정보를 캐낸 바 있다.[41]

강위는 수교 교섭 당시 정세 판단의 근거로 연행 때의 견문을 적극 활용했다. "프랑스와 미국이 앞에서 서운함을 품고 있고, 아라사가 뒤에서 틈을 본다."는 일본인의 말을 만청려·장세준·황옥 등이 비슷한 언급을 했음을 근거로 단순히 위협하는 말만은 아닐 것이라 판단하고 있는 것이 좋은 예이다.[42] 이는 당시 조선이 국제정세에 대한 정보를 얻을 수 있는 유일한 창구가 청국이었다는 점을 고려하면 당연한 일이었다. 1874년 장세준은 러시아에 대해 경계를 늦추지 말 것과 러시아와 일본의 화목이 조선을 위해서 우려할 만한 일이라고 지적하는 한편,[43] 서양과 일본이 "반드시 도모하려는 마음이 있으면서도 인내하여 오늘에 이른 것은 (분을) 삭이려는 것이 아니라, 장차 만전필승을 기하여 사람을 많이 상하지 않게 하려는 계책에서 나온 것"이라며 문호개방의 불가피함을 강조하였다.[44] 강위는 장세준·황옥 등 양무파 관료와의 필담과 견문을 통해 국제정세에 대한 안목을 키웠을 뿐 아니라 문호개방의 필요성을 절감하였던 것이다.

강위는 일본이 전쟁 위협을 하면서까지 얻어내려는 것이 무엇이라고 생각하고 있었을까?

일본 정부가 말한 바는 "바라건대 조선국이 예로써 우리 사신을 접

---

41) 『강위전집(하)』, 「북유담초」, 809~813쪽. 이에 대해서는 Ⅳ장 참조.
42) 「심행잡기」 단락 2, "法美蓄憾於前鄂羅伺釁於後 彼譯所告似出恐嚇 參以中朝所聞殆非虛言 萬尙書曰貴國之患不止於洋 乃東之倭北之俄也 張叔平黃孝侯亦云".
43) 「북유담초」, 809쪽.
44) 「북유담초」, 844쪽.

하고 우리가 구하는 바를 거절하지 않으면 능히 평화를 영구히 보존할
수 있을 것이다. 만약 그렇지 않고 일이 끝내 실패에 이른다면 한인이
스스로 헤아릴 수 없는 화를 취하는 것은 필연적이다."라는 것인데, 이
한 문장은 전적으로 위협하는 말만은 아니고 진실로 또한 일본이 칭병
하는 골자가 되는 말입니다. "우리가 구하는 바를 거절하지 않으면"이
라 말했는데, 그 구하는 바는 어떤 일입니까? … 저의 천박한 견해로
저들의 정상을 헤아려 보면 이른바 "우리가 구하는 바를 거절하지 않
는다."는 것은 곧 정묘년(1867년 : 필자) 중국의 자문에 저들이 칭한 '압
박하여 통상화약을 취한다.'는 한 마디 말입니다. 그러한 즉 일본이 칭
병하는 연유는 이 한 조목 외에는 모두 긴요하게 타결하려는 것이 아
니고 오로지 이 한 가지 일을 구하러 온 것입니다.[45]

주지하는 바와 같이 일본은 1875년 8월에 고의적으로 '운요호 사건'
을 도발하고, 이를 빌미로 전권대신 일행을 강화도에 파견했다. 회담
에서 일본은 겉으로는 운요호 사건에 대한 조선 정부의 사과와 배상,
서계문제로 인해 빚어진 양국 간의 불화에 대한 해명 등을 요구했지
만, 양국 간의 우의를 위해서 조약의 체결이 최선이라며 조약 초안을
제시하는 등 속셈을 드러내었다.[46] 실제로 전권대신 일행에게 내려진
일본 정부의 훈령에는 조선 정부가 수호조약 체결과 무역 확장을 포
함한 일본의 요구를 수락하면 이를 충분한 사과와 배상으로 인정한다
는 내용이 포함되어 있었다.[47] 강위는 일본이 칭병하는 연유가 '통상

---

45) 「대상환재박상공규수서」, "日本政府所云 竊祈朝鮮國以禮接我使臣 不拒我所
　　求以能永保平和也 若不然而事遂至敗 則韓人自取不測之禍必矣 此一段不可專
　　歸之恐嚇語 誠亦日本稱兵之骨子語也 日不拒我所求 其所求者何事也 … 以愚
　　淺之見 竊揣彼情 所謂不拒我所求者 卽丁卯咨彼所稱迫取通商和約一語也
　　然則日本稱兵之由 外此一條皆不打緊 專求此一事而來".
46) 田保橋潔,『近代日鮮關係の硏究(上)』, 455~465쪽 ; 김기혁, 앞의 논문, 35쪽.

화약' 체결에 목적이 있음을 정확히 간파하고 있었던 것이다.

　이제 당시 척왜상소에 나타난 척사론자들의 일본관과 강위의 그것을 비교해서 살펴보려고 한다. 강위는 강화도 현지에 있으면서도 爛報를 통해 척사론자들의 상소 사실을 알고 있었을 것으로 생각되고,[48] 그의 글은 이들 상소를 의식하면서 반박하려는 의도에서 쓰인 것으로 보이기 때문이다. 대일수교를 둘러싸고 조선의 국론이 척왜론과 개국론으로 갈린 원인은 바로 일본관의 차이에 있었다.

　강화도조약 당시의 척왜소는 내용상 두 유형으로 분류할 수 있다. 하나는 일본을 이적시하여 물리칠 것을 주장한 것이고, 다른 하나는 왜양일체론에 입각하여 일본과의 수호가 부당하다는 주장을 담고 있다. 전자로는 1월 20일과 23일에 각각 올라온 전 지평 이학년과 전 사간 장호근의 상소를 들 수 있다. 이들은 강화부에 상륙한 일본인을 '섬 오랑캐', '해적' 혹은 '더러운 비적' 등으로 표현하면서 군대를 동원하여 토멸할 것을 주장하였다.[49] 후자에 속하는 것이 최익현과 우통례 오상현의 상소이다.

　이들 중 오상현은 양복을 입고 양선을 타고 온 왜국 사신은 '양인이면서 왜인이고 왜인이면서 양인'이라며 왜양일체론을 펴고 있다. 일본과의 교역을 허락하는 것은 양인들과 교역하는 것이나 다름이 없으며, 천주교의 확산을 가져와 금수의 지경에 빠지게 되는 결과를 초래

---

47) 최덕수, 1993, 「개항 이후 일본의 조선정책」, 『1894년 농민전쟁연구3』, 역사비평사, 76쪽 ; 김기혁, 위의 논문, 33쪽 ; 김흥수, 앞의 책, 440쪽.
48) 『심행일기』 1월 25일자에는 최익현의 상소 사실을 난보에서 확인하였음을 적고 있다.
49) 『승정원일기』, 고종 13년 1월 20일 및 23일조.

할 것이라는 것이다. 따라서 일본인들은 전쟁을 치르더라도 물리쳐야 할 대상은 될지언정 결코 화친할 수 있는 대상은 될 수 없었다. 또한 그는 일본이 날뛰는 것은 반드시 사악한 무리가 안에서 호응하여 가능한 것이라 하여 개국론자들을 겨냥하고 있었다.[50] 이에 앞서 최익현도 "저들이 비록 왜인이라고 하나 실은 양적"이고 금수일 따름이라며 왜양일체론에 입각하여 강화가 초래할 난리와 멸망을 경고하는 상소를 올린 바 있다.[51]

강위의 일본관은 척사론자들의 그것과 어떠한 차이점이 있었을까?

① 모리야마 시게루가 장차 저들 나라에서 죄를 받게 되었으나, 우리 대관이 좋은 말로써 풀어 주니 모리야마가 비로소 크게 감복하여 다시는 어려운 것을 고집하는 일이 없었다. … 만상서가 "저들이 예로써 오면 예로써 대접하고, 예로써 오지 않는다면 예로써 거절한다."라고 했으니, 중국 선비들이 오랑캐의 정상을 꿰뚫어 보는 것이 이와 같다.[52]

② 통변이 우리 대관에게 고하여 말하기를, "… 힘써 부강의 방법을 행하는 데는 그 器를 이롭게 하는 것보다 좋은 것이 없는데, 귀국의 기기는 모두 거칠고 무딘 옛 제도니 가히 적을 이길 수 없다. 우리의 농

---

50) 『승정원일기』, 고종 13년 1월 27일조, "奧自辛未以後 洋醜不侵犯者 五年于玆 而今此倭舶之來犯內地者 俱是洋服洋舶 稱以倭使 豈非洋而倭倭而洋者乎 關市交易 先王之遺制 而至於洋物 若使互市 則彼之無父無君之邪敎 隨貨潛入 人類滔於禽獸矣 … 彼以不滿千之兵 深入畿內百里之地 若是跳踉者 必是邪類裡應外合而然也".

51) 崔益鉉, 「持斧伏闕斥和議疏」, 『(국역) 면암집1』, 민족문화추진회, 127~128쪽.

52) 「심행잡기」 단락 9, "於是乎森山茂將得罪於彼國 我大官善辭以解之 森山茂始大感服不復有持難之事矣 … 萬尙書曰彼以禮來以禮待之 不以禮來以禮拒之 中朝之士透於夷情如此".

기 또한 고제가 아니고 새롭고 뛰어난 것을 창출하여 곡식을 3배로 키
웠다. 州郡은 모두 농정을 담당하는 관청을 세워 세심하게 보조가 미
치도록 하니 백성들이 모두 부유하고 군량이 한결같이 넉넉하게 되어
천하에 부강한 이름이 알려졌다. 이것은 실로 10년 이내의 정교의 미
친 바이다. … 모름지기 서둘러 재주가 뛰어난 자를 선발하여 우리나
라에 들여보내 제반 병기와 농기를 모방하여 만드는 것이 최상책이고,
차선책은 완성된 기계를 구매하는 것인데 비록 많은 수에 이를지라도
또한 갖추지 못할 바가 없을 것이다."라고 했다. 이들 이야기는 모두
작년 봄에 장숙평이 말한 바 있는 "오랑캐는 스스로 숨기지 않고 남에
게 고하는 것을 즐긴다."는 것과 대략 일치하니 그 또한 경이롭다.[53]

  사료 ①에서는 비준문에 날인할 옥새의 문자를 둘러싼 양국 간의
오해가 풀리면서 모리야마의 처벌이 불가피했으나, 우리 측의 주선으
로 모리야마가 죄를 면하게 되자 이후 회담이 순탄했음을 밝히고 있
다. 사료 ②는 일본 통변이 일본이 최근 10년간 거둔 부국강병의 성과
를 자랑하며 조선도 일본을 본받을 것을 권하였음을 설명한 것이다.
주목되는 것은 강위가 1873년 연행 때 만났던 만청려·장세준의 말을
인용하면서 일본을 오랑캐로 규정했다는 점이다. 척사론자들과 마찬
가지로 그도 일본에 대해 이적관을 가졌던 것으로 보이기 때문이다.
하지만 이를 근거로 그가 일본을 오랑캐로 여겼던 것으로 단정할 수

---

53) 「심행잡기」 단락 10, "舌人告於我大官 曰 … 勉爲富强之術莫善於利其器 而貴
   國機器皆是笨鈍古制不可以勝敵 我之農器亦非古制 創新出奇殖穀三倍 州郡皆
   建農政之司 補助如不及 民皆富厚兵食頓裕 有富强之名於天下 是實十年以內
   政敎之所致也 … 須亟選精巧之人 入送我邦 倣製諸般兵器農器最爲上策 次則
   購求成器 雖至多數亦無不辦矣 此等之語 悉與往春張叔平所言 夷不自秘 樂以
   告人 大率脗合 其亦異哉". 필자는 이 부분을 강위가 장숙평의 말을 인용하며
   일본이 오랑캐가 아님을 넌지시 암시하는 내용으로 보았는데, 이는 명백한
   오역이므로 바로잡는다(이헌주, 2001, 앞의 논문, 28쪽).

는 없다. 그가 화이질서 속에서 일본이 오랑캐에 속한다는 사회적 통
념을 단순히 적시한 것일 가능성도 있기 때문이다.

사실 "저들이 예로써 오면 예로써 대접하고, 예로써 오지 않는다면
예로써 거절한다."[54]는 만청려의 말이나, "오랑캐는 스스로 숨기지 않
고 남에게 고하는 것을 즐긴다."[55]는 장세준의 지적이 일본이 오랑캐
임을 입증하는 근거가 되지는 못한다. 앞의 인용문을 통해서 강위가
강조하려 했던 것은 일본이 오랑캐라는 것이 아니라 만청려·장세준
의 조언이 일본을 대하는 데 도움이 되었음을 밝히려는 데 있었기 때
문이다.

강위는 오히려 다음과 같이 말함으로써 일본이 오랑캐가 아니라는
점을 분명히 하고 있었다.

　　우리나라 사람들은 그렇지 아니하니 강력한 이웃의 대국을 보기를
　　못 본 듯이 하고, 오랑캐라 부르는 것도 부족하여 금수라 하며, 스스로
　　금수를 제어하여 항거할 힘도 없으면서 다만 한차례 꾸짖는 것으로 당
　　하려 하니 어떻게 치고 무는 것을 막아낼 것인가?[56]

여기에서 강위는 우리가 '오랑캐' 혹은 '금수'라 부르며 업신여기는
일본이 사실은 '강력한 이웃의 대국(强鄰大國)'이라고 하면서 그들이

---

54) 1874년 2월 2일 이루어진 필담에서 정건조가 일본에 대해 우려하자, 만청려가
　　동일한 내용으로 답변한 바 있다(鄭健朝, 『北楂談草』, "彼以禮來 以禮答之 不
　　以禮來 以禮拒之 愼勿生釁也").

55) 동일한 내용이 「북유담초」의 장세준의 말에서 확인된다(「북유담초」, 829쪽,
　　"夷不自秘 樂以示人 至爲設廠製造 以資貿遷 是則夷之願欲").

56) 「심행잡기」 단락 13. "我邦之人則不然 其視强鄰大國如無見也 夷狄之不足而禽
　　獸之 身無制拒禽獸之力 而徒欲一叱當之 何以防搏噬也".

공격하면 제어할 힘이 있냐고 반문하고 있다. 이를 통해 '강력한 대국'
인 일본의 실상을 애써 외면하지 말고, 그들을 물리칠 힘이 없는 조선
의 국력을 직시할 것을 촉구했던 것이다.

　강위는 강화도의 방수장졸과 일반인들이 일본의 군사 조련을 지켜
본 후 태도가 어떻게 변화했는가를 전하면서 일본에 대한 우리의 무
지를 질타하였다. 처음에 묘당에서 "먼저 범하지 말라(不先犯)."고 지
시하자, 강화도 현지의 여론은 조정의 지시에 울분을 품고 일본을 물
리쳐야 한다는 분위기가 지배적이었다. "문을 열어놓고 적을 맞아들
인다."거나, "화살 한 발, 포 한 발 쏘지 않고 城池를 바친다."는 말이
나오고, 심지어 "적을 놓아준다."는 불만을 토로하는 이들까지 있었
다.[57] 그러나 일본이 조선 측의 반대에도 불구하고 조련을 강행하면
서 현지의 분위기는 완전히 바뀌게 되었다.

　　이로부터 날마다 시험하고 단련했다. 우리 군사들이 처음에는 몰래
　　엿보다가 결국에는 드러내 놓고 관람함에 이르렀다. 매번 한 차례 신
　　호가 울리면 움직임이 절도에 맞아 총을 들어 올리고 칼을 춤추듯 휘
　　두르며 빙빙 도는 것이 마치 나는 듯했다. 밧줄을 매어둔 것이 다섯 가
　　닥 있는데 높이가 약 1장쯤 되도록 하여 한 번에 밧줄을 하나씩 뛰어
　　넘어 모든 밧줄을 넘은 후에 그쳤는데, 오히려 남은 용기를 과시하려
　　는 듯 수 장을 뛰어오르기까지 했다. 우리 군사로 이를 본 자는 경탄하
　　지 않음이 없어 신기라고 생각했다. 저들은 총포를 바치고 또한 (일본
　　군 병사로 하여금 : 필자) 시험 삼아 쏴보도록 했는데, 150보 밖에 작은

---

57)「심행잡기」단락 4. 강화유수 조병식도 "성을 등지고 일전함으로써 순국할 바
　를 생각하지 않고, 다만 '불선범' 석자로서 당장의 고식지계로 삼으니, 고금천
　하에 어찌 이러한 이치가 있겠습니까?"라며 척왜를 주장하는 상소를 올리고
　있다(『승정원일기』, 고종 13년 1월 14일조).

표적을 세우고 한 번에 40여 발을 쏘는데 한 발도 허공에 떨어짐이 없이 모두 표적에 이르렀고, 또한 모두 표적을 뚫고 지나갔다. 우리 군사로 이를 본 자는 안색이 변하여 우리들이 모래사장의 벌레 밥을 면한 것은 조정의 은택이고 사신의 힘이라고 생각했고, 분하고 억울해하던 기세는 일시에 모두 사라졌다.[58]

　　이처럼 강위는 일본이 조약 체결을 압박하기 위해 시위용으로 진행한 군사 조련 이후의 분위기 반전을 눈에 보이듯 생생히 묘사하고 있다. 일본군의 조련을 지켜본 이후 울분을 토로하던 방수장졸들이 훈련이 잘되어 정예하며 우수한 무기도 지닌 일본군의 실상을 깨닫게 되고, 조정의 판단이 옳았음을 비로소 인정하게 되었다는 것이다.

　　요컨대, 강위는 수호를 주장하면서도 군대를 이끌고 온 일본 사신의 이해하기 어려운 행동을 보면서도, 그들의 속셈을 파악하여 조선의 대응책이 수호통상을 하는 것일 수밖에 없다고 주장했다. 이는 두 차례의 연행에서 얻은 국제정세 인식이 토대가 되었기에 가능한 것이었다. 그러나 일본이 수호통상의 대상으로 인식되기 위해서는 일본을 이적시하거나 금수시하는 이적관 극복이 전제되어야만 했다. 강위는 뛰어난 병기와 농기를 제작할 수 있고 정예한 군대를 보유한 일본의 실상을 편견 없이 인정하고 있었고, 이러한 일본관은 그가 대일개국을 주장하는 바탕이 되었다.

---

58)「심행잡기」단락 5. "自此課日試鍊 我軍始則潛窺終至縱觀 每一響器動作應節 擧銃舞刀回旋如飛　繫繩五條高可丈許　一超一繩盡繩而止　猶賈餘勇騰躍數丈 我軍見者無不驚歎以爲神技 彼獻銃砲又使試放 敎立小的於百有五十步之外　一 彈四十餘發無一丸落空盡萃於的 而又皆透的而過 我軍見者無不變色 以爲我等 之免于蟲沙 朝家之澤使臣之力也 憤鬱之氣一時盡消".

2) 개국불가피론과 구호중수론

강위가 대일개국을 주장하는 논거는 크게 두 가지로 요약될 수 있다. 하나는 형세론에 입각하여 대일개국 이외에는 다른 대안이 있을수 없다고 주장한 開國不可避論이고, 다른 하나는 명분론적 측면에서대일수교가 수백 년간 쌓아왔던 전통적 우호관계를 회복하는 데 지나지 않는다고 주장한 舊好重修論이다. 언뜻 모순이 있어 보이는 두 논리가 서로 어떻게 연결되는 것인지, 또 이들 논리를 어떻게 해석해야할지에 대해서는 후술하기로 하고, 여기에서는 각각의 논리가 어떤내용을 담고 있는가를 살펴보기로 하겠다.

강위가 개국의 불가피성을 주장한 데에는 조선이 약국이라는 냉엄한 현실인식이 바탕이 되었다. 그는 조선을 춘추시대의 약국 鄭나라에 비유했는데, 이는 일본을 '강력한 대국'이라 한 것과 대비되면서 자연스레 개국이 불가피하다는 결론으로 이어진다.[59]

> 옳구나! 장숙평의 말이여! 말하기를 "중국이 庚辛(庚申 : 필자)의 액을 당했을 때 주장하는 자가 많아서 패배에 이르렀다. 이는 모두 편하고 쉬운 이야기만 말했기 때문이다 …"라 했다. 이는 진실로 경험에 따른 말로 궁구하여 음미할 바가 있다. 대저 중국의 강대함으로도 오히려 이러한 괴로움이 있었는데, 하물며 중국에 어림없이 미치지 못하는자에게 있어서이겠는가? 그러나 돌이켜 구해보면 허물은 약함에 있을따름이다. 약함을 쌓아서 패배에 이르거나 강함을 쌓아서 승리를 취하는 것은 그 실마리가 우리에게 있는 것이고 적에게 있지 않으니 쌓은바가 어떠한가를 돌아볼 따름이다.[60]

---

59)「심행잡기」단락 13.

강위는 중국의 실패에 대한 장세준의 말을 언급하면서 중국보다 국
력이 훨씬 못한 조선이 어찌하겠느냐고 지적하고 있다. 이는 그가 궁
극적으로 조선이 상대할 적을 제2차 중영전쟁 당시 중국을 패배시킨
적과 동일한 존재로 간주했음을 보여준다. 결국 그는 조선의 국력이
일본을 적대하거나 왜양연합군의 침공을 막아낼 수 있는 형편이 아니
므로 대일개국을 피할 수 없는 것이라고 주장했던 것이다.

조선이 약소국이라는 자각은 자연스럽게 외교의 중요성에 대한 강
조로 이어진다. 춘추시대에 사신을 죽이고 재물을 빼앗아 패망에 이
른 鄧나라의 사례를 경계로 삼아 조선이 행할 바는 일본 사신을 예로
써 접대하는 것이라는 예접론61)과 사대교린의 허다한 중무를 통변에
게 맡겨놓는 현실을 비판하면서 조신 가운데서도 사신의 재목을 비축
해 두어야 한다는 使材養成論62)이 그것이다.

약소국 조선의 현실에서 일본의 수호통상 요구를 거절하기 어려움
은 자명했지만, 그는 한 걸음 더 나아가 일본의 요구를 거절할 때 닥
칠 사태를 구체적으로 언급함으로써 개국의 불가피함을 한층 설득력
있게 주장하고 있다.

> 이것(통상화약 : 필자)을 들어주어 시행하지 않는다면 반드시 병력

---

60) 「심행잡기」 단락 13, "善乎張叔平之言 日中邦當庚辛之厄 持論者衆以至于敗
是皆說便易話耳 … 是眞經事之言繹之有味 夫以中國之强大尙有此苦 而况不
逮中國萬萬者乎 然反而求之 咎在於弱耳 積弱而至敗積强而取勝 其機在我而
不在於敵 顧所積之如何耳".
61) 「심행잡기」 단락 2 및 「의소」.
62) 「심행잡기」 단락 14, "然在我朝挽近之事 以交鄰事大許多重務專委象寄 而朝紳
之列未聞有漢語者 値今海宇多事而各國情形一切茫昧 甚非所以爲國之道也 …
而朝紳之中亦可以儲使材矣".

을 물리지 않을 것이고, 만약 병력을 철수시키지 않는다면 지금 우리
가 마련한 전수의 대비로 과연 적을 물리칠 수 있겠습니까? 없겠습니
까? 말과 생각이 이에 미치니 모르는 결에 가슴이 서늘해집니다. 강화
에 머물러 접견하고, 인천과 부평에 하륙하며, 경성으로 곧장 나아가
는 것, 이 3건의 일은 곧 저들의 정해진 계산입니다. 만약 접견할 때에
저들이 구하는 바를 우리가 들어주어 시행하지 않으면 그 형세가 반드
시 왕성하게 경성으로 곧장 들어가는 행동을 할 것임은 부관이 접견할
때 이미 엿보아 안 바 있습니다. 그것을 누가 능히 막아낼 수 있겠습니
까? … 저들이 경성으로 나아가는 것은 단연코 세 치의 혀로써 막을
수 있는 바가 아닙니다. 시험 삼아 생각해보면 저들의 병력이 경성으
로 나아간 후에 일이 난처해지는 것은 또한 어찌 당해내겠습니까?[63]

　강위는 강화도에서 접견하고 여의치 않을 경우 인천·부평에 상륙
하여 경성으로 곧장 진격하는 것은 이미 일본 사신이 올 때부터 정해
진 수순이라며, 우리가 일본군을 물리칠 수 있겠느냐고 반문하였다.
그는 이 경우 조선이 일본군을 물리치기 어려울 뿐 아니라 큰 혼란에
빠지게 될 것이라고 판단하였다. 하지만 당시는 일본과의 일전도 불
사해야 한다는 척사론자들의 주장이 여론을 주도하고 있는 상황이었
다. 이를 의식한 탓인지 그는 일본 군대의 정예함을 지적하면서 조선
이 군사력 면에서도 결코 일본의 적수가 될 수 없음을 강조하였다.

---

63)「대상환재박상공규수서」, "此不聽施則必不退兵 若不退兵則今我所修戰守之備
　　果可以却敵否 言念至此不覺寒心 江華住接 仁富下陸 京城直進 玆三件事是彼
　　定算也 若於接見時 彼之所求 我不聽施 則其勢必勃勃然 爲直進京城之舉 副官
　　接見時 已有所覰得矣 其誰能禁之乎 安危之機 間不容髮 不於此講究 而漫及他
　　事 不幾近於賦詩退虜者耶 … 彼之進京 斷非三寸之舌所可防塞 試想彼兵進京
　　之後 事之難處又當如何也 … 彼旣成軍而出傳 所謂合其衆而不能離者也 縱我
　　無釁彼尙思逞 而豈可自我激之乎".

신이 또한 보니 저들이 사신으로 오면서 실제로 군비를 갖추고 왔
는데, 사람들이 무릇 평범한 병사가 아니고 모두 정예했으며 기계의
예리함과 기율의 엄정함, 뛰어넘고 막고 치고 찌름과 전진에 익숙한
모습을 자주 보아 알 수 있었는데, 거의 우선 싸우고 나서 승리를 구하
는 자가 가히 대적할 수 있는 바가 아니었습니다. … 신이 저들 사신을
접하여 그 국정에 대해 물었는데, 아울러 병사들이 정예한 까닭에까지
미쳤습니다. 그 설명하는 바는 신이 피상적으로 본 관찰과 대략 서로
같았습니다. 한 병사의 한 달 녹봉이 우리 돈으로 계산하면 4천에서 7
천에 이르고, 군적에서 제외된 후에도 또한 종신토록 부양함이 있으니
진실로 이와 같다면 병사들이 어찌 정예하지 않을 수 있겠습니까?[64]

　강위는 자신이 관찰한 일본군은 장비나 훈련, 기율 등 모든 면에서
정예하여 조선군이 대적할 수 있는 상대가 아니라고 보았다. 또한 일
본군의 정예함은 다름 아닌 병사들에 대한 후한 녹봉과 은퇴 후의 부
양 등 일본의 훌륭한 병정에서 기인한 것이라 밝혔다. 이에 반해 조선
의 병정은 "경사의 병력이 만 명을 채우지 못하는데, 모두 번을 중지
시키고 전포를 거두어 양성하니 다만 천승지국이라는 이름만 있을 뿐
이고 군현에는 한 사람의 병사도 없다."고 지적하면서, 이는 "고금과
천하에 없는 패정"이라며 신랄하게 비판했다.[65]
　결국 그는 중국보다도 훨씬 약한 국력을 지닌 조선이 '강력한 대국'

<hr/>

64) 「의소」, "臣且見之 彼以使來實領兵事 人非凡庸士皆精銳 器械之利 紀律之嚴
超距擊刺 慣習戰陣之狀 有可驟見而知者 殆非先戰而後求勝者所可敵也 … 臣
接彼使訪其國政 而并及於兵精之故 其所爲說與臣膚見大略相同 至於一兵一
月之廩 計以我錢自四千以至七千 除籍之後又有終身之養 誠如是則兵安得不
精乎".
65) 「의소」, "京師之兵未滿萬數 而盡收停番錢布以養之 徒有千乘之名而郡縣無一
兵 此實古今天下所無之稗政也".

일본과 전쟁을 감수하면서까지 통상화약을 거절하는 것은 현명하지 못하다고 보았던 것이다. 정예한 군대와 우수한 군정을 갖춘 일본은 결코 아무런 대비도 없는 조선이 대적할 수 있는 상대가 아니었던 것이다. 더구나 조선이 일본을 배척하는 것은 자칫 일본이 양이와 합세하여 조선을 공격해오는 결과를 초래할 가능성까지 내포한 행위였던 것이다.

한편 그는 일본과의 수호통상이 구호를 회복하는 데 지나지 않을 따름이라는 舊好重修論을 주장했다.

　　저들 사신이 와서 우리가 그들과 더불어 접견하는 것은 곧 구호를 닦는 것이지 그들과 더불어 새로이 강화하는 것이 아니다. 양국의 교역은 동래부에 설관한 초에도 있었고, 또한 지금 처음으로 통상을 허락하는 것이 아니니 두 항구를 추가할 것을 청한 데 지나지 않을 따름이다. 이에 지금 의논하는 자가 본말을 살펴보지도 않고 갑자기 배척하는 것이 옳은 것인가? 혹자는 말하기를 "말류의 횡결은 미리 방비하지 않을 수 없다."고 하는데, 대저 먼 근심을 돌아보면서 가까운 근심을 잊는 것은 적에게 임금을 내어주려 하는 것이니 어리석은 것이 아니라면 망령된 것이다. 혹자는 이르기를 "그 道가 아닌 것과 더불어 사는 것은 도를 지키다가 망하는 것만 같지 못하다."라고 한다. 대저 이른바 도라고 하는 것은 나라를 지키고 백성을 편안히 하는 수단이 되는 것인데, 지금에 이르기를 나라를 위태롭게 하고 백성을 죽인 이후에 도를 지킬 수 있다고 말한다면 나는 그 도라고 이르는 것이 과연 어떤 물건인지 알지 못하겠다.[66]

<hr>

[66]「심행잡기」단락 3, "彼使之來我與之接見 是修舊好而非新與之講和也 兩國交市在於萊府設館之初 而又非於今始許其通商也 則不過加請二口而已 乃今議者不究本末而遽斥之可乎 或曰末流之橫決不可不預爲之防 夫回遠慮而忘近憂欲以賊遺君非愚則妄也 或曰與其非道而存不若衛道而亡 夫所謂道者所以保國安

강위는 대일수교가 어디까지나 '구호를 닦는 것'일 뿐이고 교역도 왜관무역의 연장선상에서 이해될 수 있는 것인데, 본말을 살피지 않고 반대하는 것은 옳지 않다고 했다. 하지만 그는 대일수교가 구호회복이라는 자신의 논리를 부연설명을 통해 강화시키려 하지 않고, 단지 현실과 괴리된 척사론을 비판할 따름이었다. 즉, 도는 '보국안민'을 달성하기 위한 수단일 뿐 도 그 자체가 목적이 될 수는 없는 것인데, 척사론자들의 주장에는 수단과 목적이 전도되어 나타나고 있다는 것이다. 이러한 도에 대한 전도된 인식은 결과적으로 '보국안민'이 아닌 '위국살민'을 초래할 것이라고 비판했던 것이다.

개국불가피론이 당면한 정세를 바탕으로 제시된 것이기에 나름대로 객관성과 설득력을 갖는 반면, 구호중수론은 일본관에 따라서 얼마든지 다르게 이해될 수 있는 주관성을 띠고 있어 설득력을 갖기 어렵다. 그도 이 점을 잘 알고 있었기에 대일수교의 명분으로 구호중수론을 주장하면서도 결국은 척왜의 결과는 '위국살민'을 초래할 뿐이라는 형세론으로 귀결시켰던 것이다.

사실 당시 청국이나 동래부를 통해 전해진 일본에 대한 정보는 일본을 교린의 대상으로 이해하기 어렵게 했다. 최익현·김평묵 등 척사론자들이 왜양일체론을 주장했던 것도 바로 이러한 정보에 기반하고 있었다.[67] 최익현은,

---

民之物也 今日危國殺民而後可以衛道 則吾不知其所謂道者果何物也".

67) 최익현이 「持斧伏闕斥和議疏」에서 왜양일체의 증거로 제시한 것은 연전의 撫理司의 글에 '법국·미국 두 나라가 왜와 더불어 같이 나온다.'는 말이 있는 점, 왜가 서양 옷을 입고, 서양 대포를 사용하며 서양 배를 탄다는 점, 강화도에 온 왜선과 관련한 북경의 자문에서 '병인년에 패하여 돌아갔다.'는 말이 있는 점 등이다. 한편 김평묵도 병자연명유소에서 왜양일체의 증거를 네 가지

　　우매한 신은 단연코 말하기를, 설사 거기에서 온 사람들이 참으로
　　왜인이고 서양 사람이 아니더라도, 이는 적실히 양적의 앞잡이요 지난
　　날의 왜인은 아니라고 합니다. 그러니 왜와 더불어 옛 호의를 닦는다
　　고 하는 것이, 얼른 듣기에는 아무런 해가 없을 것 같으나, 왜와 더불
　　어 옛 호의를 닦게 되는 날은 바로 서양과 더불어 화친을 맺게 되는
　　날인 것입니다.[68]

라 하여, 왜양일체론에 입각하여 일본과의 화친이 결국 서양과의 화
친을 의미한다며 구호중수라는 주장을 일축하며 척왜의 입장을 분명
히 하였다.

　　대일수교를 곧 서양과의 수교로 등치시키는 왜양일체론은 대일수
교를 추진하는 정부에게는 큰 부담이 아닐 수 없었다. 이러한 가운데
대응논리로 제기된 것이 바로 倭洋分離論이었다. 왜양분리론의 전형
적인 내용은 1월 28일 부호군 尹致賢이 올린 상소에서 나타난다. 그
는 왜와 양이 내면으로 서로 연결되어 있다고 할지라도 왜사라 칭하
여 왔으면 왜국 사신으로 대해야 옳다고 주장했다. 나아가 그는 양국
이 오페르트 도굴사건(1868) 이래 결코 화친할 수 없는 불공대천의 원
수임을 강조하면서, 대일수교가 결코 서양과의 화친으로 이어지지 않
을 것임을 분명히 하자고 청했던 것이다.[69] 고종은 이에 대하여 "'왜

　　를 들고 있는데, 최익현의 상소와 내용상 대동소이하다(권오영, 앞의 논문,
　　138쪽).
68) 최익현, 앞의 책, 132쪽.
69) 『승정원일기』, 고종 13년 1월 28일조, "今倭也洋也 設或的知其肺肝相連 若以
　　洋人而通好 則斥之可也 旣稱倭使而來款 則只以倭使而待之可也 …… 伏願殿
　　下 詢于廟堂 以與倭續好匪洋伊和之意 製一文篇 明白昭詳 布告四方 使訛言自
　　熄".

국과의 우호를 잇는 것이며, 양국이 아니면 화친할 수 있다(與倭續好
匪洋伊和).'의 여덟 자는 더욱 절실하고 요긴한 말"이라며 "매우 가상
하며 유념하겠다."고 비답을 내리고 있다.[70]

　왜와 양을 분리하여 양이 아니라 왜이기 때문에 통호한다는 왜양분
리론은 구호중수론과 표리를 이루면서 왜양일체론에 대항하는 정부
의 논리로 적극 활용되었다. 2월 17일부터 19일까지 3일간 복합 연명
유소운동을 벌이던 유생들이 '서양과 강화하는 것은 불가하나 왜와
강화하는 것은 무방하다.'고 고하고 철수한 것도 '왜양분리론'에 근거
한 정부의 설득이 주효했던 것이다.[71]

3. 대일개국론의 성격

　지금까지 강화도조약 당시 남긴 글들을 통해서 강위가 대일개국론
을 어떻게 전개하였는가를 살펴보았다. 이제 그가 대일개국의 근거로
제시한 개국불가피론과 구호중수론이 어떠한 논리적 연관을 갖는가
를 살펴보고, 그의 대일개국론이 갖는 성격을 밝히고자 한다.

　강위의 글들은 척사론에 대한 대응으로 개국의 정당성을 옹호하기
위해 쓰였고, 개국불가피론과 구호중수론은 이러한 현실적 요구에 부
응하기 위해 제시된 논리였다. 하지만 두 논리는 그 성격이 판이하게

---

70) 주진오는 척사위정론자들의 '왜양일치론'에 대해 집권관료세력이 대응논리로
　'여왜속호 비양이화'를 제기하였음을 지적한 바 있다(주진오, 1989, 「한국근대
　집권, 관료세력의 민족문제 인식과 대응」, 『역사와현실』 창간호, 36쪽).
71) 권오영, 앞의 논문, 139쪽.

달랐다. 전자가 객관적 정세분석에 입각하여 개국을 할 수밖에 없는 이유 내지는 개국을 해야 하는 이유를 제시하는 공세적인 논리였다고 한다면, 후자는 명분론적으로 개국을 해도 되는 이유를 제시하는 다소 수세적인 논리였던 것이다.

　여기서 간과할 수 없는 사실은 두 논리의 대일인식이 상충되는 듯이 보인다는 점이다. 즉, 개국불가피론에서 일본은 양이와 결탁하여 조선을 침략할지도 모르는 잠재적 적국, 전쟁을 도발할 빌미를 찾고 있는 국가로 그려졌던 반면, 구호중수론에서는 수백 년 동안 수호하였던 교린국의 범주에서 일본이 파악되었던 것이다. 이는 척사론자들이 왜는 이미 옛날의 교린국 일본이 아니고 양이와 일체가 된 존재이기 때문에 척퇴해야 한다고 일관되게 주장했던 것과 뚜렷이 대비된다.

　하지만 좀 더 세심하게 살피면 개국불가피론과 구호중수론의 대일인식이 결코 논리적으로 상충되는 것이 아님을 알 수 있다. 강위는 일본이 비록 과거의 왜는 아니지만 수호를 위해 사신을 파견한 이상 수백 년 동안 교류했던 교린국으로서 대해야 하며, 또 지속적으로 수호해야 할 대상으로 인식하고 있었다. 개국불가피론의 적국 일본상은 어디까지나 조선이 일본의 수교 요구를 계속 거부할 경우 돌변할 일본의 모습일 뿐인 것이다. 따라서 사신을 파견해서 수교 회담에 임하는 한 일본은 결코 적국일 수 없고, 조선으로서는 마땅히 예의로써 사신을 맞아 단절된 양국 간의 우호관계 회복을 위해 노력함으로써 일본이 적국으로 돌아서지 않도록 해야 하는 것이다. 개국불가피론은 단순히 무력의 열세 때문에 개국해야 한다는 주장이 아니라, 얼마든지 수호할 수 있는 국가를 적대시하여 화를 자초하는 우를 범해서는 안 된다는 데 강조점이 있었던 것이다.

이제 개국불가피론과 구호중수론의 성격에 주목해 보고자 한다. 사실 이 두 논리는 강위가 대일개국을 할 수밖에 없고, 또 개국을 해도 되는 근거로 제시한 것일 뿐 그의 개국론의 전모를 보여주지는 못한다. 앞서 밝혔듯이 강화도조약과 관련한 그의 글들은 척사론이 여론을 주도하던 정치적 상황에서 척사론에 대항하여 개국론자의 입장을 대변하는 성격을 갖기 때문이다. 따라서 그의 개국론을 올바로 이해하기 위해서는 그가 당시의 정치상황 때문에 글에 명확히 밝히지 못한 이면의 생각을 읽어내지 않으면 안 된다.

개국불가피론은 대일수교 교섭 당시의 정세에 대한 강위의 인식이 그대로 반영된 것이었다. 조선의 전비 태세는 근대화된 무기체계를 갖춘 일본을 물리치기에는 역부족이었던 것이다. 하지만 그가 조선과 일본의 군사력 대비를 통해 개국의 불가피함을 주장한 이면에는 개국통상을 통해 부국강병을 달성하고자 하는 기대가 담겨 있었다. 일본을 '강린대국'이라 칭하고 있는 것에서 그 단서를 찾을 수 있다. 일본이 전쟁에 능한 강국 정도가 아닌 '대국'으로 표현된 것은 개국통상을 통해 부국강병을 이루어가고 있던 일본에 대한 긍정적인 인식이 바탕이 된 것으로 보이기 때문이다.

강위는 1873년과 1874년 두 차례의 연행을 통해서 중국의 양무운동의 진행상황을 견문할 수 있었다. 강위는 양무파 관료인 장세준·황옥 등과 만나 때로는 주체로, 때로는 기록자로 필담에 참여하여 양무운동에 대한 이해를 심화시킬 수 있었다. 필담에서 강위가 얻었던 정보는 중국의 현실에서 양무운동이 일어나게 된 요인과 그 논리, 추진성과 등이었다. 양이의 선박과 기계의 견고함은 중국의 고법에서 대처 방법을 찾을 수 없어 점차 양법을 도입하여 대처하려 한다는 황옥의 말72)이나, 서양의 기기나 언어를 배우는 것은 그들의 장기를 모두 얻어서 그들에게 믿을 바가 없도록 하려는 데 목적이 있고, 그들의 기술을 익히는 것은 그 기술로 그들을 공격하는 것이지 오랑캐가 되어 오랑캐를 공격하는 것이 아니라는 장세준의 언급73) 등은 양무운동에 대한 강위의 이해를 심화시켰다.

　장세준이나 황옥 등은 더 나아가 강위 등에게 조선도 자강에 힘쓸 것을 적극적으로 권했는데,74) 강위가 이러한 권고를 어떻게 받아들였는지 명확히 확인할 길은 없다. 다만 연행 이후 공공연히 합종연횡을 주장한 점이나, 수교 교섭 당시 정세판단의 근거로 장세준·황옥 등의 말을 들고 있음을 볼 때 이들의 말에 공감했음을 짐작할 수 있다. 또한 일본을 대국이라 칭한 근거가 병기와 농기 등 부국강병과 관련된 내용이라는 것을 고려한다면, 강위는 연행을 통해 조선의 자강정책 추진 필요성을 절감했던 것으로 생각된다. 이렇게 본다면 개국불가피론은 단순히 형세가 여의치 않기 때문에 개국을 해야 한다는 논리로 한정되어 해석되어서는 안 된다. 오히려 공공연히 개국통상을 주장하기 어려운 조건 속에서 상황의 불가피함을 내세워 개국을 단행함으로써 부국강병을 추진하려 했던 것으로 이해될 수 있다.

　대일수교의 명분으로 제시된 구호중수론도 단순히 일본과의 수교

---

72)「북유속담초」, '로향담초', 873쪽, "而其船隻器械之堅利 實古來所未有 若僅按古法則守法戰法一無可恃 故不得不漸用洋法以求同利".

73)「북유속담초」, '매사담초', 864쪽, "學機器學言語也 有深意欲盡得洋人之所長也 使彼無可恃也 以彼之術攻彼之心也 我習彼術以其術攻之也 非以夷攻夷也 且夷知我能彼之術亦無所謂居奇矣".

74) 장세준은 1873년 연행 때 중국을 거울삼아 서둘러 자강을 도모하라고 권한 바 있고(「북유담초」, 814~815쪽), 1874년 연행 때에도 양무파 관료들의 이러한 권고는 이어졌다.

가 구호회복에 지나지 않는다는 주장으로 해석되어서는 안 된다. 두 차례의 연행에서 강위 등은 양무파 관료들과 필담을 통해 많은 이야기를 나누지만, 가장 많은 관심을 할애한 것은 역시 조선과 직접 관련이 되는 '일본의 침략설'의 진위 여부에 대한 확인이었다.75) 이 과정에서 강위 등이 전해들은 일본에 대한 정보는 서양과 한편이 된 일본의 모습이었다. 1874년의 연행에서 그는 황옥으로부터 일본이 서양인에 의탁하고 있으며, 그들로부터 은 80만 냥을 빌려 대만을 침략한 사실을 전해들을 수 있었다.76) 이때 이건창이 조선을 위해 조언해 줄 것을 요청하자, 황옥은 "서양인을 대하는 것으로 그들을 대하는 것이 옳다."는 말로 일본에 대한 경계심을 늦추지 말 것을 충고했다.77)

두 차례의 연행을 통해서 얻은 정보의 성격을 생각할 때 강위가 대일수교를 구호회복 차원에서 이해했다고 보기는 어렵다. 오히려 강위도 척사론자와 마찬가지로 왜양일체론적인 인식을 하게 되었고, 일본에 대해서도 긍정적이기보다는 부정적인 이미지를 가졌을 것이라 보는 것이 옳을 것이다. 그러한 인식이 반영된 것이 전쟁의 빌미를 찾고, 또 양이와 합세해서 침략해 오는 일본상이었던 것이다.

척사론자와 마찬가지로 왜양일체론적 사고를 하면서도 강위가 척왜를 주장하지 않고 오히려 대국이라 칭하면서 대일수교가 구호중수에 지나지 않을 뿐이라고 강변한 까닭은 무엇일까?

이는 서양 제국의 세력 확대는 이미 거스를 수 없는 대세이고, 그러

---

75) 김현기, 앞의 논문, 89~92쪽.
76) 「북유속담초」, '영재여황효후담초', 890~891쪽.
77) 「북유속담초」, '영재여황효후담초, 894~897쪽, "(효후) 以待西人者待之可也 (영재) 此謂待倭如待洋歟 (효후) 然".

한 서양의 침략을 막아내기 위해서는 문호개방을 통해 부국강병을 달
성하는 수밖에 없다는 절박한 현실인식에서 기인한 것으로 생각된
다.[78] 일본을 대국으로 표현한 것도 일본 자체에 대한 긍정적인 인식
이라기보다는 오히려 부국강병을 추진하여 일정한 성과를 얻고 있는
것에 대한 긍정적인 평가로 이해된다. 따라서 구호중수론은 일본의
침략성에 대한 몰이해에서 나온 것이 아니라 그 점을 인식하면서도
자강을 위해서 개국이 반드시 이루어져야 한다는 판단에서 나온 것이
다. 물론 구호중수론은 자강을 위해 개국이 필요하더라도 그 대상을
수백 년간 수호했던 일본에 한정시키는 논리였다. 양이에 대처하기
위해서 일본과 수교는 하더라도 양이와의 수교는 결코 없을 것이라는
데에 강조점이 있었던 것이다.[79]

하지만 그가 과연 서양과의 수호 가능성을 완전히 배제했던 것인가
하는 점은 재검토해 볼 여지가 있다. 왜냐하면 1874년 제2차 연행을
통해 그는 이미 서양과의 수교의 필요성을 인정하고 개국론을 형성했
던 것으로 보이기 때문이다. 강위는 황옥과의 필담에서 왜가 양이에
게 이용되는 존재라는 것, 서양은 영토에 욕심이 없고 압박해서 이익
을 도모할 뿐이라는 것, 서양을 막아낼 마땅한 방법이 없기 때문에 화
호가 불가피하다는 것 등을 들 수 있었다. 이에 대한 그의 반응은

---

78) 이와 관련하여 박규수와 대원군 모두 왜양일체론을 갖고 있었지만, 대원군이
    서양 제국의 세력 확대를 일시적 현상으로 간주한 반면, 박규수는 멈출 수 없
    는 대세로 인식하여 내용상 차이가 있다는 윤소영의 지적은 시사하는 바가
    크다(윤소영, 1995, 앞의 논문, 233~234쪽).
79) 김경태는 이를 '匪洋伊修의 斥洋對日開港論'이라 정의하였다(김경태, 1994,
    「중화체제·만국공법질서의 착종과 정치세력의 분열」,『근대민족의 형성(1)』,
    한길사, 92쪽).

척양을 견지하다가 서양을 막아낼 수 없는 상황이 오면 어찌해야 할 것인지를 염려하는 것이었다.[80] 조선 내의 강한 척양론이 초래할 결과를 걱정했다는 것은 그가 서양과의 전쟁을 피하고 수교할 것을 권한 황옥의 말에 공감했음을 보여준다. 따라서 그가 귀국 후 합종연횡을 분주히 설파하고 공공연히 천하사를 말했다는 이건창의 지적은 강위가 서양과의 수교를 주장했음을 말한 것으로 이해된다.[81]

강위가 부국강병을 달성하기 위해 대일수교가 필요하다고 본 까닭은 무엇일까? 이는 그의 중국관과 깊은 관련을 갖는다. 수교 교섭 당시의 글 속에서 그의 중국관의 전모를 파악하기는 어렵지만, 간과할 수 없는 중요한 특징을 드러내고 있음을 발견할 수 있다. 중국에 대한 그의 언급은 청일수호조규 1조의 '屬國邦土勿相侵越' 조항을 들어 조선을 염려한 중국의 배려가 지극히 깊고 두텁다거나,[82] 북경 함락을 거론하면서 강대한 중국이 겪고 있는 괴로움이 거론되고 있는 정도였다.[83] 일본이 단독 혹은 서양 오랑캐와 연합하여 조선을 침략할 가능성에 대해 언급하면서도, 그러한 외침이 발생할 경우 중국이 조선을 원조할 가능성에 대한 고려가 철저히 배제되어 있었던 것이다. 그는 중국이 조선을 도와줄 여력이 없음을 정확하게 간파하고 있었다. 두 차례의 연행을 통해서 서양 각국의 침략으로 고통을 겪고 있는 중국, 같은 문화권에 속한 일본의 대만침략에 대해서조차 강력히 대응하지 못하는 나약한 중국의 실체를 이미 확인했던 것이다.

---

80) 「북유속담초」, '로향담초', 872~874쪽.
81) 『이건창전집(하)』, 「강고환묘지명」, 1086쪽.
82) 「심행잡기」 단락 2.
83) 「심행잡기」 단락 13.

또한 중국이 조선을 도울 여력이 없음은 중국 관리로부터 간접적으로 확인한 사실이기도 했다. 1874년 연행 때 이건창이 대만을 침략한 일본군의 조선침략설이 현실화되지는 않았지만 일본에 대해 우려하며 대처방안을 묻자, 황옥은 "외환이 닥쳤을 때 요체는 스스로 헤아리는 데 있다. 그 힘이 능히 싸울만하면 싸우는 것이고, 싸우는 데 능하지 못하면 화호하는 것이다. 이것 외에는 별다른 방법이 없다."고 답변했다.[84] 이는 지극히 원론적인 답변이기는 하지만 중국이 조선을 도와줄 여력이 없음을 간접적으로 시인한 것이다.

신뢰는 가지만 허약한 중국의 모습은 부국강병을 이루어가던 의심스러운 일본의 모습과 대조된다. 조선이 오랫동안 버팀목으로 삼아왔던 중국이 더 이상 의지할 대상이 못 된다는 사실을 확인한 이상 조선의 선택은 부국강병을 통한 홀로서기의 길밖에 없었다. 따라서 강위는 일본을 적으로 돌려 맞이하게 될 파국을 미연에 방지하고, 부국강병을 달성하려는 목적으로 대일개국론을 폈던 것이다.

그러나 강위를 비롯한 개국론자들의 노력의 결과물인 강화도조약은 뒤이은 조일수호조규부록 및 통상장정과 함께 '병자불평등조약체제'를 형성했다는 점에서 비판받고 있다.[85] 이에 대해 병자불평등조약 상의 불평등 조항의 대부분은 조인희가 미야모토 고이치(宮本小

---

84) 「북유속담초」, '영재여황효후담초', 894~895쪽.
85) 김경태, 1987, 「쇄국과 개항」, 『한국사연구입문(2판)』, 403쪽. 최근 박한민은 조일 양국 사이에 체결된 조일수호조규의 여러 조문들이 구체성이 결여된 선언적인 성격이 강했음에 주목한 박사학위논문을 발표하였다. 그는 조일수호조규 체결 이후 1894년 청일전쟁 발발 전까지의 조약 운영을 '조일수호조규체제'가 성립해가는 과정이었다고 파악하고 수호체제의 제도적 정비와 운영과정을 치밀하게 분석하였다(박한민, 2017, 「朝日修好條規 체제의 성립과 운영 연구(1876~1894)」, 고려대학교 한국사학과 박사학위논문).

一)와 맺은 수호조규부록 및 통상장정에서 규정되었고, 강화도조약 자체에서는 영사재판권과 연안측량권 허용이 문제가 될 뿐이므로 불평등성이 그리 크지 않았다는 점을 들어 반박할 수도 있을 것이다. 하지만 수호조규부록 및 통상장정 체결이 강화도조약의 연장선 상에 있는 만큼 그 체결 과정에 직간접적으로 관여했을 개국론자들이 불평등조약 체결에 대한 책임에서 완전히 자유로울 수는 없다.[86]

아울러 조약과 그를 통해 규정되는 조일관계에 대해 낙관적으로 전망했던 강위 등의 인식 역시 비판받을 소지가 없지 않다. 그가 각국의 무역에는 이미 정해진 규칙이 있어 상세 상의 편중을 두는 일이 없다거나, 중국의 예를 소개하면서 무역이 해가 되기보다는 조정의 재정 보충에 도움이 될 것이라는 기대를 표출한 것은 그러한 인식의 반영이었다.[87] 이는 기본적으로 그가 북경에서 얻은 정보 대부분이 조약에 대해 긍정적으로 평가한 데서 기인한 것으로 보이지만,[88] 결과적으로 일본의 침략적 의도에 대한 경시로 불평등조약 체결을 초래하였다는 점은 한계로 지적되어야 할 것이다.

---

86) 강위가 조인희를 위해 대작한 「답일본사서」는 수호조규부록 및 통상장정 체결에도 그가 일정한 역할을 했을 가능성을 보여준다.

87) 「심행잡기」 단락 11 ; 주승택, 1991(b), 앞의 논문, 148~149쪽.

88) 「북유속담초」, '영재여황효후담초', 902~906쪽. 이건창과 황옥의 필담에서 換約과 관련한 조항의 존재, 통상 시의 문제점 유무 등이 다루어졌다.

제2차 수신사행의 참여와
연미자강론

1. 제2차 수신사행 참여와 활동

1) 제2차 수신사행 참여

1876년 2월 22일 조선 정부는 修信使[1] 金綺秀의 일본 파견을 결정
하였다. 이는 수교 교섭 당시 6개월 내에 回謝해 달라는 일본 전권대
신 구로다 키요타카(黑田淸隆)의 요청에 따른 것으로 결정이 대단히
신속히 이루어졌다.[2] 조약 체결 직후 내려진 수신사 파견의 전격적인
결정에서 조선 정부의 대외정책이 적극적·능동적으로 전환되었던
일면을 볼 수 있다.

수신사 파견의 명분은 일본 정부의 사신 파견에 대한 回謝와 修信
이었지만, 보다 근본적인 목적은 메이지 유신 이후 변화된 일본의 '物
情詳探'에 있었다.[3] 그러나 제1차 수신사행은 서구 기술문명에 대한
김기수의 안목 부족으로 일본의 '물정상탐'에는 별다른 성과를 거두지
못한 채 회사와 수신의 소임 완수에 만족할 수밖에 없었다.[4]

---

1) 제1차 수신사 김기수는 "修信이란 舊好를 닦고 信義를 두텁게 하는 것(修信者
講修舊好 敦申信義)"이라 하여 대일수교를 전통적 교린관계의 회복으로 이해
하였다(국사편찬위원회, 1958, 「日東記游」, 『修信使記錄』, 4쪽). 하지만 수신
사로의 명칭 변경은 새로운 조일관계가 通信使 파견으로 표현되던 종래의 교
린관계와 다르다는 점을 인식한 결과였다. 그런 의미에서 수신사행에 대한
조선 정부의 인식은 혼합적이며 과도기적인 것이었다(하우봉, 1999, 「開港期
修信使行에 관한 一硏究」, 『한일관계사연구』 10, 141~142쪽).
2) 조선 정부는 2월 6일 접견대관 신헌의 복명에서 6개월 이내에 회사해 달라는
구로다의 요청을 전해 듣고서 불과 16일 만에 수신사 임명까지 일사천리로
진행시킨 것이다.
3) 최덕수, 2000, 「강화도조약과 개항」, 『한국사』 37, 국사편찬위원회, 256~257쪽.
4) 田保橋潔, 1940, 『近代日鮮關係の硏究(上)』(民俗苑 영인본), 740쪽 ; 宋炳基,

1880년의 제2차 수신사는 양국 간 별다른 현안이 없었던 제1차 수신사와는 성격이 크게 다를 수밖에 없었다. 일본과 수교한 지 이미 수년이 흘러 양국 간에 구체적인 외교 현안이 발생하기 시작했던 것이다. 무관세 무역에 따른 미곡 남출로 곡가 폭등·물가 앙등이 심각한 사회 문제로 등장하였고, 1878년 '부산해관 수세사건'의 처리에서 보듯이 관세권 회복이 시급한 과제로 부각되었다.[5] 다른 한편 청국 북양대신 李鴻章이 영중추부사 이유원에게 1878년 9월과 1879년 7월 두 차례 서함을 보내 러시아와 일본의 침략 위협을 경고하며 서양 각국과의 입약통상을 권유한 것도 중대한 상황 변화였다.[6] 이러한 가운데 조선 정부는 1880년 2월 수신사 파견을 결정하고, 같은 해 3월 23일 예조참의 金弘集을 제2차 수신사로 임명하였다.

제2차 수신사의 일본 파견은 韓國開化史에 한 획을 긋는 중요한 역사적 사건으로 평가된다. 1880년 5월 하순에 서울을 출발하여 8월 하순에 귀국 복명하는 3개월의 짧은 여정이었지만, 이들이 귀국할 때 들

1985, 「第2次 修信使의 派遣과 駐日淸國使節의 聯美論」, 『近代韓中關係史研究』, 단대출판부, 55쪽 ; 하우봉, 앞의 논문, 153쪽. 한편 한철호는 제1차 수신사행에 대한 기존의 한계 중심의 제한적 평가에 문제 제기를 하며 그 성과와 의의에 대한 재평가를 시도하였다(한철호, 2006(a), 「제1차 수신사(1876) 김기수의 견문활동과 그 의의」, 『한국사상사학』27 ; 2006(b), 「제1차 수신사(1876) 김기수의 일본인식과 그 의의」, 『사학연구』84).

5) 김경태, 1994, 「불평등조약 개정 교섭과 방곡문제」, 『한국근대경제사연구』, 창작과 비평사, 92~100쪽.

6) 이홍장의 서함에 대해서는 다음의 연구 성과를 참조할 것. 권석봉, 1986, 「洋務官僚의 對朝鮮列國立約勸導策」, 『淸末 對朝鮮政策史研究』, 일조각 ; 송병기, 1985, 「李裕元·李鴻章의 交遊와 李鴻章의 西洋 各國과의 修交 勸告」, 『근대한중관계사연구』, 단대출판부 ; 권혁수, 2007, 「한중관계의 근대적 전환 과정에서 나타난 비밀 외교채널 －李鴻章-李裕元의 往復書信을 중심으로－」, 『근대 한중관계사의 재조명』, 혜안.

여온『朝鮮策略』(이하『策略』)으로 인해 조선 사회가 한바탕 거대한 격랑에 휩쓸리게 되었기 때문이다. 『책략』의 전래는 한편으로 조선 정부가 조미수교와 개화정책을 적극 추진하게 하는 자극제 역할을 톡톡히 했지만, 다른 한편으로는 '辛巳斥邪運動'이라 불리는 유생들의 격렬한 저항을 불러왔다.

제2차 수신사 파견에서 다음해 '신사척사운동'으로 이어지는 격랑의 한가운데 이미 환갑을 넘긴 나이의 강위가 있었다. 총 58명으로 이루어진 수신사행에 書記라는 직함을 지닌 강위도 포함되었고, 후술하겠지만 귀국 후 척사상소가 빗발치자 두 편의 글을 지어 반박하였던 것이다.

강위의 제2차 수신사행 합류는 어떻게 이루어지게 된 것일까? 김홍집은 이때의 일을 다음과 같이 회고하였다.

> 庚辰年에 나는 일본으로 사신가는 일을 맡게 되었다. 듣건대 君은 일찍이 두 차례나 중국에 다녀왔고 유독 천하사를 마음에 두었으며, 때때로 感奮하여 사람들이 간혹 괴이하게 여기기도 했지만 후회하지 않았다고 한다. 이에 소개를 받아서 군에게 청하니 흔연히 따라가 주었다.[7]

수신사로 임명된 김홍집이 누군가의 소개로 강위에게 함께 갈 것을 청하자 흔쾌히 따라나섰다는 것이다. 주목할 것은 김홍집이 별다른 친분이 없었던 강위와 동행하기 위해서 다른 사람의 소개를 받았다는 점이다. 수신사행에 동행하기 이전 김홍집은 괴팍한 행동을 일삼았던

강위를 가까이할 만한 인물이 못된다고 여겼고, 그로 인해 한두 차례 만날 기회가 있었음에도 불구하고 가까워 질 수가 없었다.[8] 그러던 그가 소개까지 받아 강위에게 동행을 청했던 까닭은 스스로 밝혔듯이 두 차례의 연행 경험으로 국제정세에 밝았기 때문이었다.[9] 이는 환갑을 넘긴 나이의 강위를 굳이 발탁한 이유가 단순한 수행원이 아니라 정세 판단에 대한 조언을 구하려는 의도였음을 말해준다.

김홍집이 직접적으로 밝히지는 않았지만, 그에게 강위를 소개해 준 이가 누구였던가 하는 점에도 주목할 필요가 있다.

> 얼마 전 경진년 여름에 道園 金宏集 侍郎 大人이 수신사로 일본에 가게 되었는데, 侍讀 大人이 나를 강력히 추천하여 불려가 서기로 충원되어 일본의 수도에 이를 수 있었다.[10]

위의 인용문은 강위가 「古歡堂東游詩草」[11]에서 자신의 제2차 수신사행 참여 경위를 밝힌 내용이다. 그가 김홍집을 따라 일본에 가게 된 것은 시독 대인, 즉 金玉均의 강력한 추천의 결과란 것이다.[12] 김홍집

---

8) 위와 같음.
9) 姜瑋의 연행에 대해서는 이헌주, 2006(a), 「自主的 開國論 形成에 관한 研究」, 『국사관논총』 108 및 Ⅳ장 참조.
10) 『강위전집(하)』, 「古歡堂詩草」, '續東游草', 921쪽. "頃在庚辰夏 金侍郎道園宏集大人 以修信使赴日本 侍讀大人力薦不肯 辟充書記以行得至日京".
11) 「고환당동유시초」는 강위의 방손인 姜斗植 씨가 소장하던 강위의 친필본으로, 먹으로 이름이 지워지기는 했지만 갑신정변의 주모자인 김옥균, 서광범 등과 강위의 친밀한 관계를 보여주는 귀중한 자료이다(이광린, 1979(a), 「강위의 인물과 사상」, 『한국개화사상연구』, 일조각, 10쪽). 주승택은 강위의 맏아들인 강요선이 김옥균, 서광범의 호와 이름을 지운 것으로 추정했다(주승택, 2005, 「朝鮮末葉 漢文學과 姜瑋의 位相」, 『韓國漢詩研究』 13, 19쪽). 2010년 서울대학교 중앙도서관으로 기증되어 고문헌자료실에 소장되어 있다.

이 1889년 강위 문집의 서문을 쓰면서 강위를 소개해 준 인물을 밝히
지 않은 것은 갑신정변의 결과 '大逆不道罪人'으로 낙인찍힌 김옥균의
이름을 공공연히 거론하기 꺼렸기 때문인 것으로 여겨진다. 그런데
자신의 수신사행 참여가 김옥균의 강력한 추천에 따른 것이라는 강위
의 말은 앞서 살핀 김홍집의 언급과는 다소의 차이가 있다. 김홍집은
국제정세에 대한 식견을 활용하기 위해 자신이 발탁한 것임을 강조했
던 반면, 강위는 김옥균이 자신의 파견에 대단히 적극적이었음을 암
시하였기 때문이다. 결국 김홍집과 김옥균 모두 나름대로의 필요에
의해 강위를 수신사행에 참여시키려 했고, 그의 제2차 수신사행 합류
는 양자의 이해관계가 합치되어 이루어졌던 셈이다.[13]

　제2차 수신사행에서 강위가 정확히 어떤 역할을 수행했는가에 대해
서는 자료의 미비로 명확히 알기 어렵다. 귀국 직전인 1880년 8월 1일
흥아회 회장 다테 무네나리(伊達宗城)의 초청을 받은 김홍집을 대신
하여 李祖淵·尹雄烈 등과 함께 흥아회 주최의 모임에 참석했다는
사실이 확인될 뿐이다.[14] 『古歡堂集』에는 이날 모임 참석과 관련하
여 강위가 김홍집을 대신하여 쓴 「擬答興亞會書」가 실려 있는데, 흥
아회 설립 취지에 찬사를 보내지만 사신의 법도 때문에 공무 이외의
사적 모임에 참석할 수 없어 속관을 대신 보낸다는 내용이다.[15] 이를

---

12) 이광린, 1979(a), 위의 논문, 34쪽.
13) 김옥균은 일본의 국정을 탐지하려는 목적으로 이미 1879년 6월 李東仁을,
　　 1880년 5월에는 卓挺埴을 일본에 밀항시킨 바 있다(이광린, 1973, 「개화승 이
　　 동인」, 『개화당연구』, 일조각, 97~98쪽). 김옥균이 강위를 적극 추천하여 수신
　　 사행에 참여시킨 것도 비슷한 이유에서였던 것으로 생각된다. 강위와 김옥균
　　 등 개화당 인사들의 관계에 대해서는 Ⅰ장 2절에서 상세히 다루었다.
14) 이광린, 1979(a), 앞의 논문, 35쪽.

통해서 김홍집도 신헌·정건조와 마찬가지로 강위의 문필 능력을 적극 활용하였음을 엿볼 수 있다. 하지만 김홍집이 국제정세에 대한 안목을 높이 사 서기로 충원했음을 고려하면, 강위의 역할은 연행사행·대일수교 교섭 때와 마찬가지로 필담과 문서 작성을 돕고 정세판단을 위해 자문하는 일이었다고 생각된다.[16]

수신사 일행은 1880년 5월 28일 辭陛하고, 6월 26일 일본 協同商社의 치토세마루(千歲丸) 편으로 부산포를 출발한 후 赤馬關·神戶를 거쳐 7월 6일 동경에 도착하여 약 1개월간 체류했다.[17] 일행은 외무경 이노우에 카오루(井上馨)를 비롯한 외무성 관리들을 만나 양국 간의 현안을 논의하는 한편 駐日淸國公使 何如璋·參贊官 黃遵憲과도 긴밀히 접촉하면서 일본의 의중과 국제정세 파악에 노력했다. 하지만 관세징수·미곡금수 등의 현안은 일본 측의 무성의와 하여장의 권고에 따른 김홍집의 소극적 태도로 실질적 성과를 거둘 수 없었고,[18] 개화문물 시찰도 1개월 남짓의 짧은 일정으로 인해 피상적인 지식을 얻

---

15) 『興亞會報告』에는 김홍집이 1880년 8월 1일자로 흥아회 회장에게 보낸 답신이 실려 있는데, 형태는 많이 바뀌어 있으나 강위가 대작한 「의답흥아회서」와 내용상 동일한 글이다(『흥아회보고』 제10집, 1880년 9월 20일). 강위는 1882년 재차 도일했을 때도 5월 6일 김옥균·서광범·유길준 등과 함께 흥아회 주최의 연회에 참석하는 등 흥아회와 '아시아 연대론'에 큰 관심을 보였다. 이에 대해서는 이헌주, 2009, 「1880년대 전반 조선 개화지식인들의 '아시아연대론' 인식 연구」, 『동북아역사논총』 23 참조.

16) 김홍집이 井上馨·何如璋 등과 필담할 때 강위가 동석했는지 여부는 불분명하지만, 강위가 연행시의 필담에서 늘 참여했음을 감안하면 동석했을 것으로 생각된다.

17) 국사편찬위원회, 1958, 「修信使 金弘集復命書」, 앞의 책, 149쪽 ; 송병기, 2000, 『개방과 예속』, 단국대 출판부, 73쪽. 수신사 일행은 8월 4일 동경을 떠나 귀국길에 올라 8월 11일 부산포에 도착하였다.

18) 김경태, 앞의 논문, 101~112쪽.

는 데 그쳤을 뿐이었다.[19] 수신사 일행의 활동 중에서도 특히 주목되
는 것은 청국공사 하여장·참찬관 황준헌 등과의 만남이었다. 이들과
의 만남이 수신사 활동은 물론 이후 조선 정부의 대미수교 방침 결정
과 개화정책 추진에 커다란 영향을 끼쳤기 때문이다.

2) 주일청국공사 일행과의 교유와 활동

　수신사 일행이 주일 청국공사관 참찬관 황준헌과 楊樞의 내방을 받
은 것은 7월 15일이었다. 이날부터 귀국 인사차 청국공사관을 방문하
는 8월 3일까지 수신사 김홍집 일행은 숙소인 本願寺 淺草別院과 청
국공사관을 오가며 모두 6차례 청국공사 일행과 필담을 나누었다. 이
들의 만남을 표로 정리하면 다음과 같다.[20]

주일청국공사 일행과의 필담일지

날짜	방문자	필담장소
7월 15일	참찬관 황준헌, 양추	본원사 천초별원
7월 16일	김홍집	청국공사관
7월 18일	공사 하여장, 副使 張斯桂	본원사 천초별원
7월 21일	김홍집	청국공사관
8월 2일	참찬관 황준헌	본원사 천초별원
8월 3일	김홍집	청국공사관

비고: 『수신사기록』(국사편찬위원회, 1958)의 「대청흠사필담」을 토대로 작성.

---

19) 송병기, 1985, 앞의 책, 55~56쪽.
20) 「大淸欽使筆談」에 따르면 청국공사 일행과 접촉한 인물은 김홍집 이외에는
　　보이지 않는다. 이는 김홍집이 필담을 정리하면서 수행원 및 배석자를 누락
　　하고 기록하지 않은 결과로 생각된다.

표에 따르면 다음의 몇 가지 사실이 확인된다.

첫째, 청국공사와의 접촉이 대단히 늦게 이루어졌다는 점이다. 7월 6일 동경에 도착한 수신사 일행이 열흘이나 지난 7월 16일에, 그것도 하루 전에 황준헌이 방문하여 초청하고서야 청국공사관을 방문했던 것이다. 동경 도착 직후 우에노 외무대승과 이노우에 외무경을 방문한 외에는 일행에게 별다른 일정이 없었던 점을 생각하면 더욱 의외다. 김홍집은 내방한 황준헌에게 하여장을 진작 찾지 못한 까닭을 "연이어 번거로운 일이 있었고 또 집안의 제사를 맞은" 탓이라 하였다.[21] 그가 말한 번거로운 일은 과연 무엇이었을까? 김홍집은 7월 8일과 10일 외무대보와 외무경에게 定稅事를 거론했지만 별 소득을 거둘 수 없었다. 12일 그는 본원사를 찾은 하나부사 대리공사에게 부산의 무역품목을 조사하여 대체적인 세액안을 마련하겠다고 했고, 16일 하나부사에게 別遣漢學堂上 李容肅을 보내 세액 초안을 제시하였다.[22] 번거로운 일이란 결국 부산항 무역에 관한 기초자료를 수집, 정리하여 세액안을 마련하는 일, 즉 정세 문제를 논의하기 위한 자료를 준비하는 일이었던 셈이다. 소득 없이 끝나기는 했지만 김홍집은 동경 도착 초기에 정세 문제 해결을 위해 많은 노력을 기울였고 그 때문에 청국공사를 찾아볼 여유가 없었던 것이다.

둘째, 수신사와 청국공사 일행의 상호 방문 횟수는 각각 3차례로 동일했지만, 김홍집의 방문은 매번 답방 형식으로만 이루어졌던 점이다.[23] 상주사절이 짧은 일정의 수신사에 비해 시간적 여유가 더 있다

---

21) 국사편찬위원회, 1958, 「대청흠사필담」, 앞의 책, 172쪽.
22) 김경태, 앞의 논문, 106쪽.
23) 김홍집이 청국 공사관을 방문하여 필담한 3차례 중 귀국 인사차 들른 8월 3일

는 점에 기인한 면도 있겠지만, 전반적으로 청국 측이 만남에 적극적이었던 데 반해 조선 측이 소극적이었다는 인상을 지울 수 없다. 주지하듯이 청국 조정은 1870년 전후부터 東三省의 안전, 나아가서 중국 본토의 안전을 위해 조선이 서양 여러 나라와 입약통상해야 한다는 견해를 갖게 되었다. 1879년에는 總理衙門이 北洋大臣 李鴻章으로 하여금 李裕元에게 밀함을 보내 서양과의 입약통상을 권유하도록 하였다. 조선 정부가 이홍장의 권고를 끝내 받아들이지 않자, 총리아문은 김홍집의 도일을 좋은 기회로 보고 주일공사관에 문호개방을 권고하라는 지시를 내리기에 이르렀다. 게다가 이홍장이 조미조약을 주선하기 위해 슈펠트를 천진으로 초청해 회담한 것도 청국 측이 적극적이었던 또 하나의 배경이 되었다.24) 청국공사관 측은 자국의 외교적 이익 관철을 위해 조선 수신사를 만나 적극적으로 서양과의 입약통상, 구체적으로 미국과의 수교를 권유할 필요가 있었던 것이다. 반면 수신사 일행은 일본과의 외교 현안 처리로 바빴던 데다가 청국공사를 만나야 할 절실한 이유도 없었던 것으로 보인다. 이홍장이 1879년 7월 9일자 밀함에서 경고한 일본 및 러시아의 침략 가능성에 대한 탐문도 청국공사와의 접촉보다는 다양한 일본인들을 만나고 신문 등 언론의 동향을 확인하는 것이 일차적이었다.25)

자를 제외한 나머지 2차례는 모두 청국공사 일행의 방문에 대한 답방이면서 동시에 초청에 응한 것이었다. 8월 3일의 방문도 전일 황준헌의 방문에 대한 답방의 의미도 있다.

24) 송병기, 1985, 앞의 책, 2~3장 참조.

25) 김홍집은 일본 체류 기간 조선 문제와 수신사 일행에 대해 언급한 일본 및 청국의 신문을 일일이 발췌 수록하여 『中東新聞抄』를 작성했다(김경태, 앞의 논문, 104~105쪽).

셋째, 필담이 7월 중순과 8월 초순에 집중적으로 이루어졌다는 점이다. 7월 21일 필담 이후 8월 2일까지 양측이 별다른 접촉이 없었던 것은 수신사 일행이 공식 일정에 바빴던 탓이라 여겨진다. 총 6차례의 필담 중 7월 15일과 16일은 수신사 일행과 청국공사 일행의 상견례 성격의 만남이었고, 8월 3일은 김홍집이 귀국 인사차 들러 필담한 경우이므로 양측이 당면한 문제들에 대해 본격적으로 대화한 것은 고작 3차례였던 셈이다. 이 때문에 수신사에게 서양과의 수교를 설득하라는 본국의 훈령을 받고 있었던 청국공사 일행은 『책략』을 저술하여 전달하였던 것이다.[26]

수신사 일행은 하여장·황준헌 등과의 필담에서 관세 징수·미곡 금수·인천 개항·공사 주경 등 조일 간의 당면 현안을 포함하여 동아시아 정세에 대해 폭넓게 대화를 나누었다.[27] 하여장 등은 관세 문제에 대해 조언하는 한편 러시아의 침략 가능성, 주일공사 파견 필요성, 대미수교 및 문호개방의 필요성, 일본과 '脣齒之交'를 맺을 필요성 등을 강조했다. 일본이 서양과 조약 개정을 추진하고 있으니 이를 이용하라는 하여장의 조언은 김홍집에 의해 대일협상에서 유효적절하게 활용되어 일본 측을 곤궁에 빠지게 하기도 했다.[28] 하지만 김홍집이 청국공사 일행에게서 얻었던 정보는 대부분 이노우에 등 일본 관

---

26) 청국측의 『책략』 저술을 김홍집이 의도적으로 유도한 결과라고 본 손형부의 견해는 사실과는 거리가 있어 보인다. 김홍집이 하여장·황준헌에게 『使東述畧』·『日本志』 등의 저서를 요청하기는 했지만, 김홍집의 소극적인 자세로 미루어 『책략』의 저술이 그의 적극적 요청에 따른 것으로 이해되기에는 적지 않은 무리가 있다.
27) 국사편찬위원회, 「대청흠사필담」, 171~189쪽.
28) 국사편찬위원회, 위의 글, 179쪽.

리들의 권고와도 부합하는 것이었다. 그는 이 때문에 일본의 침략 가능성은 거의 없다고 여긴 반면 러시아의 위협을 우려하게 된 것으로 보인다.[29]

종래 청국이 조선에 서양 각국과의 수교를 권했던 명분은 1874년 3월 대만침략, 1879년 2월 琉球 병합 등으로 이어지는 일본의 침략성을 견제하는 데 있었다.[30] 그러나 김홍집은 하여장 등에게서 일본이 조선을 침략하려는 의도를 갖기는커녕 러시아의 위협에 대처하기 위해 조선과 '순치지교'를 맺기를 간절히 희망한다는 상반되는 이야기를 들었다. 이는 伊犁 문제를 둘러싼 청국과 러시아 사이의 긴장 고조와 러시아에 대한 반감에 따른 청국 정부의 입장 변화가 반영된 결과였다. 다른 한편 하여장 자신도 일본 외무성 관리, 일본 주재 서방 외교관, 신문 보도 등을 통해 러시아의 동정 파악에 촉각을 곤두세웠고, 입수한 정보를 바탕으로 총리아문에 러시아의 움직임에 대한 대책을 건의하기도 했다. 이 과정에서 일본인들로부터 들은 정보들이 진위 여부를 떠나 그의 정세 판단에 큰 영향을 미치고 있었다.[31] 김홍집이

---

29) 국사편찬위원회, 1958, 「修信使金弘集入侍筵說」, 앞의 책, 157쪽. 일본이 러시아의 위협을 강조하는 것이 유혹하고 위협하려는 단서가 아닐까 의심하는 고종의 물음에 대한 김홍집의 답변에서 이를 엿볼 수 있다. 그는 저들이 스스로 조선을 위한 것이 아니라 실은 일본을 위한 것이라 했음을 밝히고, 이어 일본인의 말을 깊이 신뢰하지 못하더라도 청국 사신에게서도 실정이 그러함을 확인했다고 하고 있다.
30) 권석봉, 1963, 「李鴻章의 對朝鮮列國立約勸導策에 대하여」, 『역사학보』 21 ; 宋炳基, 1975, 「19세기말의 聯美論 序說」, 『사학지』 9 참조.
31) 송병기, 1985, 앞의 책, 60~62쪽. 1880년 4월 13일자로 총리아문에 접수된 보고서에서 하여장은 일본인 등으로부터 들은 정보를 열거하면서 "고려의 우환은 일본에 있는 것이 아니라 아라사에 있다."라고 단언하기까지 했다(『淸季中日韓關係史料(二)』, 403쪽).

동아시아 정세를 화제로 일본인이나 청국인과 대화할 때 비슷한 이야
기를 듣게 된 것은 양국인들 사이의 정보 공유의 결과였던 셈이다. 이
노우에·하여장 등이 김홍집에게 러시아의 위협을 강조하면서 서양
열국과의 입약통상을 권유한 배경에는 청일 양국의 위기의식이 바탕
이 되고 있음은 물론이다.

2. 연미자강론의 제기

1) 『조선책략』의 도입과 반개화운동

①『조선책략』의 도입 의도

김홍집이 이노우에·하여장 등에게서 권유받았던 내용의 골자는
조선이 러시아의 침략을 막기 위해서 대외적으로는 미국 등 서양 열
강과의 입약통상을 통해 均勢를 추구해야 하고, 대내적으로는 자강정
책을 추진해야 한다는 것이었다. 하여장은 몇 차례의 필담만으로 자
신의 뜻이 충분히 전달되기 어렵다고 보고 참찬관 황준헌에게 『책략』
을 지어 김홍집에게 전달하도록 했다. 『책략』의 내용은 이미 선행연
구들에서 상세히 다루어져 별도의 논의가 필요하다고 보지는 않는
다.[32] 하지만 『책략』의 전래가 조선 정부의 대미수교 방침 결정과 개

---

32) 『조선책략』을 다룬 대표적인 연구 성과는 다음과 같다. 趙恒來, 1962, 「黃遵
  憲의 朝鮮策略에 대한 검토」, 『대구대논문집』 3 ; 李瑄根, 1963, 「庚辰修信使
  金弘集과 黃遵憲著 朝鮮策略에 관한 재검토」, 『동아논총』 1 ; 金時泰, 1963,
  「黃遵憲의 朝鮮策略이 韓末政局에 끼친 影響」, 『史叢』 8 ; 송병기, 1978, 「19세

화정책 추진 가속화를 촉발했고, '신사척사운동'이라는 완강한 반발을 야기했던 점을 감안하면 간략하게나마 내용을 살피지 않을 수 없다.

　『책략』의 첫머리는 "지구상에 더할 나위 없이 큰 나라가 있으니, 이르기를 아라사라 한다."는 말로 시작된다. 이어서 황준헌은 영토적 야심을 가진 러시아의 관심이 동방으로 옮겨왔고, 러시아의 침략은 아시아의 요충인 조선으로부터 시작될 것이라고 진단했다. 따라서 조선의 당면 현안 중 러시아의 위협을 막는 것보다 시급한 것이 없고, 防俄策으로는 親中國·結日本·聯美國함으로써 자강정책 추진에 힘을 쏟는 길밖에 없다고 했다.[33]

　황준헌은 조선이 친중국·결일본·연미국해야 하는 까닭을 각각 설명한 후 "친중국이라고 하는 것은 조선이 믿는 바이다. 결일본이라고 하는 것은 조선이 반신반의하는 것이다. 연미국이라고 하는 것은 조선이 깊이 의심하는 것이다."[34]라 하면서 7가지 유형의 예상 반론을 제시하고 일일이 반박했다. 그가 조선 내의 반발을 예상하며 자문자답 형식으로 반박한 것은 결일본·연미국의 필요성을 보다 구체적으로 설명함과 아울러 조선 정부에 정책 추진의 논리적 근거를 마련해 주려는 의도에서였던 것으로 보인다. 척사론자들의 반발을 예상하며 조선 정부의 대응논리까지 제시하는 황준헌의 용의주도함에서 조선

기말의 聯美論 硏究」,『史學硏究』28 ; 권석봉, 1979,「朝鮮策略'과 淸側 意圖」,『全海宗博士華甲紀念史學論叢』, 일조각 ; 조항래, 1983,「朝鮮策略'을 통해 본 防俄策과 聯美論 硏究」,『김철준박사 화갑기념사학논총』; 송병기, 1983,「辛巳斥邪運動 硏究」,『사학연구』37 ; 김수자, 2010,「黃遵憲의『朝鮮策略』에 나타난 朝鮮自强策과 '지역'의식」,『동양고전연구』40 ; 배경한, 2014,「黃遵憲의『朝鮮策略』과 '아시아주의'」,『동양사학연구』127.

33) 국사편찬위원회, 1958,「조선책략」, 앞의 책, 160~161쪽.
34) 국사편찬위원회, 위의 글, 162쪽.

으로 하여금 서둘러 서양과의 입약통상을 이루게 하여 러시아의 위협에 대처하려 했던 청국의 위기의식을 엿볼 수 있다.[35]

『책략』의 말미에서 황준헌은 러시아의 침략성을 거듭 강조한 후 약소국 조선이 많은 수의 군대를 보유한 강대국 러시아를 맞아 싸워야 하는 절박한 처지임을 재차 환기시켰다. 하지만 그가 보기에 조선의 상황은 절망적이지만은 않았다. 다행히 조선에게는 "중국이 있어 친할 수 있고, 러시아의 위협을 함께 받고 있으면서 조선을 제압할 만한 힘을 갖지 못한 일본이 있어 맺을 수 있고, 유럽을 멀리하고 아시아를 친근히 대하며 다른 나라를 침략하는 것을 미워하는 미국이 있어서 화친"할 수 있기 때문이었다. 그는 끝으로 『책략』에서 제시된 친중국·결일본·연미국을 힘써 행하는 것이 상책이고, 이를 내실 없이 형식적으로 추진하는 것은 하책이며, 의심하여 배척하다가 사변이 닥친 이후에야 비굴하게 온전하기를 바라고 황망하게 어찌할 바를 모르는 것을 무책이라 규정짓고, 조선이 서둘러 결단을 내릴 것을 거듭 촉구했다.[36]

『책략』은 청국 조정이 사신과의 필담이나 서신의 형태로 조심스럽

---

35) 조선에 서양과의 입약통상을 권해야 한다는 점에서는 일치했지만, 총리아문·이홍장의 입장과 주일 청국공사관의 입장에는 차이가 있었다. 전자는 서양과의 조약 체결도 조선의 자주에 맡기고 중국은 기회를 봐서 은밀히 돕는 것이 바람직하다는 입장이었던 데 반해, 후자는 하여장의 「主持朝鮮外交議」에서 볼 수 있듯이 조선의 조약 체결을 직접 관장함으로써 속국으로서의 위치를 공고히 하려는 입장이었다. 하지만 조미조약 체결 단계에 이르면 양자의 차이는 사실상 사라지고 하여장의 건의가 채택되어 청의 대조선정책이 적극화했다(권석봉, 1979, 앞의 논문 ; 송병기, 1981, 「駐日淸國公使 何如璋의 主持朝鮮外交議에 대하여」, 『동양학』 11 참조).
36) 국사편찬위원회, 「조선책략」, 170~171쪽.

게 표출해 온 서양과의 입약통상 권고를 구체화하고 체계화한 저술이다. 물론 『책략』의 저술 의도는 일차적으로 조선의 외교와 자강문제에 대해 권도하여 조선의 안전을 꾀하는 데 있었다. 하지만 황준헌이 조선을 위하여 '私擬'했다 하더라도, 『책략』에 반영된 위기의식은 기본적으로 청국의 것이었고, 그에 따른 대책도 청국의 입장이 반영된 것일 수밖에 없었다. 『책략』에서 방아를 위해 친중국·결일본·연미국할 것을 권하기는 했지만, 청국의 주된 관심은 러시아 견제와 조선에 대한 종주권의 안정화에 있었다. 결일본·연미국은 이러한 목적 달성을 위해 수반되어야 할 수단에 지나지 않았던 것이다. 청국의 의도를 중심으로 본다면 『책략』은 '방아책'이며 '친중책'이라 할 수 있을 것이다.

조선 정부는 『책략』이 전래된 직후부터 대미수교를 서두르며 개화정책 추진을 가속화했다. 조선 정부의 정책 추진 방향도 『책략』 내용에 대체로 부합했음을 볼 때 『책략』이 큰 영향을 끼쳤음은 분명하다. 조선 정부가 『책략』의 외교론과 자강책을 채택했다는 것은 『책략』의 내용을 수긍했음을 의미한다. 하지만 조선 정부가 『책략』을 전달한 청국의 의도를 간파하였는지 여부는 차치하더라도, 『책략』에 반영된 청국의 위기의식이 과연 그대로 조선의 그것으로 받아들여질 수 있었을 지는 의문이다. 후술하겠지만 조선 정부의 위기의식이 청국의 그것과 다른 것이었다면, 『책략』의 전래를 계기로 가속화된 개화정책의 의미는 사뭇 달라질 것이다.

김홍집이 고종에게 『책략』을 올린 시점을 정확히 알 수는 없지만, 고종이 9월 8일 重熙堂에 나아가 大臣·政府堂上들과 차대할 때 『책략』을 거론한 것으로 보아 귀국 직후인 것으로 보인다.[37] 그런데 김홍집의 복명이 있은 지 불과 4일 후인 9월 3일에 이미 고종이 하여장에게 대미수교의 뜻을 전하기 위해 李東仁을 밀사로 일본에 파견했음에 주목할 필요가 있다. 9월 8일의 차대에서 고종이『책략』을 거론한 것은 정책 방향을 논의하기 위한 것이라기보다는 오히려 대미수교 추진을 위한 조정 내의 여론 조성에 목적이 있었던 것이다.[38] 이날 회의에서는 고종과 사전 교감이 있었던 듯 영의정 이최응이 적극적으로『책략』의 내용에 찬의를 표했을 뿐 아무런 이견도 제기되지 않았다. 차대의 결과는 외견상 대미수교 추진에 별다른 반대가 없어 고종의 의도가 성공한 듯 보인다.

하지만 고종의 지시로 좌의정 김병국의 집에서 열린 대신들의 회의에서는 완전히 다른 상황이 연출되었다. 러시아의 위협에 공감하면서도『책략』의 방아책에 대해 이견이 제기됐던 것이다. 대신들은 친중국·결일본에 대해서도 이견을 표출했지만, 연미국에 대해서 특히 큰 시각 차이를 드러냈다. 연미가 좋은 계책임을 인정하면서도 조선이 먼저 통호에 나서는 데는 반대하고, '柔遠之道'로 대하다보면 자연스럽게 통호하게 될 것이라고 주장했다. 미국과의 수교 가능성을 부정한 것은 아니지만 사실상『책략』의 연미론을 거부한 것이나 다름없었다.[39] 묘당의 여론은『책략』의 내용, 특히 대미수교 권유에 대해 그다

---

37) 김홍집이 8월 28일 복명서를 올리면서『책략』과「대청흠사필담」도 함께 올렸을 것이다(송병기, 1985, 앞의 책, 75쪽).
38)『淸季中日韓關係史料(二)』, 437쪽 ; 송병기, 1985, 위의 책, 76~77쪽.
39) 국사편찬위원회, 1958,「諸大臣獻議」, 앞의 책, 189~191쪽. 한편 송병기는 회의 결과를『책략』에서 말한 '하책'을 택한 것이기는 했지만 고종의 대미수교 방침에 대해 묘당이 양해한 것이라 간주했다(송병기, 1985, 앞의 책, 79~80쪽). 하지만 '제대신헌의'에 드러난 대신들의 뜻은 대미수교에 대한 반대 의견에 더 가까워 보인다.

지 우호적이지 못했던 것이다.

엄밀히 말하면『책략』의 내용은 그간 청국이 여러 경로로 조선에 전했던 정보와 비교해도 별반 새로울 것이 없었다. 1871년 이리사태 이후 청은 기회 있을 때마다 러시아의 위협에 대해 경각심을 갖도록 조선에 권고해왔고, 서양 열강과의 입약통상 권유도 여러 차례 있었다. 이들 권유에서 미국이 직접 입약통상의 대상으로 지목되지는 않았지만, 조선이 서양과 수교할 경우 가장 먼저 고려될 대상은 역시 평판이 좋은 미국일 수밖에 없었다.

1840년대에 전래되어 조선 지식인들에게 큰 영향을 끼친『해국도지』에 나타난 미국의 모습은 무예와 지모를 갖추고 공의와 대중을 중시하여 부강하면서도 소국을 침략하지 않는 정의로운 나라였다.[40]『해국도지』의 긍정적 미국관은 국내 개발에 치중하며 대외적으로는 미국의 유럽에 대한 불간섭, 유럽의 미국 대륙에 대한 불간섭, 유럽 제국에 의한 식민지 건설 배격을 근간으로 하는 먼로주의(Monroe Doctrine) 외교의 결과물이었다.[41] 1844년 비교적 공정한 조건의 望廈條約을 체결했고, 1856년 애로우호 사건 때도 러시아와 함께 거중조정했던 미국을 중국인들이 우호적인 국가로 인식한 것은 자연스러웠으며 조선인의 긍정적인 미국관 형성에도 영향을 끼쳤다.

한편 조선이 직접 경험한 미국의 이미지도 그다지 나쁘지 않았다. 1866년 와추세트호를 타고 내항한 슈펠트가 지극히 외교적 언어로 평

---

40)『해국도지』는 박규수의 긍정적인 미국관 형성에도 영향을 주었다(손형부, 1997,『박규수의 개화사상연구』, 일조각, 144~145쪽).
41) 李普珩, 1952,「美國 極東政策의 歷史的 變遷 －門戶開放 政策을 中心으로－」,『歷史學報』1, 72~75쪽.

화와 우호를 표방하였고,42) 비록 신미양요를 겪기는 했지만 미국 측
이 조선과의 우호관계를 희망하는 뜻을 공식 전달하고 철수함으로써
관계 개선의 여지를 남겨 놓았다.43) 『책략』에서 입약통상의 대상을
미국으로 적시한 점은 의미가 있지만, 조청 양국이 모두 서양 열강 중
미국을 가장 우호적인 국가로 여겼던 점에서는 이전의 입약통상 권고
도 이미 내용상 연미를 권유한 것이라 할 수 있다.

　일본과 관계를 더욱 돈독히 하라는 것 또한 1878년 9월 4일자 이홍
장의 서신에서 권고한 바 있다. 이홍장은 일본이 스스로 반성하여 점
차 분수를 지키는 것을 깨닫는 것 같다고 말하고, 하여장의 보고를 인
용하여 일본이 러시아를 자못 경계하여 조선과 '輔車脣齒'의 관계를
맺으려 하지만 조선이 성의껏 대하지 않음을 의심하고 있다고 말했
다. 그는 계속해서 러시아의 병선이 조선과 일본을 넘보고 있으므로
양국은 이에 대한 대비책을 강구해야 할 것이라며 『책략』의 '결일본'
론과 동일한 주장을 했던 것이다.44)

42) 손형부, 앞의 책, 145쪽.
43) 연갑수, 2001, 『대원군집권기 부국강병정책 연구』, 서울대출판부, 138~146쪽.
　　연갑수는 신미양요 이후 조미관계가 비우호적인 관계로 악화된 것이 아니라
　　신미양요 과정에서 양국 간에 이루어진 공식문서 교환으로 오히려 실질관계
　　가 더욱 진척되었다고 보았다. 격렬한 전투를 치른 이후 실질관계가 더욱 진
　　척되었다는 평가에는 의문이 있지만, 적어도 신미양요 과정에서 미국이 보여
　　준 행동은 조선의 당로자들이 미국을 프랑스와 비교하여 재인식하는 계기가
　　되었을 것이다.
44) 송병기, 1985, 앞의 책, 23~24쪽. 이홍장의 권고는 1879년 7월 9일자 서신에서
　　는 일본의 침략 가능성을 강하게 경고하는 것으로 바뀌고 있다. 이홍장의 서
　　신에서 불과 10개월 사이에 일본은 조선이 힘을 합쳐야 할 대상에서 경계해
　　야 할 대상으로 바뀐 것이다. 이홍장의 서신에 나타난 이러한 혼선은 일본의
　　유구 합병에 따른 청국의 위기의식이 반영된 결과였다. 조선 정부가 제2차
　　수신사 파견을 결정한 배경에는 청국으로부터 전해진 일본에 대한 혼란스러

　　결국『책략』의 내용은 청국이 1870년대 중반부터 여러 경로로 조선에 전했던 정보를 보다 구체화하고 체계화한 데 지나지 않았다.『책략』내용 중 새로운 점은 오히려 조선에 대한 영향력을 강화하려는 청국의 의도가 노골적으로 드러난 '친중국'론이지만, 이는 조선의 입장에서 달갑게 받아들일 수 없는 것이었다.45) 상황이 이러한데도 기존의 연구에서는『책략』전래와 조선이 대미수교와 초기 개화정책 추진에 적극 나서는 시점이 맞물려 있다는 이유로『책략』의 영향을 필요 이상으로 강조해왔다.

　　사실 조선 정부에서『책략』의 내용을 과연 얼마나 신뢰했을까 하는 점도 의문이다. 수신사 김홍집이 복명할 때 고종과 나눈 대화는 일본의 침략 가능성이 없고 러시아의 위협에 대한 대책 마련이 시급함을 확인하는 내용이었다. 이는 고종과 김홍집 사이에『책략』의 '방아를 위한 결일'의 필요성에 대한 공감대가 마련되었음을 보여준다.46) 또한 대신들의 회의에서도 러시아의 위협만은 사실로 인정하여 방아책 마련의 시급함에는 공감하는 분위기였다.47) 그러나 조선 조정에서『책략』의 내용을 그다지 신뢰하지 않았음을 보여주는 증거도 적지 않다.

　　『책략』의 논리가 성립되기 위해서는 조선에서 러시아의 위협을 실

운 정보를 직접 확인하려는 의도도 있었을 것이다.
45) 대신들도 논의에서 "어찌 따로 별다르게 觀親할 것이 있겠습니까? 이것은 이해할 수 없습니다."라고 거부감을 드러내었다(국사편찬위원회,「제대신헌의」, 190쪽).
46)『승정원일기』, 고종 17년 8월 28일조 ; 국사편찬위원회,「수신사김홍집입시연설」, 155~159쪽.
47) 국사편찬위원회,「제대신헌의」, 189쪽.

체적으로 인정해야만 한다. '친중국 · 결일본 · 연미국'을 하는 이유가 러시아의 위협을 막기 위한 것이었기 때문이다. 그런데 다음에 열거 하는 내용은 조선 정부가 과연 러시아의 위협을 사실로 믿었을까 의 문을 갖게 한다.

첫째, 김홍집의 복명 직후 조정의 지시로 北營이 조사한 러시아 동 정 보고가『책략』에서 말하는 러시아의 위협과는 상충되는 내용이었 다는 점이다. 북영에서 러시아 영내에 살고 있는 조선인을 초치하여 탐문해서 내린 결론은 "러시아는 여러 나라와 통상하는 것을 주로 삼 고 있으며, 다른 나라가 통상을 원하지 않으면 강요하지 않는다. 그러 므로 우리나라를 해칠 뜻이 없다."는 것이었다. 주목되는 것은 정부 당로자들이『책략』과 배치되는 결론을 내린 북영의 보고서를 내돌리 기를 꺼려했다는 점이다.[48] 정부 당로자들이 보고서를 은폐하려 했던 이유는 신빙성이 떨어진다는 판단 때문일 수도 있지만, 정책 추진에 장애가 될까 염려했기 때문일 수도 있다.

둘째,『책략』이 전래되는 1880년에 러시아의 블라디보스톡에는 이 미 조선인 학도들이 파견되어 고종의 경비 지원으로 공부하고 있었다 는 점이다. 고종이 규장각에 내려준 책자 목록인『內下册子目錄』에는 『海蔘威學徒 庚辰用下册』과『海蔘威學徒 辛巳用下册』이라는 두 권의 책자가 포함되어 있다. 이 책들은 목록으로만 확인될 뿐이어서 정확 한 내용을 알 길 없지만, 제목을 통해서 1880년과 1881년에 고종이 블

---

48) 송병기, 1985, 앞의 책, 125쪽 ; 구선희, 1998(b),「개화파의 대외인식과 그 변 화」,『한국근대 개화사상과 개화운동』, 신서원, 123쪽. 송병기는 국사편찬위 원회 소장 장서인『異國問答記』를 인용하여 북영의 보고 내용과 조선 당로자 들의 태도에 대해 서술했다.

라디보스톡에서 공부하고 있는 조선인 학도의 제반 경비를 부담했다
는 점만은 확인할 수 있다.[49] 조선 정부가 러시아를 위태롭게 여겼다
면 블라디보스톡에 학도를 파견할 수 없었을 것이다.

셋째, 조미조약이 체결되기도 전인 1882년 2월 17일에 조·러 양국
지방관 사이에 전염병이 유행할 경우 서로 그 소식을 알려준다는 각
서가 조정의 공식 승인 속에 교환되었다는 점[50]과 1882년 8월 도일한
제3차 수신사 박영효의 일본 내 활동에서도 러시아에 대한 특별한 경
계심이 보이지 않는다는 점이다. 박영효 일행은 조영조약 비준을 위
해 영국 외교관과 가장 자주 만났지만, 청국·미국·독일·벨기에·이
탈리아·프랑스·러시아 등의 외교관도 고르게 접촉했다.[51]

넷째, 이홍장의 밀함 경고도 무시했던 조선 정부가『책략』의 영향
으로 러시아의 위협을 현실적인 것으로 인식하였다는 것은 설득력이
떨어진다는 점이다. 더구나『책략』의 영향으로 형성된 조선의 '공로의
식' 혹은 '외아의식'이 지나치게 강조할 경우, 임오군란 이후 청의 내
정간섭 배제를 위해 추진한 '拒淸引俄策'을 설명하기가 어려워진다.
러시아 외교문서에 의하면, 1882년 도일한 김옥균·박영효·민영익
등이 러시아 공사 로젠(Romanovich R. Rosen)을 방문하여 청의 지나친
내정간섭에 분개하며 러시아와의 수교 의사를 전하였으며, 1883년 말
과 1884년 초 사이에 김옥균이 주일공사 다비도프(Alexandre P. Davydov)

---

49) 연갑수, 앞의 책, 124~125쪽. 연갑수는 조선인 학도들이 블라디보스톡에 있는
    러시아 군영에서 군사관계 기술을 습득한 것으로 추정했다.
50) 李瑄根, 1961,『韓國史(最近世篇)』, 진단학회, 을유문화사, 764~766쪽 ; 이언정,
    1999,「개항 전후 조선정부의 러시아 인식 연구」, 고려대 석사학위논문, 34쪽
    ; 연갑수, 위의 책, 125쪽.
51) 국사편찬위원회, 1958,「使和記略」, 앞의 책 참조.

에게 재차 수교 의사를 밝혔다. 또한 1884년 초 고종도 김관선을 노보키예프스키(Novokiyevskiy)에 파견하여 마쭈닌(N. G. Matiunin)에게 수교 의사를 밝히기도 했다.[52]

그렇다면 『책략』 도입 직후 대미수교와 개화정책 추진을 서두른 조선 정부의 정책 선회는 어찌 이해해야 할까? 결론부터 말하자면 『책략』의 전래로 조선 정부의 대외인식의 틀이 근본적으로 바뀐 것이 아니라, 고종을 중심으로 한 개화세력이 대미수교와 개화정책 추진을 정당화하는 명분으로 『책략』을 이용한 것이었다고 생각된다.[53]

1876년 2월 강화도조약 체결 당시 박규수·강위·신헌 등은 일본과 수교 협상을 벌이는 한편 척사론자들에 대응하여 대일수교의 당위성을 역설했다. 하지만 이들이 내세운 수교 논리는 당시의 정치적 조건 속에서 한계가 있을 수밖에 없었다.[54] 특히, 척사론자들의 왜양일체론에 대한 대응논리로 제시한 '與倭續好匪洋伊和'는 대일수교를 무사히 매듭짓는 데는 도움이 되었지만, 수교 이후 조선의 개화정책 추진에는 오히려 장애가 되었다. 국내의 반대여론을 의식한 것이기는 했

---

52) 임계순, 1984, 「조로밀약과 그 후의 조로관계(1884·1894)」, 『한로관계100년사』, 한국사연구협의회, 83~84쪽 ; 이언정, 위의 논문, 36~37쪽 ; 연갑수, 앞의 책, 126쪽 ; 김용구, 2001, 『세계관 충돌과 한말외교사, 1866~1882』, 문학과지성사, 405~407쪽 ; 허동현, 2002, 「1880년대 한국인들의 러시아 인식 양태」, 『한국민족운동사연구』 32, 47~48쪽.

53) 손형부는 『책략』 전래 직후 "기다렸다는 듯이 국왕 고종이나 영상 이최응이 연미책을 추진"한 것과 개화파에 의해 적극적인 개화정책이 추진된 것을 개화당의 활동과 연결시켜 파악했다. 또한 제2차 수신사행 이전에 이미 개화파들은 박규수·오경석에게서 비롯된 대미개국론을 추진하려는 의도가 있었다고 보았다(손형부, 앞의 책, 192~193쪽).

54) 이헌주, 2001, 「강위의 대일개국론과 그 성격」, 『한국근현대사연구』 19 및 Ⅴ장 참조.

지만, 일본과의 수교가 구호중수에 불과하고 양이와는 화호할 수 없
다고 규정지음으로써 스스로 운신의 폭을 좁혀 놓은 셈이 된 것이다.
그 결과 강화도조약 체결 직후 전격적으로 수신사 김기수의 파견을
결정하는 고종의 적극성에도 불구하고 『책략』이 도입되는 1880년까
지 4년여 동안 별다른 개화시책을 펼치지 못했던 것이다.

1879년 7월 9일자 이홍장의 밀함과 관련하여 이미 주목할 만한 움
직임들이 나타났다. 이홍장은 밀함에서 일본이 영·불·미 등 여러 나
라와 함께, 혹은 러시아와 함께 조선을 침략할 가능성이 있음을 경고
하고, 이에 대한 대책으로 무비를 튼튼히 하고 조약을 준수함으로써
일본에 빌미를 제공하지 않아야 하며, 보다 근본적으로는 서양 열강
과의 입약통상을 권했다. 이에 대해 조선 정부는 이유원의 1879년 11월
12일자 회함을 통해 서양과 입약통상할 수 없는 이유를 조목조목 들
며 거절했다. 하지만 이홍장의 밀함은 조선 정부가 수신사 김홍집을
일본에 파견하고, 副司果 李容肅을 청국에 파견하여 무비강구 교섭을
추진하는 결정을 내리는 데 영향을 주었다. 고종은 국내 여론상 추진
이 어려운 서양 열강과의 입약통상 대신 차선책인 무비강구를 택했던
셈이다.[55)]

무비강구 교섭은 1880년 7월 조선이 副司直 卞元圭를 別賚咨官에
임명하여 무비강구를 공식적으로 요청하면서 급진전했다. 변원규는
8월 25일 청 예부에 '請講究武備咨文'을 전달하고, 9월 16일에는 津海
關道 鄭藻如 등과 무비강구에 대해 협의하는 한편, 9월 22일에는 이홍
장과도 회담했다. 주목되는 것은 이홍장과의 회담에서는 현안인 무비

---

55) 송병기, 1985, 앞의 책, 28~44쪽.

강구 문제보다 개항장 동래 · 원산에서의 관세 징수와 관세율, 서양 열강과의 입약통상 등의 문제가 중심이 되었다는 점이다. 이는 변원규의 청국 파견이 무비강구보다는 이홍장이 밀함을 보내 서양 열강과의 입약통상을 권고한 사정을 보다 분명히 파악하려는 의도였음을 보여준다.56)

한편 1880년에는 슈펠트가 티콘데로가호(Ticonderoga)를 타고 내항하여 조선과의 수교 교섭을 추진하였는데, 그는 부산 주재 일본영사 곤도 마스키(近藤眞鋤) 앞으로 보내는 이노우에 외무경의 소개장을 얻어 3월 25일 부산에 도착했다. 슈펠트는 곤도 영사에게 조선 국왕에게 봉정하는 서신을 전달해 줄 것을 부탁했다. 곤도 영사는 동래부사 沈東臣을 방문해 슈펠트의 서신을 전달하려 했지만, 동래부사는 서신 수리를 거절하며 도리어 곤도 영사에게 미국 군함의 조속한 퇴거를 부탁했다. 이에 따라 곤도 영사는 슈펠트의 서신을 반환하기에 이르렀고, 슈펠트의 첫 번째 교섭 시도는 실패로 끝났다.

일본으로 돌아간 슈펠트는 다시 이노우에 외무경과 협의하여 조선 예조로 보내는 이노우에 외무경의 公信 속에 자신의 서신을 봉함하여 보내는 방식으로 재차 교섭을 시도했다. 슈펠트의 두 번째 시도는 서신이 동래부사를 거쳐 서울로까지 체송됨으로써 일단 성공한 듯 보였다. 하지만 조선 정부는 슈펠트의 서신이 '대고려'라는 잘못된 국호를 쓴 점, 국왕에게 직접 보내는 어람이라는 문자를 쓴 부적절성을 이유

---

56) 송병기, 위의 책, 123~124쪽. 송병기는 『승정원일기』 고종 17년 7월 8일조에 나타나는 의주부에 도착하는 변원규의 수본을 조속히, 또 굳게 봉하여 상송 입품하게 분부하는 고종의 지시가 수본의 내용이 조약 체결과 관련된 것이기 때문이라 추정했다.

로 슈펠트의 서신을 개봉도 하지 않은 채 반환했다. 결국 슈펠트의 두 번째 교섭 시도도 실패로 끝나고 만 것이다.[57]

　주목할 점은 슈펠트가 교섭 시도를 위해 부산에 왔을 때 황해도 관찰사 朴承輝 명의의 서신 한 통을 전달받았다는 것이다. 슈펠트는 제너럴 셔먼호의 진상 파악을 위해 1866년 12월 전함 와추세트호(Wachusett)를 타고 황해도 장연현 앞바다에 왔을 때 각각 국왕과 장연현감에게 보내는 편지를 전하고 1주일 만에 떠난 바 있다. 이때 평안감사 박규수가 황해도 관찰사를 대신하여 답신을 작성했지만 슈펠트가 조선 해역을 떠났기 때문에 끝내 전달되지 못했다. 슈펠트가 받은 것은 바로 박규수의 답신이 13년여 만에 전달된 것이었다.[58] 하지만 1880년 슈펠트가 전달받은 서신은 1866년 박규수가 작성했던 답장과는 다소 차이가 있었다. 영역되어 전하는 서신은 『同文彙考』나 『瓛齋集』에 실린 박규수의 글과 내용상 동일하지만, 서신의 말미에 간과할 수 없는 중대한 차이가 드러난다. 즉, "귀국의 풍속이 禮讓을 숭상해서 연방 국가를 형성했다는 것은 중국도 아는 바이다."라는 내용이 영문 서신에는 "다른 나라와의 교섭을 통하여 커다란 번영을 가져오겠다는 귀국의 관행이 우방인 청국은 물론 우리나라 전국에까지 인식되었다는 사실이다."로 바뀌어 있다. 1866년의 글에는 조선의 대미인식을 언급하지 않은 데 반하여, 1880년의 글에는 조선이 미국을 우호적으로 바라보고 있음을 분명히 했던 것이다. 또한 '교섭(intercourse)'이라는 표현

---

57) 이보형, 1961, 「Shufeldt 제독과 1880年의 조·미교섭」, 『역사학보』 15, 67~76쪽.
58) 슈펠트가 답신의 사본을 직접 받아보게 된 것은 1880년 5월 동래부사 심동신으로부터지만, 이 편지는 1868년 페비거 함장이 내항했을 때 이미 미국 측에 전달되었다(김원모, 1983, 「슈펠트의 탐문항행과 조선개항계획」, 『동방학지』 35, 262쪽).

을 의식적으로 사용하여 조선이 미국과 교섭할 의사가 있음을 우회적으로 드러냈다.[59]

결국 조선 정부는 공식적으로는 서양 열강과 입약통상하라는 이홍장의 권고와 일본의 주선으로 수교를 타진한 슈펠트의 요구를 단호하게 거절하면서도 이면에서 조심스럽게 조약 체결을 염두에 둔 움직임을 진행하였던 셈이다. 조선 정부의 이러한 행보는 조야를 막론하고 척사적 여론이 우위를 점했던 정치적 상황에서 기인한다. 더구나 대일수교를 관철시키는 논리로 '중수구호'와 '비양이화'를 내걸었으므로 서양과의 수교를 추진할 명분도, 논리도 취약할 수밖에 없었다. 따라서 대미수교와 서구의 근대문물을 받아들이는 개화정책을 추진하기 위해서는 설득력 있는 논리와 명분이 마련되지 않으면 안 되었다.

제2차 수신사 일행이 귀국할 때 가지고 온『책략』은 조선이 대미수교와 개화정책을 추진하는 전기를 마련해 주었다. 하지만 전술했듯이 『책략』의 내용은 새로운 것이 못되었고, 오히려 조선에 대한 종주권을 강화하려는 청국의 속셈이 노골적으로 드러난 것이기까지 했다. 따라서『책략』전래의 의의는 무엇보다도 고종과 개화세력에게 대미수교·개화정책 추진의 명분과 논리를 제공했다는 점에서 찾아야 할 것이다. 이렇게 볼 때만이 수신사 김홍집이 복명한 지 불과 4일 만인

---

59) 연갑수, 앞의 책, 127~146쪽. 연갑수는 미국과의 교섭을 희망하는 국왕 혹은 그 핵심 측근들이 새로 작성된 답서의 전달을 지시한 것으로 추정했다. 그런데 슈펠트에게 전달된 서신의 실체에 대해서는 보다 면밀한 검토가 요구된다. 5월 6일 곤도 영사를 통해 서신을 전달하려던 시도가 거절된 직후 슈펠트는 바로 부산을 떠나 동경으로 돌아갔다(이보형, 1961, 앞의 논문, 69~70쪽). 슈펠트의 내항 사실이 조선 정부에 보고된 것이 슈펠트가 이미 부산을 떠난 후인 5월 18일이었으므로 서울의 누군가의 지시에 따라 수정된 답신을 전달할 수는 없기 때문이다.

9월 3일에 대미수교 의사를 전하기 위해 주일 청국공사 하여장에게 이동인을 밀사로 파견한 고종의 전격적인 결정도 합리적으로 설명된 다.[60]

대미수교와 개화정책 추진의 명분과 논리가 필요했던 고종을 중심으로 하는 개화세력은 『책략』을 어떻게 이용하고 있었을까? 우선 9월 8일 重熙堂 會議에서 고종과 영의정 이최응이 주고받은 대화의 일부를 살펴보자.

> (상왈) 우리나라 사람들이 공연히 믿지 않아서 뜬소문만 많겠구려.
> (최응왈) 聖敎가 지당하십니다.
> (상왈) 수신사행 중 가져온 책자는 淸使가 전한 바로 두터운 뜻이 일본 보다 더하구려. 그 책자를 대신 또한 보았소?
> (최응왈) 일본이 이처럼 款曲한데, 하물며 청인이야 어떠하겠습니까? 반드시 귀로 듣는 것이 있는 까닭에 우리나라로 하여금 이에 대비하라는 것인데, 우리나라 인심이 본래 의심이 많아 장차 덮어 두고 고구하지 않을 것입니다.
> (상왈) 그 책자를 보니 과연 어떠하였소?
> (최응왈) 신이 과연 보았습니다. 저들의 여러 조목의 논변이 우리의 심산과 부합하여 한 번 보고 묶어 시렁에 두어서는 안 될 것입니다.[61]

중희당 회의는 대미수교를 결심한 고종이 조정 내의 여론을 조성하

---

60) 대미수교는 정치적으로 대단히 예민한 사안이기 때문에 『책략』을 읽고 공감하는 바가 아무리 컸다 하더라도 불과 4일 만에 결정할 수 있을 정도로 간단한 문제가 아니었다. 이는 『책략』의 전래가 '신사척사운동'이라는 유생들의 거센 저항을 불러온 것에서도 알 수 있다.

61) 『승정원일기』, 고종 17년 9월 8일조 ; 송병기, 2000, 앞의 책, 101쪽.

기 위해 연 것이다. 이 자리에서는 고종과 사전 교감이 있었던 것으로 보이는 이최응만이 적극적으로 나서 대미수교에 찬성했다.[62] 위의 대화에서 고종과 이최응이 사전에 말을 맞춘 듯 특정한 방향으로 결론을 몰아갔음을 볼 수 있다. 조선 사람들은 의심이 많아 후의를 가지고 대하는 일본인을 공연히 의심한다며, 『책략』을 전해준 청 사신의 후의는 일본보다 훨씬 더한 것이라 하였다. 그런데 청 사신이 조선을 생각해서 후의로 전한 『책략』을 사람들이 의심하여 믿지 않겠지만, 내용을 살펴보면 우리의 심산에도 부합되는 것이어서 활용해야만 한다는 것이다. 결국 고종과 이최응은 사람들의 의심 많음을 탓하며 『책략』의 방책을 추진하려는 뜻을 분명히 한 셈이다. 대일수교 당시 양이와는 수교하지 않는다고 천명했던 조선 정부로서는 대미수교를 추진할 명분이 궁색할 수밖에 없었는데 그 탈출구를 『책략』을 전해준 청국인의 후의에서 찾았던 것이다.

조선 정부가 서양 열강에 대해 문호를 열기 위해서는 '방아를 위한 어쩔 수 없는 선택'이라는 것 이상의 논리가 마련되지 않으면 안 되었다. 『책략』에서 '방아를 위해 친중국·결일본·연미국해서 자강정책을 추진해야 한다.'는 조선 정부의 정책 추진 방향을 제시한 점은 주목받아 마땅하다. 하지만 조선 정부가 이미 비슷한 내용의 청국 측 권고를 수차례 거절했음을 고려하면, 고종을 중심으로 한 개화세력이 『책략』에서 주목한 것은 다른 것이었다고 생각된다.

고종과 개화세력은 내부의 강한 반발을 무릅쓰고 정책을 추진해야

---

62) 이최응은 일본과 서계접수를 둘러싸고 마찰을 빚던 1875년 6월 13일의 차대에서 고종의 뜻을 받들어 박규수와 함께 서계접수를 주장한 바 있다.

했으므로 반대여론을 무마할 수 있는 논리가 절실했던 것이다. 황준헌은 『책략』에서 자문자답 형식으로 조선 정부가 결일본·연미국을 추진할 때 부딪힐 반론들을 거론하여 조목조목 반박함으로써 '친중·결일·연미'의 구체적 함의를 설명했다. 황준헌의 의도는 부연 설명을 통해 조선 정부가 『책략』의 방책을 수용하게 하려는 것이었지만, 조선 정부로서는 아쉬운 대로 정책 추진의 최대 걸림돌이었던 국내의 반대여론에 대응할 반박논리를 얻게 된 셈이었다.

한편 『책략』의 전래에서 간과해서는 안 될 문제는 청국과 조선이 각각 『책략』을 어떠한 의도에서 전달하고 받았는가 하는 점이다. 당시 조청 양국이 처한 조건이 달랐음을 고려한다면, 양국이 상이한 관점으로 『책략』에 접근했다고 파악하는 것이 옳을 것이다.

전술했듯이 『책략』은 어디까지나 청국의 위기의식과 이해관계를 반영한 것이었고, 청국의 관심은 러시아에 대한 견제와 조선에 대한 종주권의 안정화에 초점이 있었다. 청국의 의도에서 보면 『책략』은 '방아책'이며 '친중책'이라 할 수 있고, 결일본·연미국은 방아를 위해 불가피하게 권고한 사안에 지나지 않았던 것이다.[63]

반면 『책략』을 수용한 조선의 입장에서 그것은 '연미자강책'으로서의 의미가 컸다고 생각된다. 조선 정부가 『책략』에 언급된 러시아의 위협에 공감하기는 어려웠고, 청국의 영향력을 확대하려는 속셈이 노골적으로 드러난 '친중국론'도 달가워했다고 보기 어렵다.[64] 하지만

---

63) 최근 유바다는 『책략』의 친중국론이 조선에 대한 청의 종주권을 국제법적으로 공인받으려 한 것으로 『만국공법』에 나타나는 屬國(Dependent State) 내지 半主之國(Semi-sovereign State)으로 삼으려 한 것이라고 보았다(유바다, 2016, 『19세기 후반 조선의 국제법적 지위에 관한 연구』, 고려대학교 한국사학과 박사학위논문, 133~138쪽).

'연미론'은 대미수교를 원했으나 정치적 상황으로 인해 머뭇거렸던 고종과 개화세력 입장에서는 크게 환영할 만한 것이었다. 또한 대미수교는 강화도조약을 '중수구호'·'비양이화'의 명목으로 체결함으로써 서구문물 도입의 명분을 스스로 차단한 개화세력으로서는 개화정책 추진을 위해서도 반드시 필요한 것이었다.[65]

『책략』전래를 계기로 대일수교 이후 4년여 동안 별다른 진전을 보이지 못하던 개화정책도 탄력을 받게 되었다. 조선 정부는 1880년 11월 초순 이용숙을 이홍장에게 파견하여 대미수교를 포함한 서양 각국과의 수교 결심을 전달하는 한편, 1881년 2월초에는 주일청국공사 하여장에게도 卓挺埴을 파견하여 대미수교 방침을 알렸다.[66] 아울러 조선 정부의 대일외교도 한층 적극화하여 1880년 11월 이후 국서 봉정, 공사 주경, 인천 개항 등 양국 간의 해묵은 현안들을 차례로 타결했다. 조선 정부의 개화시책 추진은 먼저 주목할 만한 제도개혁으로 나타났다. 1880년 12월 21일 청의 總理各國事務衙門을 모방한 統理機務衙門을 설치하여 개화정책을 통괄하도록 하는 한편, 1881년 4월에는 종래의 5영을 武衛·壯禦의 2영으로 고치고, 무위영 안에 신식군대

---

64) 1882년 2월 고종은 어윤중을 문의관으로 임명하여 파견하면서 청과 새로운 통상관계를 맺고자 하는 강한 의지를 표명하면서 사신문제 변경에 대해서도 청과 논의하도록 지시했다. 이는 청과의 관계를 근대 국제공법체제하의 독립국 대 독립국의 관계로 전환시키려는 의지를 표현한 것이었다(구선희, 1998(a), 「개화기 조선의 초기개화정책 형성과 청의 영향」, 『사학연구』 55·56, 623~624쪽).

65) 조선 개화세력의 『책략』 수용 태도를 잘 보여주는 글이 강위의 「駁鄂羅不可先聯議」와 「擬誥」이다. 이에 대해서는 후술할 것이다.

66) 송병기, 2000, 「개항 초기의 조청관계」, 『한국사』 37, 국사편찬위원회, 281~282쪽.

별기군을 설치하여 일본인 교관의 조련을 받도록 하는 군제개편을 단행했다. 또한 청일 양국의 개화문물을 배우려는 노력도 시작되어 1881년 1월 朝士視察團을 일본에 파견하여 개화의 실태를 살펴보도록 했고, 같은 해 9월에는 金允植을 領選使로 삼아 學徒·工匠을 청에 파견하여 무기제조법 등을 배우도록 조치했다.

조선 정부의 대미수교 방침은 이미 정해졌지만 완강한 척사여론으로 인하여 그 추진이 쉽지 않았다. 고종은 1881년 9월 말 영선사 김윤식을 파견하여 조미수교에 대한 청 황제의 조서를 요청하는 한편, 이홍장과 대미수교 문제에 대한 세부적인 논의를 진행하게 했다. 김윤식은 保定에서 이루어진 이홍장과의 5차례 회담에서 슈펠트와의 직접 협상의 주선을 요청하고, 李東仁 草稿를 비롯한 3종의 조약 초고를 제시하는 등 조선의 입장을 최대한 반영하고자 노력했다. 하지만 슈펠트와의 직접 협상 주장은 이홍장에 의해 全權이 아니라는 이유로 거절당하고 말았다. 결국 조미수교 협상은 당사자인 조선이 배제된 채 이홍장과 슈펠트 사이에서 진행되었고, 조미수호조약의 조인은 1882년 4월 6일 인천에서 이루어졌다.[67]

조선 정부의 의도는 청국의 주선으로 조미조약을 달성하려는 데 있었지만, 조선이 완전히 배제된 채 청국의 주도 하에 대미협상이 이루어졌던 것이다. 국내의 반대여론으로 인해 극비리에 대미수교를 추진한 제약으로 불가피했던 면도 있었지만, 어윤중·김윤식 등이 조선이 중국의 속방임을 조약문에 명시하려는 이홍장의 주장에 대해 아무런 이의 제기도 없이 찬동한 것은 조선 정부의 인식에 근본적인 한계가

---

67) 송병기, 1985, 앞의 책, 193~242쪽.

있었음을 말해준다. 조미조약은 조선이 서양 국제법 질서에 본격적으로 편입됨을 의미했지만, 이제 막 문호를 열게 된 조선 정부가 이를 깨닫기는 무리였을 것이다. 대미수교를 주도한 고종과 개화세력들은 여전히 전통적인 조청관계의 유지를 전제로 한 세력균형을 추구했던 것이다.[68] 전통적 조청관계의 틀을 벗어난 국제질서 인식은 임오군란 이후 청국의 속방화 정책 강화에 대한 대응으로 비로소 나타나게 된다.

② 유생들의 반개화운동

『책략』도입을 계기로 조선 개화세력은 대미수교와 개화정책 추진에 적극적이었지만, 묘당을 비롯하여 조정의 분위기는 그리 호의적이지 못했다. 조정 내의 반발은 1880년 10월 1일 兵曹正郎 劉元植을 시작으로 12월 17일 前 正言 許元栻, 12월 28일에는 司憲府 掌令 李駿善 등이 『책략』의 내용에 반대하는 상소를 올리는 것으로 나타났다.[69] 이 중 유원식의 상소는 『책략』의 "耶蘇·天主의 學은 吾敎에 朱·陸이 있는 것과 같다."는 구절에 주목하여 이를 들여온 김홍집과 침묵하는 성균관을 비판하며 서원 복설을 청하는 것이어서 자칫 유림의 척사운동

---

68) 구선희, 1998(b), 앞의 논문, 147쪽 ; 송병기, 2000, 「조미조약의 체결」, 『한국사』 37, 302쪽. 아키즈키 노조미(秋月望)는 어윤중이 '자주'와 '독립'을 다른 범주의 개념으로 생각했으며, 그가 이해한 '자주'는 만국공법의 논리에서 말하는 '자주'가 아니고 중화 시스템의 문맥에서의 '자주'였음을 지적했다. 즉, "朝鮮雖係屬國 一切政敎禁令皆由該國主持"라는 문맥 속에서 사용된 의미의 '자주'였다는 것이다(秋月望, 2001, 「스에마쓰 지로(末松二郎)의 필담록에 나타난 '근대'」, 『근대교류사와 상호인식 I』, 고대 아세아문제연구소, 31~32쪽).
69) 『승정원일기』, 고종 17년 10월 1일·12월 17일·12월 28일조.

을 자극할 위험성이 있는 내용이었다. 이를 위험시한 조정에서는 즉각 유원식을 평안도 철산으로 유배시키는 강경한 조치를 취했다. 12월 말 올라온 이준선의 상소를 끝으로 조정 내의 반발은 수그러들고, 점차 대미수교와 자강정책 추진에 찬성하는 조신들의 수가 늘어나게 되었다.[70]

1881년에 들어서면서 조정 내의 분위기가 호전되었지만 재야 유생들의 반대는 오히려 확산되어갔다. 1881년 2월 18일 퇴계 이황의 후손인 예안 유생 李晩孫을 疏首로 한 영남 유생들이 복궐하여 올린 嶺南萬人疏로 시작된 척사상소가 3월 하순부터는 전국적 규모의 척사상소운동으로 번져갔던 것이다. 척사상소운동이 전국적으로 확산되어 가면서 상소의 내용에도 변화가 나타나기 시작했다. 이른바 '辛巳斥邪運動'의 시작을 알린 만인소는,

더욱 통분한 일은 저 황준헌이란 자가 중국인을 자칭하면서 일본의 說客이 되고, 예수의 善神이 되고, 기꺼이 난적의 효시가 되고, 금수와 같은 무리에 스스로 돌아가니 고금 천하에 어찌 이런 도리가 있겠습니까? 이는 필시 지난날 그물을 빠져나간 괴수가 강화도의 패전을 분개하면서도 병력으로 승리를 취할 수 없음을 알고, 또한 동방의 바른 예속으로 보아 사설로 속이지 못함을 알므로, 감언으로 낚고 격한 말로 위협하여, 요행으로 이 땅을 잠식할 욕망을 채우고자 여기저기를 돌아다니면서 사방을 물들게 할 간계를 펴려는 것이 아니겠습니까? 그렇지 않다면 달콤한 말로 유혹함과 위태롭다는 말로 위협하는 것이 이미 극

70) 송병기, 1985, 앞의 책, 159~164쪽. 1881년 2월초 하여장에게 대미수교 방침을 통보하기 위해 일본에 파견된 탁정식이 "朝中諸臣願外交者己有十之七 唯民間則十無一人"이라고 밝힌 데서도 조정 내의 달라진 분위기를 알 수 있다 (『淸季中日韓關係史料(二)』, 504쪽).

심한 것입니다. 또한 어찌 전교가 해가 없다는 말이 말미에 붙어 있는
것입니까? 그 마음의 소재를 어렵지 않게 알 수 있습니다. 이로 말미암
아 보건대, 그 사람의 眞假는 또한 알 수 없으나, 설사 참이요 거짓이
아니라 하더라도 그가 사교도에 불과하며, 사교로써 재상을 속이고,
재상이 또한 그것으로써 전하를 속인 것입니다.[71]

라고 하여 황준헌을 '일본의 세객'이며 '예수의 선신'이라 규정짓고 있
다는 점이 주목된다. 만인소에서는 앞서 유원식이 비판한 "야소·천
주의 학은 吾敎에 朱·陸이 있는 것과 같다."는 대목을 비롯해서 『책
략』의 방아·친중·결일·연미·자강의 논리가 빠짐없이 조목조목 비
판되었다. 하지만 비판의 대상은 어디까지나 『책략』과 그 논리에만
한정되었을 뿐이었다.

　3월 하순 이후의 척사상소에서는 비판의 대상이 비단 『책략』에만
머물지 않고 일본과의 강화 및 개화정책으로까지 확산되는 새로운 양
상이 전개되었다. 3월 23일 藍浦의 黃載顯, 扶餘의 洪時中이 올린 상
소와 柳冀永 등 경기도 유생, 韓洪烈 등 충청도 유생들의 상소가 모두
그러하였다.[72]

　　이런 무리들은 저들 왜에게 속았고 전하는 이런 무리들에게 속은
　　것입니다. 원컨대 신은 전하께서 속은 것을 분별하시기 바랍니다. 이
　　무리들은 아뢰기를, "왜인들과 화친하는 것은 그전부터 있던 제도이지
　　오늘 처음으로 하는 일이 아니다."라고 하는데 여기에는 크게 그렇지
　　않은 점이 있습니다. … 오늘의 화친이라는 것은 이와 반대로 지역을

---

71) 「嶺南萬人疏」.
72) 송병기, 1985, 앞의 책, 168~170쪽.

제 마음대로 골라서 요충지를 차지할 뿐 아니라 수도 부근의 연안에까지 진출하여 海禁을 깨뜨리고 수도 안으로 마구 들어오는 것을 검열해 낼 수 없으니 이것은 곧 우리가 왜인에게 제재를 받는 것으로 됩니다. 또 아뢰기를, "우리가 화친하는 것은 왜인이고 양인이 아니므로 해롭지 않다."고 하는데 이것도 완전히 그렇지 않은 점이 있습니다. … 심정이 서로 통하고 머리도 서로 바뀌 왜인이 양인이고 양인이 왜인이라는 것은 지혜로운 사람이 아니더라도 분별할 수 있습니다.[73]

위 글은 홍시중이 올린 상소문의 일부이다. 그는 1876년 2월 강화도 조약 추진 당시 조선 정부가 수교 명분으로 내세웠던 '구호중수론'과 '왜양분리론'을 정면으로 공박하고 '왜양일체론'을 제시했다. 결국 그는 『책략』에서 말한 결일본·연미국론의 잘잘못을 떠나 대일수교의 정당성에 대해 근본적인 문제를 제기했던 셈이다. 이미 이루어진 대일수교마저도 왜양일체론의 관점에서 부정하고 있는 상황이니 대미수교와 서구문물 수용은 상상도 할 수 없는 일이었다. 그는 고종에게 『中西聞見』·『萬國公法』·『公史地球』·『瀛環申報』·『興亞會雜事詩』·『續今日抄工業六學』·『조선책략』 등의 서적을 일일이 찾아내어 종로 거리에서 불태우고 척사의 뜻을 분명히 하라고 요청하기까지 하였다.

조선 정부는 날로 격화되어 가는 유생들의 척사상소에 당황할 수밖에 없었다. 황재현과 홍시중을 귀양 보내는 강경조치를 취하기도 했지만,[74] 유생들과 타협하는 유화책도 쓰지 않을 수 없었다. 그 결과 조정에서는 귀국 후 이조참의, 예조참판[75]으로 승진했던 김홍집을

73) 『승정원일기』, 고종 18년 3월 23일조.
74) 『승정원일기』, 고종 18년 3월 27일조 및 4월 27일조.
75) 『승정원일기』, 고종 17년 10월 1일조 및 11월 12일조.

1881년 3월 6일 파면하고 4월 10일에는 부평부로 귀양 보냈다.[76] 아울러 동년 5월 15일에는 고종이 8道와 4都에 척사윤음을 내려 사학을 근절할 뜻을 분명히 밝히기까지 하였다. 이러한 조정의 조치에도 불구하고 유생들의 척사상소는 줄어들지 않고 오히려 더욱 격화되었다. 4월 이후 수개월 동안 伏閣하던 충청·전라·강원·경기 4도 유생들의 상소가 봉입된 것은 윤 7월 6일이었다. 이 중 華西 李恒老의 문인 洪在鶴을 소수로 한 강원유소는 척사·척왜를 주장한 점에서는 다를 바 없었으나, 묘당과 고종, 그리고 척사윤음을 직접 공박했다는 점 때문에 심각한 문제가 되었다. 결국 조정으로부터 '至凶絶悖'한 것으로 지탄을 받고 소수이며 製疏者인 홍재학이 처형당하고 가산이 적몰되는 상황에 이르렀다. 조정의 이러한 조치는 윤 7월 이후 척사운동에 대한 대응방침이 회유에서 탄압으로 바뀌었음을 보여주지만, 조정의 탄압에도 불구하고 유생들의 상소는 쉽게 수그러들지 않았다.[77] 그러나 1881년 8월 28일 대원군 세력에 대한 철저한 탄압으로 끝난 '안기영사건'이 터지면서 거세게 일어나던 유생들의 상소도 사실상 자취를 감추게 되었다.[78]

2) 연미자강론 제기와 그 의의

강위가 1876년 박규수·신헌 등과 함께 대일수교 교섭에 참여하여 일본의 의도와 국제 정세를 분석하는 한편, '왜양일체론'으로 대표되

---

76) 『승정원일기』, 고종 18년 3월 6일조 및 4월 10일조.
77) 송병기, 1985, 앞의 책, 171~176쪽.
78) '안기영사건'에 대해서는 송병기, 위의 책, 177~187쪽 참조.

는 수교반대론에 반박하는 대응논리를 폄으로써 조약 체결에 기여했음은 Ⅴ장에서 밝혔다.[79] 수신사행에 참여하여 김홍집의 정세 판단을 도왔던 그였기에 귀국 후 『책략』 반입이 문제가 되어 격렬한 반개화운동이 전개되자 수수방관만 할 수는 없었다. 그는 『책략』 반입에 직접 관여한 당사자의 한사람으로서 『책략』의 연미론을 옹호하고 자강정책 추진의 필요성을 주장하는 「駁鄙羅不可先聯議」(이하 「議」)와 「擬誥」 두 편의 글을 지었다. 이 글들은 조선의 개화세력이 『책략』을 어떠한 입장에서 수용하였던가를 잘 보여주지만, 글의 성격이 전자는 '연미'에, 후자는 '자강'에 초점이 맞춰져 있고 작성 시점도 차이가 있다.

　「의」는 『책략』의 연미론에 반발하여 차라리 러시아와 수교하는 것이 낫다는 주장에 대해 논박하고, 미국과의 수교가 우선되어야 하는 이유를 논리적으로 밝힌 글이다. 반면 「의고」는 대일수교의 정당성마저도 부정하는 척사유생들의 주장을 임금의 告諭文 형식을 빌려 반박하고 타이르는 글이다. 「의」와 「의고」는 모두 저술시점을 정확히 알 수는 없지만, 「의」가 「의고」보다 시간적으로 다소 앞선 것만은 확실하다. 왜냐하면 이 글들은 『책략』 반입 이후 나타난 척사론자들의 서로 다른 두 가지 반발 흐름에 각각 대응한 것으로 보이기 때문이다.

　후술하겠지만 『책략』 반입으로 촉발된 척사유소운동은 1881년 2월의 영남만인소까지는 주로 『책략』 도입과 그 논리에 대한 반발이었지만, 1881년 3월 하순부터는 문호개방 자체에 대한 반대로 내용이 변화해갔다.[80] 「의」는 전자에 대한 대응이었고, 「의고」는 후자에 대해 반

---

79) 이헌주, 2001, 앞의 논문 및 Ⅴ장 참조.

박하기 위해 작성된 것이다.[81] 따라서 「의」가 쓰인 시점은 『책략』의 내용에 대한 반발에 머물던 1881년 3월 이전이라 생각된다. 한편 「의고」는 대일 강화의 부당함을 지적한 데 대한 반박이 보이므로 1881년 3월 23일 이후임은 확실하지만,[82] 서두에 "무리를 모아 대궐 앞에 와서 떠들썩하게 부르짖은 것이 여러 달 지났다."라 한 것으로 보아 빨라도 1881년 5월 이후에 작성된 글이다.[83] 또한 1881년 8월말 터진 '안기영사건'을 계기로 사실상 유생들의 척사상소운동이 끝나게 되므로 「의고」는 1881년 5월에서 8월말 사이의 어느 시점에 작성된 글로 볼 수 있다.

① 연미의 논리

「의」는 文一平이 『韓美五十年史』의 「朝鮮識者의 聯美說」에서 '의'라는 제목으로 개요가 소개된 바 있다.[84] 「의」의 내용을 살피기에 앞

---

80) 송병기, 1985, 앞의 책, 164~177쪽.

81) 주승택, 1991(b), 「강위의 개화사상과 외교활동」, 『한국문화』 12, 155쪽. 주승택은 「의」를 개항을 피할 수 없는 대세로 인정한 조신들 사이의 논란에 대해 강위가 견해를 밝힌 것으로 파악했다. 「의」를 조신들 사이의 논란에 대한 대응으로 본 것은 옳다고 생각되지만, 조신들이 개항을 피할 수 없는 대세로 인정했다고 한 것은 잘못된 지적이다. 『책략』 전래 이후 나타난 조신들의 반대 상소가 대일수교 자체에 대한 부정으로 나아가지는 않았지만, 기본적으로 척사위정론에 입각한 반개화적 성격을 띠었기 때문이다.

82) 일본과의 강화·개화정책 전반에 관한 비판을 담은 상소는 1881년 3월 23일 黃載顯·洪時中에게서부터 나타난다(『승정원일기』, 고종 18년 3월 23일조 ; 송병기, 1985, 앞의 책, 169쪽).

83) 『고환당집』, 「의고」. 영남 유생들이 궐문에서 복합한 것이 2월 18일이고, 통상 여러 달(屢月)은 석 달 이상을 말하므로 「의고」의 작성 시점은 빨라야 5월이라 볼 수 있다.

84) 문일평 저·이광린 교주, 1975, 『韓美五十年史』, 탐구당, 48~51쪽. 이광린은

서 글 제목의 문제에 대해서 언급해 두고자 한다. '박악라불가선연의'
의 의미를 풀이한다면, '鄂羅(俄羅斯)와 먼저 연합할 수 없다는 주장을
논박하는 議가 될 것이다. 제목만 보면, 강위가 러시아와 먼저 연합해
서는 안 된다는 누군가의 주장을 논박하면서 聯俄論을 펴고 있는 듯
이 여겨진다. 하지만 글의 실제 내용은 오히려 러시아와의 수교보다
미국과의 수교가 우선돼야 한다는 것이 골자로 제목과 상충한다. 글
의 내용에 부합하는 제목이 되려면 '駁鄂羅可先聯議' 혹은 '駁鄂羅不
可不先聯議'가 되어야 옳을 것이다. 제목과 내용의 불일치가 빚어진
정확한 원인에 대해서는 알 길이 없지만, 1935년 증손 강범식이 가전
되어 오던 강위의 유고를 필사하여 『古歡堂集』으로 묶는 과정에서 실
수로 '不'자를 덧붙였거나 누락시켰던 것이 아닐까 추정된다.[85]

강위는 「의」의 첫머리에서 나라를 다스리는 일을 바둑판에 비유하
여 "먼저 두어 다른 사람을 제압하면 이기는 것이고, 다른 사람에게
先着을 넘겨주면 그 제압되는 바가 되어 이기지 못하니 이것은 바뀔
수 없는 운수"라 하고 『책략』을 다음과 같이 직접 옹호했다.[86]

> 저번에 시강 하여장이 그 속관으로 하여금 방책을 세워 책으로 만
> 들어 우리에게 미국과 연계할 것을 권했는데 이것이 곧 이른바 선착입
> 니다. 어리석은 자는 알지 못하고 이웃의 도적이 인접한 땅을 침범하
> 는데 바다 건너 만 리 밖의 원조를 믿는다는 설정이 어찌 가능하겠느

문일평이 보았던 '의'가 오늘날 남아있지 않다고 했는데, 다행히 규장각에 소
  장된 『고환당집』에 수록되어 있음이 밝혀졌다(주승택, 1991(a), 「강위의 저술
  과 『고환당집』의 사료적 가치」, 『규장각』 14 ; 주승택, 1991(b), 앞의 논문).
[85] 『고환당집』에 대한 상세한 서지학적 설명은 주승택, 1991(a), 앞의 논문 참조.
[86] 『고환당집』, 「의」. "先着制人則勝 讓人先着而爲其所制則不勝 此不易之數也".

냐고 생각합니다. 또한 이 주장에 말미암아 한층 높은 견해로 나아가
는 자는 말하기를 "연미는 연아의 편리함만 같지 못하다."고 합니다.
두 주장을 하는 사람들은 모두 천하의 정형을 알지 못하기 때문에 겨
우 보고서 헤아리는 데 그친 것입니다.[87]

황준헌이 『책략』에서 제기한 '연미국'론이 선착에 해당된다는 것이
다. 연미가 선착이라는 말에 대해 이웃의 러시아가 침범하는데 바다
건너 멀리 떨어진 미국의 원조를 어찌 믿을 수 있겠느냐고 항변하는
것은 너무도 당연한 일이다.[88] 미국보다는 차라리 세계 여러 나라가
모두 두려워하는 강력한 이웃인 러시아와의 연합이 나을 것이라는 주
장이 어찌 보면 더 설득력이 있어 보이는 것도 사실이다. 따라서 "연
미는 연아의 편리함만 못하다."는 주장이 제기되는 것은 자연스러운
논리적 귀결이다.[89] 청국과 달리 『책략』에 거론된 러시아의 위협을
실감하지 못하는 조선으로서는 러시아와의 연합도 고려하지 못할 까
닭이 없기 때문이다. 하지만 강위는 이 두 주장 모두 천하의 정형을
알지 못하고 표피적인 이해만을 한 까닭에 나오는 주장이라고 단언하
였다.

그는 이어서 閉關自守를 고집할 수 없는 변화된 국제정세를 말하

---

87) 「의」. "向者何侍講如璋使其屬官 設策爲書 勸我以聯美國 此卽所謂先着也 而
    昧者不知 以爲設有鄰寇侵凌於接壤之地 而恃援於隔溟萬里之外 胡可得也 又
    有因是說而進於一層高見者 曰聯美不如聯俄之爲便 爲二說者 皆由不知天下情
    形 而僅以已見度之".
88) 허원식의 상소나 영남만인소 등에서 거리를 이유로 연미가 설득력이 떨어짐
    을 지적하고 있다.
89) 『책략』 전래 이후 올라온 상소문에서 聯俄를 주장한 구체적 사례가 발견되지
    는 않는다. 강위가 제기될 가능성이 큰 반론이라 여기고 거론한 것이 아닐까
    생각된다.

고,90) 연아보다 연미가 우선돼야 하는 이유를 러시아와 미국에 대한 상반된 인식을 바탕으로 설명했다.

　① 그러면 만국에 어떤 구별이 있고 제가 유독 俄羅斯와 먼저 연합(先聯俄)하는 것이 옳지 않다고 하는 것은 왜일까요? 아라사는 호랑이와 이리 같이 사나운 秦나라입니다. 저들이 일찍이 하루도 支那를 잊은 적이 없었으나, 감히 갑자기 움직일 수 없었던 것은 그 돕는 자가 많아서 형세가 불가능했기 때문입니다. 만일 아라사가 지나를 아우르게 되면 천하의 大局이 아라사로 꺾여 들어가는 것을 막을 수 없을 것입니다. 만국이 그러함을 알기 때문에 은밀히 모의하고 원대하게 생각해서 함께 秦에 대항할 계책을 만든 것이 또한 하루 이틀이 아닙니다. 우리나라가 유독 지나와 긴밀하여 지나의 울타리가 되기 때문에 아라사가 일찍이 하루도 우리를 잊지 아니함도 또한 가히 알 수 있습니다.91)

　② 제가 지금 또한 연미를 먼저 하자(聯美爲先)고 하는 것은 왜일까요? 미국은 만국 가운데 가장 화평한 마음을 품고 있어서 다른 사람의 토지와 인민을 탐하지 않고 오직 공의를 펴기 때문에 여러 나라들이 믿고 따르는 바입니다. 만약 미국의 도움을 얻는다면 만국이 좇아서 화합할 것이고, 아라사는 반드시 능히 그 바라는 바를 마음대로 할 수

---

90) 「의」. "玉帛이 서로 교환되고, 배와 수레가 서로 맞닿아 있어 형세가 홀로 폐관하여 약조를 끊어 오는 것을 거절할 수 없습니다. 만약 거절하고자 한다면 화와 우환이 곧 이르러 건져서 그치게 할 수 없을 것입니다. 대국도 오히려 그러한데 하물며 소국이겠습니까? 강국도 오히려 그러한데 하물며 약국이겠습니까?".

91) 「의」. "然則萬國何別 而愚獨以先聯俄 爲不可者何也 俄者虎狼之秦也 彼未嘗一日忘支那 而不敢遽動者 以其援之者衆 而勢有所不可也 萬一支那爲俄所併 則天下大局 折入於俄 不可抗也 萬國知其然 故潛謀遠慮 共爲拒秦之計者 又非一日也 我邦獨與支那密邇 爲支那之藩蔽 則俄之未嘗一日忘我 又可知也".

없을 것입니다.[92]

위의 인용문에는 러시아를 '호랑이·이리와 같은 秦'으로, 미국을
'남의 토지·인민을 탐하지 않고 공의를 펴는 나라'라고 하여, 『책략』
에 나타난 청국의 러시아·미국 인식이 그대로 반영되어 있다. 하지
만 강위의 러시아 및 미국 인식에는 『책략』의 그것과 다른 간과할 수
없는 중대한 차이가 발견된다. 그것은 논의가 '先聯俄'냐 '聯美爲先'이
냐, 즉 러시아와 먼저 연합할 것인가 아니면 미국과 먼저 연합할 것인
가를 놓고 이루어진다는 점이다. 이는 강위가 러시아와 미국 모두를
우선순위의 차이만 있을 뿐 수교대상으로 여기고 있었음을 말해준다.
일견 그가 「의」를 쓰면서 『책략』의 대외인식을 그대로 수용한 듯 보
이지만, 사실은 『책략』에 반영된 청국인의 '畏俄意識'에는 그다지 공
감하지 못했음을 반영하는 것이다. 러시아와 별다른 마찰도 없었던
조선인에게 직접 피해를 입은 청국의 위기의식을 요구하는 『책략』
의 '방아론'은 무리일 수밖에 없었던 것이다.[93] 강위를 포함한 조선인
들에게 러시아는 그저 조선을 침략할 가능성도 있는 경계해야 할 인
접국, 미국은 공의를 펴고 평화를 사랑하는 국가 정도로 여겨졌을 개
연성이 크다.

미국과 먼저 수교해야 한다는 논리는 단순히 러시아가 조선에 영토

---

92) 「의」. "愚今又以聯美爲先者 何也 美於萬國之中 最懷和平 不貪人之土地人民
而惟公議是伸 故爲諸邦之所信服 若得美援 則萬國從而和之 俄必不能自縱其
欲".

93) 허원식도 상소에서 러시아와는 원한을 맺은 일도 없고, 혐의도 없는데 침략
하여 소란을 피울 까닭이 있겠느냐고 하였다(『승정원일기』, 고종 17년 12월
17일조).

적 야심을 품은 데 반해 미국이 가장 공평무사한 나라이기 때문만은
아니었다.

> 만국의 법에 絶國과 먼저 통교하는 나라가 會主가 되고 여러 나라
> 들은 그를 따라서 그 약속을 받아들이게 됩니다. 지금 만약 아라사에
> 교빙을 먼저 구하면 아라사가 會主先通之國이 되어 다른 나라는 능히
> 스스로 마음대로 할 수 없으니 비록 우리를 위해서 돕고자 하더라도
> 그럴 수 없을 것입니다. 대저 이른바 우리를 위하여 돕는다는 것은 능
> 히 머나먼 바다를 넘어서 군대를 이끌고 우리를 구원한다는 것을 말하
> 는 것이 아니고 다만 그 불가함을 주장한다는 것입니다.[94]

인용문에서 주목되는 것은 강위가 러시아와 먼저 수교해서는 안 되
는 이유를 만국공법의 회주 개념을 들어 설명하고 있다는 점이다. 만
국의 법에 절국과 먼저 통교하는 나라가 '회주선통지국'이 되고 여러
나라들은 그를 따라 조약을 체결하게 되어 회주가 주도권을 장악하게
된다는 것이다. 회주 개념은 『책략』에서 전혀 언급되지 않은 내용인
데, 강위가 연미의 필요성을 강조하기 위해 그의 국제법 지식을 활용
한 것으로 보인다. 또한 거리를 이유로 미국과의 수교를 반대하는 견
해에 대해서 "군대를 이끌고 우리를 구원한다는 것을 말하는 것이 아
니고 다만 그 불가함을 주장한다는 것"이라 하여 居中調停의 뜻임을
분명히 밝히고 있다. 국제법상의 회주와 거중조정의 개념을 정확히 이
해하고 있었던 점은 그가 국제법에 대한 조예도 깊었음을 보여준다.

---

94) 「의」. "萬國之法 先通絶國者 爲會主而諸國從之 聽其約束 今若先求交聘於俄
　　則俄爲會主先通之國 而他邦不能自主 雖欲爲我援 而不可得也 夫所謂爲我援
　　者 非爲其能超溟萬里 提兵甲而救我也 但議其不可".

또한 그는 "아라사가 아시아주의 회주가 되는 것을 바라지 않는 것
이 또한 미국인의 마음"이기 때문에 미국의 원조가 믿을 만하다고 평
가했다. 따라서 미국의 원조는 조·중·일 삼국과 순치관계에 있는 것
이 되며, 조선이 연아하는 것은 韓·魏가 秦을 받드는 것이라 규정하
였다. 아울러 연미가 곧 선착이므로 이를 놓쳐 러시아에게 제압되어
서는 안 될 것임을 거듭 강조했다.95)

요컨대 「의」는 강위가 황준헌이 『책략』에서 제기한 연미론에 동조
하여 쓴 글이지만, 『책략』과의 외형적 유사성에도 불구하고 커다란
차이를 보이고 있었다. 이는 『책략』이 청국인의 위기의식을 반영한 것
이었던 반면, 「의」의 인식은 조선인의 것이었기 때문에 나타난 당연
한 결과였다. 청국인이 방아의 논리로 제시한 『책략』을 수용하면서도
강위는 이를 조선의 현실적 요구에 부합되는 연미의 논리로서 받아들
였고, 청국에서 극도의 경계심을 보이는 러시아조차도 수교할 수 있
는 상대로 생각했던 것이다. 비록 짧은 글이기는 하지만 「의」는 조선
개화세력이 『책략』을 어떤 입장에서 수용했는가를 보여주는 조선인
이 쓴 『조선책략』이라 할 만하다.

② 자강의 논리

신사척사운동이 벌어지는 동안 조선 정부의 개화정책을 지지하는
상소가 전혀 없었던 것은 아니었다. 1881년 6월 8일 전 사헌부 장령
郭基洛이 상소를 올려 척사와 일본과의 수교·자강책의 강구는 구별

---

95) 「의」. "其不欲俄之爲亞洲會主 亦美人之心 故其援爲足恃也 … 故知美之援我
三家之脣齒也 我之聯俄 韓魏之奉秦也 … 苟失一着而爲人所制 則六國之衆 尙
可折入於秦 而況無援之一邦乎".

되어야 한다며 정부의 입장을 두둔하는 한편, 儒疏의 空論·폐단을
들어 척사운동을 공박했던 것이다. 곽기락은 상소에서 "대개 우리나
라가 일본을 용납하여 사귄 것은 곧 견제하기 위한 계책이고, 저 일본
이 서양과 交好하여 서양 옷을 입고 서양 학문을 배우는 것은 우리나
라로서 금지할 수 있는 바가 아닙니다. 우리가 교호하는 것은 오직 일
본뿐이니 언제 양이들과 통한 적이 있었습니까?"라고 하여 대일수교
를 정당화했다. 또한 "사신이라는 자가 본국의 중대한 문제에 대하여
어찌 越人이 秦나라 보듯이 사양하여 받지 않겠습니까? 신은 받지 않
은 죄가 받은 죄보다 더 크다고 생각합니다."라는 말로써 김홍집의 처
벌을 주장하는 유생들에 대해 반박했다.96) 하지만 그의 주장은 조일
수교 당시 수교를 정당화한 '匪洋伊和' 논리를 되풀이하고 김홍집의
행위를 두둔하는 수준에 지나지 않았다.

　유생들의 척사상소에 대한 본격적인 반론은 강위에 의해 제기되었
다. 그가 임금의 고유문 형식을 빌려서 쓴 「의고」가 그것이다. 임금의
고유문이 함부로 흉내 내어 쓸 수 있는 글이 아니므로, 「의고」는 조정
의 의뢰를 받은 그가 고종의 고유문을 대작한 것으로 이해된다.97) 대
미수교를 추진하려는 조정의 입장에서는 유생들이 『책략』에 대한 반

96) 『승정원일기』, 고종 18년 6월 8일조.
97) 주승택, 1991(b), 앞의 논문, 158~159쪽. 「의고」가 고종에 의해 실제로 채택되
　어 활용되었는지 여부는 명확히 알 수 없다. 주승택은 영남만인소에 대한 고
　종의 비답과 「의고」의 내용이 유사하다고 했지만, 「의고」에서 1876년의 대일
　수교를 문제 삼는 유생들에 대한 질타가 보이는 것으로 볼 때 「만인소」에 대
　한 비답이 될 수는 없다. 「의고」의 내용이 유생들의 척사위정론을 거침없이
　맹공하고 대일수교와 입약통상의 정당성을 적극 옹호하는 것이었음을 볼 때,
　유생들의 거센 반발로 수세에 몰려있던 조정에서 채택하여 활용하기는 부담
　스러웠을 것으로 생각된다.

대를 넘어 다시 '왜양일체론'을 제기하며 1876년의 조일수교마저 부정
하고 나서자 큰 위기감을 느끼지 않을 수 없었다. 자칫 대미수교 추진
은커녕 유생들의 반대를 뚫고 어렵게 이룩한 조일수교까지도 수포로
돌아갈 수 있는 상황이었기 때문이다. 이러한 상황에서 작성된 강위
의 「의고」는 글의 채택 여부를 떠나서 조일수교 교섭을 진행했고 또
대미수교를 추진하던 조선 개화세력의 논리를 보여준다는 점에서 의
미가 있다.

> 너희들이 척사위정을 칭하고 또 일본과의 화의가 불가함을 칭하며
> 뜬소문을 퍼뜨려 인심을 선동하고 무리를 모아 대궐 앞에서 떠들썩하
> 게 부르짖은 것이 여러 달 지났다. 온화한 비답도 내리고 엄히 꾸짖기
> 도 하였으나 사납게도 돌아보지 않았다. 마치 커다란 의리를 지키는
> 것 같지만 조정과 더불어 승리를 다투려 하여 軍民의 생명과 종묘사직
> 의 안위에 대해서는 단지 대책이 없을 뿐 아니라 애초부터 염두에 있
> 지도 않다. 제왕의 커다란 모의와 성현의 경전에 어찌 마땅히 이러한
> 학문이 있고, 이러한 의리가 있겠는가? 지금 너희들의 말로 풀어보면,
> 그 뜻은 대개 "그 道를 버리고 사는 것은 도를 지키는 것만 같지 못할
> 따름이다."라는 것이다. 대저 소위 도라는 것은 나라를 지키고 백성을
> 편안하게 하는 것인데, 나라를 위태롭게 하고 백성에게 화를 미친 이
> 후에 도를 지킬 수 있다면 그 말하는 바의 도가 과연 어떤 것인지 알지
> 못하겠다. 백성이 난 이래 典籍에 실린 바에 과연 도를 지키고 나라를
> 망하게 한 일이 있었느냐?[98]

---

98) 『고환당집』, 「의고」. "爾等稱以斥邪衛正 又與日本不可議和 胥動浮言 倡衆叫
閣 至經屢月 溫批嚴譴 悍然不顧 有若秉執大義理 然欲與朝廷角勝者 而至於軍
民性命 宗社安危 非但無策 初不在念 帝王訏謨 聖賢經傳 何當有如此學問 如
此義理乎 今以爾等之言 繹之 其意蓋曰與其棄道而存 不若衛道而已 夫所謂道
者 保國安民之物也 危國禍民而後 可以衛道 則不知其所謂道者 果何物也 生民
以來 册籍所載 果有衛道亡國者乎".

「의고」는 여러 달째 계속되는 유생들의 척사운동이 군민의 생명과 종묘사직의 안위에 관심조차 없는 행위라는 질타로 시작된다. 척사 여론이 비등한 상황이었음을 고려하면 매우 공격적인 발언이 아닐 수 없지만, 이는 강위를 비롯한 개화세력의 위기감이 여과 없이 반영된 결과라 생각된다. 강위는 도는 '보국안민'을 달성하기 위한 수단일 뿐이라며 도 자체를 오히려 절대시하여 '危國禍民'의 파국으로 이끄는 척사유생들을 신랄하게 비판했다. 그는 대일수교 교섭 당시 「심행잡기」를 지어 척사론자들의 수교 반대에 대해 동일한 논리로 비판하였다.[99] 하지만 당시의 비판이 다분히 수세적이었던 데 반해 「의고」에서는 대단히 공세적인 비판으로 변화되었다는 점이 눈길을 끈다.

그는 오늘날의 수호는 우방들이 서로 자주적으로 대하기 때문에 추호도 치욕스러운 일이 없다고 하고,[100] 유생들의 주장대로 외국인을 배척할 경우 다수의 적을 맞아 싸워야 하므로 많은 희생자를 낳고 백성들이 도탄에 빠지는 결과를 초래할 뿐이라 했다. 그는 유생들에게 이 경우 "과연 막아낼 좋은 꾀가 있고, 물리쳐 해결할 좋은 계책이 있는가?" 반문하고, 유일한 대안은 태평무사할 때 조약을 체결하는 것임을 강조했다.[101] 척사유생들의 대안 없음을 지적한 그는 한층 공세적

---

99) 『고환당집』, 「심행잡기」. "或曰與其非道而存不若衛道而亡 夫所謂道者所以保國安民之物也 今日危國殺民而後可以衛道 則吾不知其所謂道者果何物也". 이에 대해서는 이헌주, 2001, 앞의 논문, 34~35쪽 및 Ⅴ장 참조.

100) 「의고」. "今日修好之舉 友邦相待事 皆自主 寧有毫末恥辱之事 而如是紛紜乎 如以和議 比於南宋之金 崇禎丙子之事 萬萬不倫 初非可擬 而以和字之偶同 捃拾舊說 若比而同之 豈不悖乎".

101) 「의고」. "假用爾等之言 外國人之在我境者 盡行驅逐 則彼當牽聯衆國 蜂屯而集 蟻援而至 勢必至於城邑屠燒 生靈塗炭 爾等果有拒禦之良圖 排解之善策乎 當此太平無事 彼求我好之時 交修聘禮 寬以待之 則事無不紓 如至病而乞盟

으로 보다 근원적인 문제에 대한 비판을 이어갔다.

　　　委巷의 고리타분한 견해와 遠方의 허황되고 교만한 주장은 고금의
세태 변화와 당면 문제의 시급함에 통달할 수 없는데, 겨우 闢異一事
로써 망령되이 의심의 단서를 일으키고, 임금과 재상을 무고하고 모독
하며, 관료들을 욕보임이 끝이 없으니, 이것이 무슨 분별이며 이것이
무슨 사리인가?[102]

　　강위의 비판은 결국 척사유생들의 상소를 시세의 변화와 시무의 해
결에 전혀 도움이 못되는 한낱 시골사람들의 교만한 견해로 폄하하는
데까지 이르고 있다. 주목되는 점은 그가 "겨우 벽이일사로써(僅以闢
異一事)"라 하여 벽이단의 문제를 대수롭지 않은 것으로 치부하였다
는 것이다. 앞서 척사유생들이 지켜야 할 가치로 절대시하는 도에 대
해서 단지 보국안민을 달성하는 수단일 뿐이라고 주장한 데 이어 '벽
이단'의 중요성마저 부정하고 있는 것이다. 결국 그는 지켜야 할 正學
(道)도, 배척해야 할 邪學(異端)도 인정하지 않음으로써 유생들의 척사
위정론을 철저하게 비판하였던 셈이다. 오히려 그의 논리는 도를 보
국안민을 달성하는 수단으로 상대화시킴으로써 사학과 정학의 지위
가 그 효용성에 따라 얼마든지 뒤바뀔 수 있는 구조를 갖는 것이었다.
그는 儒疏運動의 강력한 기반인 척사위정론의 가치를 부정함으로써
유생들의 상소를 분별도, 사리도 없는 것으로 몰아붙인 후, 유생들의
잘못이 무지 때문이라고 하면서 국제정세를 다음과 같이 설명하였다.

　　則所傷不已 多乎中朝".
102) 「의고」. "委巷拘墟之見 遠方虛憍之論 不達於古今時變當務之急 僅以闢異一
　　　事 妄起疑端 誣衊君相 詬辱百僚 罔有紀極 此何以分 此何事理".

지금 세계대세와 만국정형을 보면 예전과 크게 다르다. 옥백이 서
로 교환되고, 배와 수레가 끊임없이 이어지며, 손님과 주인이 예의가
있고, 출입에 절제가 있다. 그 사람됨이 모두 忠信을 귀하게 여길 줄
알고, 그 나라 역시 예의를 존중할 줄 앎을 알 수 있다. 공보가 있어
그 사정을 통하게 하고, 공법이 있어 그 잘못된 것을 단호히 금하니,
수천 년 전 周代의 험윤이나 漢代의 흉노가 아닌 것이다. 그런데도 우
리나라 사람들은 일률적으로 말살하여 이적이라 하고 금수라 해서 여
지가 없게 하여 우리나라 이외에는 예의가 없고, 우리나라 사람 이외
에는 충신이 없다고 생각하니, 대저 천하가 거대하고 만국이 무수한데
어찌 섞여 살면서 서로 오갈 수 있겠는가?[103]

즉, 세계의 대세는 이미 홀로 폐관자수를 고집할 수 없을 정도로 교
류와 통상이 활발하다는 것이다. 또한 국가 간의 교류·통상도 예의
와 충신을 바탕으로 이루어지며, 공보나 공법에 의해 규제되므로 험
윤이나 흉노 같은 오랑캐와는 다르다고 하였다. 따라서 무조건 이적
혹은 금수라 하면서 배척하는 것은 실상을 모르는 유생들의 잘못된
편견이라는 것이다. 1876년 대일수교 교섭 당시 일본을 오랑캐 혹은
금수로 칭하며 배척하는 척사론자들을 비판하며 '強隣大國' 일본의 실
상을 보라고 질타했던 강위가 이제 서양에 대한 이적관·금수관마저
버려야 한다고 주장하고 있는 것이다.[104] 결국 그의 주장대로라면 서
양과의 수교는 망설일 아무런 이유가 없는 것이 된다.

---

103) 「의고」. "見今宇內大勢 萬國情形 其與前古 迥然不同 玉帛相交 舟車相接 賓
主有禮 出入有制 可見其人皆知貴忠信 其國亦知尊禮義 有公報以通其情 有公
法以禁其非斷乎 非幾千年前 周之玁狁 漢之匈奴矣 而我邦之人 一槩抹摋
夷狄之 禽獸之 不有餘地 以爲我國之外 無禮義 我人之外 無忠信 夫以天下之
大 萬國之衆 何以錯處而互往乎".

104) 이헌주, 2001, 앞의 논문, 28~29쪽 및 Ⅴ장 참조.

그런데 강위는 돌연 척사유생들이 주장한 '왜양일체론'에 대해 일본과의 수교가 구호중수라는 논리를 들고 나온다.

> 뜻하지 않게도 너희는 보는 바가 어떻기에 그릇되게 와전하여 남의 이목을 놀라고 미혹되게 하고, 떼 지어 모여 소란을 피워 상서롭지 못한 데 이르게 하고자 하니, 이는 무슨 까닭인가? 일인을 맞이하여 배척하지 않은 실상은 그렇지 않다. 일인과 수호한 것은 선조 대에 난을 겪은 후 지금까지 이미 300년이 되었으니 오늘날 처음 허락한 것이 아니다. 수도에 공관을 세우고 바다의 항구를 개항하는 것은 만국이 모두 통례로 여기는 것이다.[105)]

서양과의 수교까지도 가능하다는 논리를 펴면서도 굳이 일본과의 수교가 구호중수라는 주장을 한 것은 당시 유생들의 핵심적인 비판이 '왜양일체론'과 함께 대일수교가 구호중수가 아니라는 것이었기 때문이다. 이에 대해 강위는 대일수교가 300년이나 된 관계라는 주장에서 한 발짝도 물러서지 않았다. 이는 대일수교 당시 명분으로 내걸었던 '구호중수론'이 단지 핑계에 지나지 않았음을 인정할 경우 닥칠 파장을 차단하려는 의도였던 것으로 보인다. 그는 강화도조약 체결 당시 대일수교의 명분으로 구호중수론을 주장한 바 있다. 1876년에는 개항장을 설치해서 통상하는 것을 왜관무역의 연장으로 설명했던 반면, 이제 수도에 공관을 설치하고 개항장에서 통상하는 것이 만국의 통례라고 말하는 상황에 이르게 된 점이 큰 차이라 할 수 있다.[106)] 그가

---

105) 「의고」. "不意爾等 以何所見 轉相訛誤 駭惑聽聞 麇集鴉鳴 欲致不祥 此曷故焉 若以容接日人 爲不斥之實 則是有不然 日人修好 在於宣廟 經亂之後 已爲三百年于玆 非今日之創許也 京都設館 海口開港 萬國皆然視爲通例".
106) 강위가 1876년 대일수교를 구호중수라 하고 개항장 무역을 왜관무역의 연장

만국통례를 언급하면서 '京都設館'과 '海口開港'을 정당화한 것은 변화된 정치 상황의 반영이기도 했지만, 척사론자들의 공세를 정면 돌파하지 않으면 자칫 파국이 올 수도 있다는 개화세력의 위기의식이 반영된 결과였다.

강위는 내친 김에 『책략』의 내용을 인용하여 러시아의 위협을 강조하고, "이홍장의 서한과 황준헌의 『책략』은 우리를 위해 충심을 다해 숨기는 바가 없었는데 도리어 의심하는 것이 옳겠는가?"라 하면서 청국의 수교 권고를 두둔했다.[107] 이어서 그는 가난하고 군대가 약한 조선의 입장에서 서둘러 여러 나라와 돕기로 약속하는 것이 바람직하지만 갑자기 도모하기는 어렵다고 했다. 이런 상황에서 일본조차도 접하지 않으려 하면 고립무원하여 鄒나라가 楚나라를 적대하는 결과가 될 것이라고 유생들의 대일척화론을 비판하였다.[108]

한편 「의고」에서 간과해서는 안 될 점은 만국통상의 의의가 설명되고 있다는 것이다. 그는 "만국통상은 서로 돕는 이치가 있어서 이익이 있지 해가 없다."고 하면서 통상을 통해 얻을 수 있는 이익을 다음과 같이 설명했다.

　　세액의 수입으로써 경비에 보태어 쓰고, 무역의 이익으로 民産을

으로 설명한 것은 당시의 정치적 상황에 따른 것일 뿐 실제로 그렇게 여긴 것은 아니었다. 따라서 1876년과 1880년 그가 주장한 '구호중수론'의 내용에 드러난 차이는 정치적 국면의 차이로 이해된다.

107) 「의고」, "李書鴻章黃策遵憲　爲我効忠　不遺餘蘊　而反疑之可乎".

108) 「의고」, "素貧之國　未可暴富　積弱之兵　難以遽强　則早宜結援諸邦　以圖排解如公法之書　亦萬國之通例也　諸邦之援　未可遽圖　而日本一邦　亦欲不接可乎若與衆邦爲敵　而孤立無援　是所謂鄒敵楚也".

후하게 할 수 있으며, 山海의 이익을 모두 산출할 수 있고, 兵農의 제
도가 더욱 갖춰질 수 있을 것이다. 기계의 예리함과 기교의 정밀함을
취하여 본받을 대상이 많아지고, 서로 배울 것도 많을 것이다. 그러므
로 증국번·이홍장 등과 같은 중국의 대신이 총준자제를 많이 선발하
여 여러 나라에 보내어 배우게 했고, 崇厚·斌椿·王韜·郭嵩燾 등은
모두 使命을 받들어 절역을 떠돌아다니며 살펴보았는데 어찌 모두 까
닭 없이 이렇게 한 것이겠는가?[109]

즉, 통상에서 직접 얻어지는 이익으로는 관세 수입으로 경비를 보
탤 수 있다는 점, 무역의 이익으로 민산을 후하게 할 수 있는 점, 산해
의 이익을 모두 산출할 수 있다는 점, 병농의 제도가 더욱 갖춰질 수
있다는 점 등이 거론되었다. 이와 함께 정밀한 기계와 기교를 취하여
본받을 수 있는 대상이 많아지고, 서로 배울 것도 많아진다는 점도 장
점으로 언급되었다. 중국에서 증국번·이홍장 등이 총준자제를 선발
하여 여러 나라에 유학하게 했고, 숭후·왕도·곽숭도 등이 사명을 받
들어 절역을 떠돌며 살펴본 것도 이 때문이라는 것이다. 이는 서양과
의 입약통상을 통해 달성하고자 하는 바가 단순히 외침에 대비하는
데 그치는 것이 아니라, 국부·민부의 증진, 군사제도의 정비, 서양의
근대기술 도입 등의 자강정책 추진에도 목적이 있음을 분명히 한 것
이다.

끝으로 강위는 유생들에게 국제 정세의 실상을 알게 되면 지금처럼

---

109)「의고」, "萬國通商 有相資之理 有利無害 故不令而至無約 而會以稅額之入 用
資經費 以貿遷之贏 以厚民産 山海之利可盡出 兵農之制可益辦 器械之銳 伎
巧之精 取法者衆 相師者多 故中朝大臣 如曾國藩李鴻章等 多選聰俊子弟 資
送諸國而學之 崇厚斌春王韜郭嵩燾輩 皆奉使命 游行絕域而觀之 豈皆無故而
爲此者乎".

다투어 고집하는 바가 없을 것이라고 하면서 다음과 같이 글을 맺고
있다.

> 만일 오히려 내 말이 확실하지 않다면 너희들은 또한 마땅히 각자
> 간직한 크나큰 계획을 말해야 할 것이다. 가히 많은 적을 제압할 수 있
> 다면 이에 하나의 방책이라도 내가 어찌 쓰지 않겠는가? 만일 社稷 ·
> 生靈의 근심을 버려두고 단지 衛道斥和로써 의리를 삼고자 한다면 내
> 가 억지로 따를 수 없는 바이다. … 건져서 구할 방법을 얻을 수 있다
> 면 단지 내가 들어서 기뻐하지 않겠는가? 너희들이 진실로 忠君衛國의
> 성심과 어려움을 구하고 그릇됨을 없애는 재주가 있다면 마땅히 속히
> 고쳐 꾀하여 태평만전한 방책을 다시 말함으로써 나의 부족한 부분을
> 보충하여라. 그렇지 않다면 물러가서 학업을 닦아 내가 돌보아주는 뜻
> 으로 훈계한 것을 실행하여라.[110]

요컨대 「의고」는 유생들의 척사상소가 절정에 달했던 시점에 개화
세력의 대응논리를 보여주는 글이다. 유생들의 비판은 비단 『책략』의
문제점을 지적하는 데 그치지 않고 '왜양일체론'을 내세워 조일수교의
정당성마저 부정하는 상황으로까지 나아가고 있었다. 이러한 가운데
강위는 척사위정론에 대한 전면적인 부정을 통해 유생들의 상소가 시
세에 뒤쳐지고 시무의 해결에도 도움이 안 되는 것이라고 비판하였
다. 또한 유생들의 왜양일체론에 맞서 강화도조약 당시와 마찬가지로
조일수교는 구호중수에 지나지 않는다는 주장을 하면서도 만국통례

---

110) 「의고」. "如尙以子言爲未確 則爾等亦宜各陳所蘊宏猷碩畫 有可以制衆敵 而
安一方則子何爲而不用 如欲捨置社稷生靈之憂 而徒以衛道斥和爲義理乎 則
子有所不能强從者矣 … 獲濟之途 徒使子聞而不樂 爾等眞有忠君衛國之誠 濟
屯傾否之才 當速改圖 更陳太平萬全之策 以補子闕 否則退去 修業以體子誥眷
眷之意".

를 언급하면서 '경도설관'과 '해구개항'을 정당화했다. 나아가 그는 조일수교 및 서양과의 입약통상은 이미 거스를 수 없는 대세임을 밝히고, 조선도 또한 만국통상을 통해 국부와 민부를 증진하고 서구의 근대기술을 도입하는 등 자강정책을 추진해야 할 것이라는 입장을 밝혔던 것이다.

③ 연미자강론의 의의

강위는 박규수·오경석 등과 함께 강화도조약 체결 이전부터 이미 문호개방을 통해 서구의 근대적 문물을 도입해야 한다고 생각했던 선각자 중 한 사람이었다. 이들은 중영전쟁·북경 함락으로 이어지는 대외적 위기 속에서 서양의 침략을 막아내고자 어양론을 구상하기도 했지만, 두 차례의 양요와 연행 경험을 바탕으로 점차 자주적 개국론을 형성했다. 이후 이들은 조일수교 교섭 과정에 조직적으로 참여하여 자신들의 사상적 지향을 조약에 반영하고자 노력하였다. 1876년 2월의 조일수교 교섭은 군함까지 동원한 일본의 군사적 압박과 조야를 가릴 것 없이 비등했던 대일강경론으로 인해 사실상 평화로운 매듭을 기대하기 어려운 상황이었다. 이러한 가운데 소수파인 개국론자들이 전면에 나서 일본과 수교협상을 벌이는 한편 국내의 척사론자들의 주장을 반박하면서 조일수호조규를 무사히 성사시켰던 것이다.

조약 체결을 주도했던 개국론자들의 수교논리는 당시의 정치적 조건으로 인해 제약받을 수밖에 없었다. 특히, 척사론자들의 왜양일체론에 대한 대응논리로 제시한 '與倭續好 匪洋伊和'는 조일수교를 달성하는 데는 도움이 되었지만, 수교 이후 조선의 개화정책 추진에는 오히려 장애가 되었다. 국내의 완강한 척사론을 의식한 것이기는 하지

만, 일본과의 수교가 단순히 구호중수에 불과하고 양이와는 화호할
수 없다고 규정지음으로써 결과적으로 스스로 운신의 폭을 좁혀 놓은
셈이 된 것이다. 이로 인해 서양과의 수교 가능성이 부정된 것은 물론
이고 일본과의 교류도 '구호'의 범주에 속하는 것만 용인될 뿐 일본에
도입된 서양 근대문물도 그 대상에 포함될 수 없었다. 그 결과 강화도
조약 체결 직후인 1876년 2월 22일 전격적으로 수신사 김기수의 파견
을 결정하는 고종의 적극성에도 불구하고 『책략』이 도입되기까지 4년
여 동안 별다른 개화시책을 펼 수 없었던 것이다.

『책략』 반입을 계기로 조선 정부가 대미수교와 개화정책 추진 움직
임을 적극화하자 유생들을 중심으로 한 척사론자들이 반발도 거세게
일어났다. 강화도조약 체결을 둘러싸고 조선 사회를 뜨겁게 달구었던
개화와 척사의 갈등이 다시금 재연되었던 것이다. '신사척사운동'이라
불리는 반개화운동이 거세게 전개되는 가운데 강위는 「의」·「의고」
를 지어 연미자강론을 주장하여 적극적으로 척사론을 논박했다. 이는
강화도조약 체결 이후 그의 자주적 개국론이 1880년대 초반의 변화된
환경 속에서 어떻게 변모했는가를 보여준다는 의미가 있지만, 단순한
개인적 견해의 표출이 아니라 조선 개화세력의 정책추진 논리를 대변
한 것이었다는 점에서 의의가 더욱 크다. 실제로 『책략』 전래 직후부
터 조선 정부가 적극적으로 추진했던 정책의 기조도 바로 '연미'와 '자
강'에 맞춰져 있었다.

1880년대 초반 강위의 연미자강론은 조선 개화운동사에서 어떠한
위치를 점하고 또 어떠한 의의를 지니는 것일까?

1880년대 초반 조선 정부가 대미수교와 개화정책을 적극적으로 추
진할 수 있었던 것은 『책략』 전래에 힘입은 바가 크지만, 기본적으로

는 조선 정부 내의 정치적 지형 변화가 반영된 결과였다. 조야의 전반적인 분위기는 여전히 척사적 여론에 기울어 있었지만, 박규수·유대치 등의 영향으로 개화사상을 품게 된 김옥균·김윤식·김홍집 등의 관직 진출이 조정의 개화정책 추진에 큰 힘이 되었던 것이다. 이들 젊은 개화파 관료들은 1880년대 초반 조선 정부가 대미수교와 개화정책을 추진하는 데 주도적인 역할을 담당했다. 이들이 『책략』전래 직후부터 조미조약 및 개화정책 추진의 주역으로 활동했던 것은 박규수 등의 영향으로 문호개방과 서구 근대문물 도입의 필요성을 인정하고 있었기 때문이었다.

따라서 1880년대 초반 조선 정부가 추진한 개화정책은 기본적으로는 박규수·강위·오경석 등의 자주적 개국론의 연장선상에 있는 것이었다.[111] 즉, 『책략』전래를 계기로 조선 정부의 대외인식의 틀에 근본적인 변화가 생겼던 것이 아니라, 불리한 여론을 딛고서 대미수교·개화정책을 추진하려 했던 고종과 개화세력이 정책 추진의 명분으로 『책략』을 이용했던 것이다.[112]

전술했듯이 조선 정부의 개화정책 추진 논리가 잘 드러나 있는 글이 강위의 「의」·「의고」다. 이 두 편의 글에서 그는 『책략』의 주장을 옹호하며 연미자강론을 전개했지만, 외형적인 유사성에도 불구하고

---

111) 손형부는 『책략』전래 직후 "기다렸다는 듯이 국왕 고종이나 영상 이최응이 연미책을 추진"한 것과 개화파의 적극적인 개화정책 추진을 개화당의 활동과 연결시켜 파악했고, 개화파들이 제2차 수신사행 이전에 이미 박규수·오경석에게서 비롯된 대미개국론을 추진하려 했던 것으로 보았다(손형부, 앞의 책, 192~193쪽).

112) 『책략』이 그동안 청국에서 전해진 정보와 별반 다르지 않은 점을 고려하면, 조선 정부의 적극적 개화정책 추진을 『책략』에 큰 감명을 받은 결과라 파악하는 견해는 재고되어야 할 것이다.

그 논지는 『책략』과 큰 차이가 있었다. 이는 청국인의 위기의식이 반영된 『책략』의 논지를 그대로 받아들인 것이 아니라 조선의 입장에서 취사선택했기 때문에 나타난 당연한 결과였다. 『책략』 전달을 통해 청국은 '방아 · 친중', 즉 러시아의 침략 위협을 막고 청국의 종주권을 확보하려는 의도를 가졌지만, 조선의 개화세력은 이를 조선의 현실적 요구에 부합하는 '연미 · 자강'의 논리로서 수용했던 것이다. 『책략』의 논리를 단순히 추수하지 않고 조선의 현실에 맞춰 '연미 · 자강'의 논리로 재구성할 수 있었던 것은 1870년대 전반의 자주적 개국론이 토대가 되었기 때문에 가능했다.

1876년 조일수교를 추진했던 고종과 개국론자들의 의도는 일본과의 수교를 발판으로 삼아 문호개방의 범위를 서양 열강에까지 확대하고, 서양의 우수한 근대문물을 도입하여 부국강병을 달성하려는 데 있었다. 조일수교 이전 박규수 · 강위 등이 형성했던 개국론에서 문호개방의 대상은 일본이 아닌 서양 열강이었고, 문호개방을 통해 받아들이려 했던 것도 서양의 근대문물이었던 것이다.[113] 하지만 척사론의 반발에 밀려 메이지 유신 이후 근대화된 일본의 모습조차 부정할 수밖에 없을 정도로 개국론자들의 현실적 힘은 미약했고, 그 때문에 애초의 의도와 달리 조일수교가 문호개방 확대와 서구 근대문물 도입으로 이어질 수 없었다.

강위의 연미자강론은 1870년대 전반의 자주적 개국론이 1880년대에 한층 구체화되고 발전된 모습으로 재등장한 것이었다. 앞 시기의 개

---

113) 박규수 · 강위 · 오경석 등의 자주적 개국론 형성 경위와 그 성격에 대해서는 이헌주, 2006(a), 「자주적 개국론 형성에 관한 연구」, 『국사관논총』 108 참조.

국론이 서양 열강에게 문호를 열어 부국강병을 추구해야 한다는 것이었던 데 비해 연미자강론은 우선적으로 문호를 열 상대국으로 미국을 적시하고 국부·민부의 증진, 군사제도의 정비, 서양의 근대기술 도입 등의 자강정책을 추진할 것을 주장했다. 아울러 유생들의 상소가 시세에 뒤처져 시무의 해결에도 도움이 안 되는 것이라고 한층 공세적으로 비판했다. 그는 수신사행에 참여하여 개화정책 추진의 단서를 마련한 데 이어 유생들의 척사유소에 대한 적극적 반박을 통해 조선 정부의 개화정책 추진의 정당성을 옹호했던 것이다.

조선 정부는 통리기무아문·별기군을 설치하는 조치와 함께 일본과 청국의 개화문물을 배우기 위해 조사시찰단과 영선사를 파견했다. 한편 척사운동의 격화로 큰 진전이 없었던 대미수교 문제도 1881년 9월 말 영선사 김윤식을 파견하여 청국 측의 주선 아래 급진전하여 마침내 1882년 4월 6일 인천에서 조미조약이 조인되었다. 조미조약 체결은 김홍집, 김윤식, 어윤중 등에 의해 주도되었지만, 강위에게도 1870년대 중반 이래 지속적으로 추구했던 개국론의 현실화였다는 점에서 대단히 중요한 의미를 갖는 사건이었다. 박규수·오경석 등 다른 개국론자들이 조일수교 직후 죽거나 병석에 누워 사실상 그 역사적 역할을 다한 데 반해, 그는 개국의 첫걸음인 대일수교는 물론 개국의 완성이라 할 대미수교 과정에도 일정한 역할을 담당함으로써 부르주아적 변혁사상인 개화사상이 태동하는 데 초석을 놓았다.

결론

개화사상은 19세기 조선 사회가 봉착한 대내외적인 위기 상황, 보다 직접적으로는 대외적 위기 상황을 문호개방을 통해 서구의 우수한 제도와 문물을 수용함으로써 타개하고자 했던 사상이었다. 개화사상은 한국 근대사에서 '위로부터의 근대화'를 달성하고자 한 부르주아적 변혁사상으로 평가되어 많은 주목을 받아왔다. 그럼에도 개화사상이 어떻게 형성되었는가에 대해서는 아직까지 명쾌하게 밝혀지지 않았을 뿐 아니라 여러 가지 이견이 존재한다. 본 논문에서는 강위의 사례를 면밀히 검토함으로써 개화사상 형성의 문제를 보다 구체적으로 해명하고자 했다.

강위는 한미한 무반 가계에서 태어났지만 무과에 응시하여 하급무관으로 살아가는 평범한 삶을 거부하였다. 벼슬길을 포기한 그는 민노행·김정희를 찾아가 경학 연구에 몰두했고, 이후 전국 방방곡곡을 수차례 유랑하였다. 그의 학문은 스승 김정희의 영향과 유랑생활에서의 경험을 바탕으로 대단히 현실적이고 박학적인 면모를 보이고 있었다. 이는 그가 1860년대 초반 남긴 「박경상좌도병수영이설의」와 「의삼정구폐책」 등에 잘 드러난다. 이러한 학문적 경향이 그가 1870년대에 들어 개국론자로 변모하는 데 직접적인 영향을 끼쳤다고 볼 증거를 발견하기는 어렵다. 다만 그가 경화학계에 만연한 북학풍과 스승 김정희의 영향으로 대청인식에서 개방적인 면모를 보이고 있었다는 점은 주목한 만하다. 단편적인 기록이기는 하지만, 그가 1873년 연행 때 남긴 「북유일기」는 그가 북학적 대외인식을 토대로 한 걸음 더 전진하여 문화적 화이관인 소중화의식에서도 벗어나 있었음을 보여준다. 이러한 개방적 대청인식은 서양의 도전에 직면하여 그가 개국론을 형성하는 데 중요한 토대가 되었다.

중화와 이적을 엄격히 구별하는 화이관을 대외인식의 기본틀로 삼았던 조선 사회에서 이적 혹은 금수로 취급되던 서양인들과의 수교가 쉽게 받아들여지기는 어려웠다. 이 점에서는 북학론을 계승하여 이른 시기 개국론자가 되었던 박규수나 강위 등도 다를 바가 없었다. 서양 열강이 군사력에 의존하여 중국과 일본을 잇달아 굴복시켜 문호를 열게 하고 조선에 대한 압박을 강화하자, 이들도 극도의 위기감을 느끼며 해방론을 주장했던 것이다.

강위는 병인양요기 프랑스군의 침략이 예견되는 가운데 강화도에서 한강 양화진에 이르는 물길을 직접 답사한 후 방어책을 담은 「청권설민보증수강방소」를 작성하였다. 상소에서 제시된 방어책은 정약용의 민보방위론과 위원의 『해국도지』「주해편」의 '수내하' 전술을 접목한 것이었다. 이는 비슷한 시기 윤섭·박주운 등이 거험청야전법에 입각한 어양책을 주장한 것에 비하면 서양의 침공에 대한 중국인의 경험을 수용했다는 점에서 앞선 것이었다. 그는 동도의 우월성에 대한 확신 속에서 프랑스군의 침공을 『해국도지』의 전술 수용만으로도 능히 물리칠 수 있다고 낙관했다. 하지만 무기 체계의 변화가 수반되지 않은 그의 방어책은 근대식 무기로 무장한 서양인의 침략을 맞아 실효를 거두기는 어려운 것이었다. 양요를 통해 서양 군사력의 위력을 실감한 그는 고식적인 무비책에 기반한 조정의 대외강경책을 비판하며 대책 마련에 부심하였다. 서양의 침략을 물리쳐야 한다는 점에서 그도 이견이 없었지만, 서양에 대한 정확한 정보에 기반한 대책 마련이 필요하다고 보았던 것이다.

1873년과 1874년 각각 동지겸사은사행의 정사 정건조와 서장관 이건창을 따라 연행한 그는 서양과 국제정세에 대한 구체적인 정보를 얻고자 노력하였다. 서양을 물리칠 방책을 찾고자 했던 그는 2차 연행에서 돌아온 후에는 주변의 시선을 개의치 않고 공공연히 천하사를 말하며 합종연횡을 주장하는 모습으로 변모하였다. 두 차례의 연행을 통해 얻은 견문을 바탕으로 그는 서양과의 수교를 통해 근대 문물을 받아들이고자 하는 '개국론'을 형성하였던 것이다. 그가 연행에서 확인한 조선의 처지는 고립무원으로 강력한 적들에 둘러싸인 풍전등화 같은 위태로운 형국이었고, 조선의 선택은 승산 없는 전쟁이 아니라 문호개방을 통한 외교적 해결이어야 한다고 믿게 되었다. 2차 연행 이후 공공연히 합종연횡을 외쳤던 것은 그의 절박한 위기감을 반영한 것에 다름 아니었다.

강화도조약에 대해서는 일본의 군사적 압박에 굴복한 조선 정부가 문호개방에 대한 사전 준비 없이 결행한 것이라는 견해가 지배적이다. 강화도조약 체결이 일본의 군사적 외압의 결과임은 분명하지만, 당시 조선의 여론은 왜양일체론에 입각하여 수교를 반대하는 강경론이 우세하여 조약의 순조로운 타결을 기대하기 어려운 상황이었음도 간과되어서는 안 된다. 조정 내에서조차 반대 여론이 우세한 가운데 고종의 지시를 받은 박규수, 신헌, 강위, 오경석 등 소수의 개국론자들이 대일수교 교섭을 이끌었음에 주목하여 이들의 수교 논리를 살펴보았다. 강위는 접견대관 신헌의 반당 자격으로 수교 교섭에 참여했지만, 연행 경험을 바탕으로 일본의 의도를 분석하여 서울의 박규수에게 보고하고, 척사론자들의 반발에 맞서 개국론자들의 입장을 대변하는 역할을 수행하였다.

『고환당집』에 수록된 수교 교섭 당시의 기록들을 통해 당시 조선의 개국논리를 살펴보면 두 가지로 요약된다. 하나는 조선이 일본의 입약통상 요구를 거절할 경우 전쟁이 일어날 것이고, 이 경우 조선의 힘으로는 일본 혹은 왜양연합군의 침략을 막아낼 수 없으므로 개국이 불가피하다는 것이었다. 다른 하나는 일본과의 수교는 단절되었던 오랜 우호관계를 회복하는 데 지나지 않고, 개항장을 열어 통상하는 것도 과거의 왜관무역의 연장선상에 있는 것이지 결코 새로운 것이 아니라는 것이었다. 하지만 '개국불가피론'과 '구호중수론'으로 요약되는 그의 개국논리는 척사론자들의 반발에 대한 대응논리였지 실제로 그가 가진 생각을 그대로 반영한 것으로 보기는 어렵다.

강위가 정세판단의 주요 근거로 삼았던 것은 연행에서의 경험이었다. '개국불가피론'은 일본과 서양의 의도와 동향 등의 분석을 통해 개국의 불가피함을 주장한 것으로 연행 경험과도 부합한다. 하지만 그가 연행에서 얻었던 일본에 관한 정보는 오히려 척사론자들이 주장하는 '왜양일체론'에 부합하는 내용이었지 결코 대일수교를 '구호중수'로 볼 근거가 될 수는 없었다. 따라서 그가 '구호중수론'을 주장한 것은 척사론자들의 강한 반발에 대응하기 위한 방편이었다고 이해된다. 하지만 그가 우수한 농기와 병기를 소유하고 제작한다는 사실을 근거로 일본을 '강력한 이웃의 대국'이라 부른 점은 그가 서구의 근대 기술문명을 도입하여 부국강병을 달성하려는 지향을 가지고 있었음을 보여준다.

강위는 국제정세에 밝은 조언자를 필요로 했던 수신사 김홍집의 요구와 김옥균의 강력한 추천에 따라 제2차 수신사행에 참여하게 되었다. 수신사 일행은 관세징수·미곡금수 등의 현안을 해결하기 위해 노력하는 한편, 일본 외무경 이노우에 카오루(井上馨)·주일 청국공사 하여장 등과 동아시아 정세에 관한 폭넓은 대화를 나누었다. 이 과정에서 이노우에 카오루·하여장 등은 수신사 일행에게 러시아의 침략 위협을 강조하며, 조선이 미국 등 서양 열강과 입약통상할 것과 자강 정책을 추진할 것을 권고했다. 특히 하여장 공사는 참찬관 황준헌에게 조선 정부에 대한 청국의 권고를 집약한『조선책략』을 지어 김홍집에게 전달하도록 했다.

『조선책략』의 전래로 강화도조약 체결 이후 4년여 동안 별다른 개화시책을 펴지 못하던 조선 정부는 대미수교와 개화정책을 적극적으로 추진하는 계기를 마련하였다. 하지만『조선책략』의 도입은 유생들을 중심으로 한 격렬한 척사운동을 촉발했다. 처음에『조선책략』반입과 그 논리에 대한 반발로 시작된 척사유소운동은 점차 대일수교와 개화정책 자체에 대한 부정으로까지 나아갔다. 이러한 사태 진전과 관련하여 강위는 「박악라불가선연의」와 「의고」두 편의 글을 지어 『조선책략』의 연미론을 옹호하는 한편 척사위정론에 대한 전면적인 부정을 통해 개화정책의 정당성을 주장하였다.

「박악라불가선연의」는 연미론을 옹호하였다는 점에서 외형적으로 『조선책략』의 내용과 유사성을 보인다. 하지만 강위가 러시아와 미국 중 먼저 수교할 국가가 미국임을 강조하는 방식으로 논의를 전개했다는 점에서『조선책략』과 큰 차이를 보였다. 이는 그가 청국인이 극도의 경계심을 보인 러시아조차도 수교의 대상으로 사고했음을 보여준다. 비록 짧은 글이기는 하지만 「박악라불가선연의」는 조선의 개화 지식인이『조선책략』을 어떤 입장에서 수용했는가를 잘 보여준다는 점에서 주목할 만하다.

척사유소는 1881년 3월 하순부터는『조선책략』에 대한 비판을 넘어서서 '왜양일체론'을 내세워 대일수교의 정당성마저 부정하는 데까지 나아가고 있었다. 자칫 조선 정부는 대미수교 추진은커녕 1876년 반대여론을 물리치고 어렵게 이룩한 대일수교까지도 포기해야 하는 위기상황으로 내몰리고 있었던 것이다. 이러한 가운데 강위는 임금의 고유문 형식을 빌려 척사유소에 대해 신랄하게 비판하는「의고」를 지었다. 「의고」는 대일수교 교섭을 진행했고, 대미수교를 추진하던 개화세력의 논리가 응축되어 있다는 점에서 큰 의미가 있다.

척사유생들의 반발에도 불구하고『조선책략』전래를 계기로 조선의 개화정책과 대미수교 추진 움직임은 탄력을 받게 되었다. 조선 정부는 통리기무아문 · 별기군을 설치하는 조치와 함께 일본과 청국의 개화문물을 배우기 위해 조사시찰단과 영선사를 파견하였다. 한편 척사운동의 격화로 큰 진전이 없었던 대미수교 문제도 1881년 9월 말 영선사 김윤식을 파견하여 청국 측의 주선 아래 급진전하여 마침내 1882년 4월 6일 인천에서 조미조약이 조인되었다. 조미조약 체결은 김홍집, 김윤식, 어윤중 등이 주도한 것이지만, 강위에게도 1870년대 중반 이래 지속적으로 추구했던 개국론의 현실화였다는 점에서 대단히 중요한 의미를 갖는 사건이었다. 박규수 · 오경석 등 다른 개국론자들이 조일수교 직후 죽거나 병석에 누워 사실상 그 역사적 역할을 다한 데 반해, 그는 개국의 첫걸음인 대일수교는 물론 개국의 완성이라 할 대미수교 과정에도 일정한 역할을 담당함으로써 부르주아적 변혁사상인 개화사상이 태동하는 데 초석을 놓았던 것이다.

개화사상이 대외적 위기에 대응하여 형성 · 발전된 조선의 대응론이라고 한다면 개항을 전후하여 일어난 일련의 사건들에 대해서도 조선의 내적 동인에 주목하는 관점이 필요하다. 개화기 역사에서 조선이 받은 외압의 강도를 고려하면 외적인 요인이 강조되는 것은 너무

도 당연하다. 심지어는 대외적 위기에 대한 대응론이었던 개화사상조
차도 청국과 일본이라는 외세의 직간접적인 영향 하에 형성된 것이었
다. 하지만 외적인 영향력의 지나친 강조는 자칫 조선 내부의 의미 있
는 움직임을 간과하거나 무시하는 결과를 초래할 수 있다. 조선 내부
의 움직임이나 조선의 정책추진자들의 의도는 주목되어야 마땅하고
또한 그에 따라 정당하게 평가되어야 하리라 본다. 본 연구에서는 이
미 1870년대 전반 자주적 개국론을 형성하였던 강위가 강화도조약에
서 조미조약에 이르는 과정에서 자신의 개국론을 실현시키기 위해 노
력했던 면모를 살펴보았다.

　강화도조약은 조선이 자본주의 세계체제에 문호를 여는 출발점이
되는 역사적 사건이다. 강화도조약의 체결이 군대까지 동원하면서 군
사적 · 외교적 압박을 가한 일본의 대조선정책이 성공한 결과였음은
부정할 수 없는 사실이다. 하지만 전쟁을 할지라도 조약을 체결해서
는 안 된다는 조선 내의 격렬한 반대여론을 감안하면 일본과의 수교
는 의외로 순조로웠다. 본 연구에서는 수교 교섭의 몇 차례 고비 때마
다 조정의 반대를 무릅쓴 고종의 결단이 있었고, 수교 교섭에 조선 내
의 몇 안 되는 개국론자 대부분이 참여하여 조직적으로 대응했음에
주목하였다. 그 결과 강화도조약 체결의 이면에 고종과 소수의 개국
론자들의 문호개방 의지도 자리하고 있었음을 밝힐 수 있었다. 또한
척사론자들의 '왜양일체론'에 대해 조정에서 '구호중수'에 지나지 않음
을 주장한 것은 조정의 대일인식의 실체를 반영한 것이 아니라 대응
의 논리로 이해해야 함을 밝혔다. 아울러 조선 정부가 여론의 반발을
무마하기 위해 내세운 '구호중수' · '비양이화'의 논리는 결과적으로 대
일수교 이후 개화정책 추진에 커다란 걸림돌로 작용하였음도 밝혔다.

1880년 제2차 수신사 김홍집이 귀국할 때 들여온『조선책략』은 조선 정부의 개화정책 추진에 큰 자극제가 되었다.『조선책략』전래 직후 조선 정부는 대미수교 추진에 나서고 개항 이후 4년여 동안 별다른 진척이 없었던 개화정책도 서둘러 추진하였다. 청국이『조선책략』을 통해 조선에 권하고자 했던 내용이 조선의 정책추진자들의 공감을 얻었기 때문이다. 1881년 9월 조선 정부는 영선사 김윤식을 파견하여 청국에 조미수교 주선을 공식 요청하였고, 조선이 배제된 가운데 이홍장과 슈펠트 사이의 협상으로 조미수교가 결정되어 마침내 1882년 4월 6일 인천에서 조미조약이 조인되었다.

조미조약 체결과 직접 연결짓기는 어렵지만, 강위가 남긴「박악라불가선연의」와「의고」는『조선책략』에 대한 또 다른 수용 양상을 보여준다. 강위는 러시아의 위협을 강조하고 연미를 주장하면서도 미국과 러시아를 우선 순위의 차이만 있을 뿐 수교의 대상으로 사고했고, 미국 나아가서 서구 열강들과의 입약통상을 통해 서구의 근대문물을 받아들여 자강을 달성해야 한다는 논리를 폈던 것이다. 이는 그가『조선책략』의 권고를 단순히 추수했던 것이 아니라 조선의 입장에서『조선책략』의 논리를 재정립했음을 보여주며, 조미조약 체결을 주도한 김홍집·김윤식·어윤중 등이『조선책략』의 권고에 충실했던 것과는 큰 차이를 보인다. 강위의 논리는 조선 조정 내에 존재하는 또 다른 개화세력, 김옥균 등 개화당 세력의 입장을 대변한 것이었다고 생각된다. 강위가 개화당 세력과 두터운 친분을 유지하고 함께 행동했던 점에서도 그러한 추정이 가능하지만, 임오군란 이후 청국의 내정 간섭이 노골화되자 김옥균·박영효 등이 청국을 견제하기 위해 스스럼없이 러시아와의 수교를 타진한 것도 강위의 논리와 친연성을 보여주기 때문이다. 임오군란을 계기로 이루어진 것으로 알려진 온건개화파와 급진개화파의 분화는 이미 군란 이전에도 대외인식에서 차이를 드러내고 있어 분화의 가능성을 내포하고 있었던 것이다.

본 연구에서는 '강위의 개화사상 연구'라는 제하에 '개화사상'의 형성 문제를 논하였지만, 엄밀히 말하면 사상사적 관점에서의 접근이라기보다는 정치사적 관점을 취하였다. 이는 강위가 남긴 글들이 사상을 논할 만큼 체계적인 모습을 띠지 못한 한계를 지니고 있다는 점에 기인한다. 그가 대일수교·대미수교와 관련해 남긴 글들은 척사론자들의 주장에 맞서 반박하는 대단히 논쟁적인 성격을 띠고 있다. 글의 성격상 당연히 체계적인 논리 구사보다는 상대방의 문제 제기에 대한 반박에 치중할 수밖에 없는 것이다. 따라서 본 연구에서 살펴본 강위의 개국론은 그의 사상 전반의 체계를 보여주는 것이라기보다는 논쟁 과정에서 돌출된 일부분에 지나지 않는다는 점에서 한계가 있을 수밖에 없다.

본 연구에서는 조미조약 체결 이후 약 2년여의 기간 동안 강위의 사상이 어떤 변화를 겪게 되었는지에 대해서는 살필 수 없었다. 그가 말년에 주로 김옥균 등 개화당 인사들과 뜻을 같이 하여 활동했음은 단편적인 기록에서나마 확인된다. 하지만 갑신정변 실패의 영향으로 개화당과의 관련을 보여주는 기록이 대부분 인멸된 탓에 그의 말년 활동과 사상에 대해 밝힐 수 없었던 점은 큰 아쉬움으로 남는다.

▌ 姜瑋 年譜 ▌

1세 1820년(순조 20) : 5월 2일 京畿道 廣州에서 출생함.

11세 1830년(순조 30) : 처음 서당에 가서 字書를 배움.

14세 1833년(순조 33) : 서울 蓉山 鄭健朝(東萊 鄭氏)의 집에 거의 20년간 머물며
함께 功슈을 익힘(~ 1845년). 鄕試에 응시함.

22세 1841년(헌종 7) : 경기도 광주에 거주하는 杞園 閔魯行을 찾아가 師事함
(매일 回洞에서 광주를 오가며 수학).

26세 1845년(헌종 11) : 민노행의 유지에 따라 濟州에 유배 중이던 秋史 金正喜
를 찾아가 師事함.

29세 1848년(헌종 14) : 12월. 김정희가 방면됨에 따라 함께 서울로 올라옴.

31세 1850년(철종 1) : 겨울. 石帆 李健弼이 강위의 초상화를 그림.

32세 1851년(철종 2) : 北靑으로 유배된 김정희를 따라감.

33세 1852년(철종 3) : 유배 중인 김정희의 허락을 얻어 전국을 유랑(1852. 3 ~
1853. 1).

34세 1853년(철종 4) : 全羅道 珍島 臨淮의 古歡堂에서 『古歡堂收艸』의 自序를
씀.

35세 1854년(철종 5) : 가족을 이끌고 全羅道 茂朱로 移配된 申櫶을 찾아가 생
활을 의탁함(~ 1857. 1).

38세 1857년(철종 8) : 慶尙道 安義로 이주하여 서당 훈장을 하며 생계를 유지
함.

42세 1861년(철종 12) : 신헌이 三道水軍統制使로 임명되자 統營으로 그를 찾아
가 의탁함. 신헌을 대신하여 「駁慶尙左道兵水營移設議」

를 지음.

43세 1862년(철종 13) : 3월 이전. 전라도 무주로 이주하여 거주하다 亂民들이 강
요한 檄文의 代筆을 거절하여 집이 불타는 화를 입고 서
울로 피신함. 6월. 鄭健朝를 방문하였다가 유폐된 채 三
政의 폐해를 해결할 방책을 담은 3만여 자의 「擬三政捄
弊策」을 執筆함.

47세 1866년(고종 3) : 8월. 신헌을 대신하여 프랑스 함대의 침략에 대응하기 위
한 방책인 「請勸設民堡增修江防疏」를 지음(거의 동일한
상소가 『申櫶全集』에 「論兵事疏」라는 이름으로 실림).
가을에, 鄭健朝를 찾아갔다가 「擬三政捄弊策序」를 지음.

50세 1869년(고종 6) : 한글 연구 성과인 「東文字母分解」를 지은 것으로 추정됨.

54세 1873년(고종 10) : 冬至兼謝恩使行의 정사인 정건조의 반당으로 첫 번째 연
행을 경험함(1873년 10월 24일 ~ 1874년 3월 30일). 「北
游日記」·「北游談草」·「北游草」 등을 남김.

55세 1874년(고종 11) : 冬至兼謝恩使行의 書狀官인 이건창의 반당으로 두 번째
연행길에 나섬(1874년 10월 28일 ~ 1875년 4월 12일).
「北游續談草」·「北游續草」 등을 남김.

57세 1876년(고종 13) : 1월. 接見大官 신헌의 반당으로 江華島條約 체결 교섭에
참여함(~ 2월 3일). 「代上瓛齋朴相公珪壽書」·「沁行雜記」·
「擬疏」 등의 기록을 남김. 7월. 조일수호조규부록 및 통
상장정 체결과 관련하여 講修官 趙寅熙을 대신하여 「答
日本使書」를 씀.

61세 1880년(고종 17) : 金玉均의 추천으로 제2차 修信使行(1880년 5월 28일 ~
8월 28일)에 修信使 金弘集의 書記로 참여. 駐日 淸國公
使館의 하여장 공사와 참찬관 황준헌 등을 만나 筆談하
고 『朝鮮策略』·『易言』 등의 서적을 얻어 귀국함. 「東游
草」를 남김. 李祖淵·尹雄烈 등과 함께 '興亞會' 모임에
참가함. 미야모토 고이치(宮本小一)에게서 博士 초빙을
제의받았으나 거절함. 귀국 후 「駁鄂羅不可先聯議」·「擬

誥」 등의 글을 지어 辛巳斥邪運動에 대해 조선 정부의 개화정책 추진 논리를 대변함.

62세 1881년(고종 18) : 정건조가 『고환당수초』 서문을 씀.

63세 1882년(고종 19) : 연초에 邊燧·禹子重 등과 함께 일본행에 나선 김옥균을 부산까지 뒤쫓아 가 동행함. 「東游續草」를 남김. 일본 나가사키로 가는 배에서 繕工監 假監役에 제수(1882년 1월 12일)되었다는 소식을 전해 듣고 소회를 시로 지음. 5월 6일 김옥균·서광범·유길준과 함께 홍아회 모임에 참석함. 임오군란 발생 소식에 김옥균·서광범 등이 급거 귀국하자, 나가사키 주재 淸國領事 余璃의 도움을 얻어 양무운동의 중심지 상해로 건너가 양무파 관료들과 교유하고 천진을 거쳐 귀국함(10월 말).

64세 1883년(고종 20) : 이건창이 『고환당수초』 서문을 씀.

65세 1884년(고종 21) : 3월 10일 경기도 광주에서 사망함.

1885년(고종 22) : 『고환당수초』 시집 17권 3책 간행됨.

1889년(고종 26) : 『고환당수초』 문집 4권 2책 간행됨.

1935년(昭和 10) : 증손 姜範植이 家傳되던 詩와 文을 鐵筆로 필사하여 각각 『古歡堂收艸』, 『古歡堂集』을 표제로 두 권의 책을 만듦.

참고문헌

1. 1차자료

『高宗純宗實錄』.

『朝鮮王朝實錄』.

『日省錄』.

『承政院日記』.

『通文館志』.

『同文彙考(四)』.

『司馬榜目』.

『朝鮮文科榜目』.

姜瑋, 『姜瑋全集(上・下)』(아세아문화사 영인본, 1978).

_____, 『古歡堂集』(규장각 소장).

_____, 『古歡堂收草』(규장각 소장).

_____, 『古歡堂東游詩草』(서울대학교 중앙도서관).

尹滋承, 1876, 『沁行日記』(국립중앙도서관 소장).

『修信使記錄』(국사편찬위원회, 1958).

金弘集, 『金弘集遺稿』(고려대학교 출판부, 1977).

朴珪壽, 『朴珪壽全集』(아세아문화사 영인본, 1978).

李建昌, 『李建昌全集』(아세아문화사 영인본, 1978).

申櫶, 『申櫶全集』(아세아문화사 영인본, 1990).

金允植, 『金允植全集』(아세아문화사 영인본, 1980).

金澤榮, 『金澤榮全集』(아세아문화사 영인본, 1978).

許傳, 『許傳全集』(아세아문화사 영인본, 1974).

『從政年表·陰晴史』(국사편찬위원회, 1958).

『民堡議·民堡輯說』(국방부 전사편찬위원회, 1989).

崔益鉉, 『(국역)勉庵集』(민족문화추진회 편, 1997).

鄭健朝, 『北査談草』(장서각 소장).

朴文鎬, 『壺山全書』(아세아문화사 영인본, 1990).

황현 저, 김준 역, 『(국역)梅泉野錄』(교문사, 1994).

尹宗儀, 『闢衛新編』(한국교회사연구소, 1990).

『龍湖閒錄』(국사편찬위원회, 1979~1980).

『易言·海國圖志(籌海篇)』(以文社 영인본, 1979).

魏源, 『海國圖志』(古微堂重訂本, 1849, 고려대학교 도서관 소장).

『日本外交文書(韓國篇)』(경인문화사, 1980).

『興亞會報告·亞細亞協會報告』(東京 : 不二出版, 1993).

『淸季中日韓關係史料』(泰東文化社 영인본, 1980).

『江華約條關係資料』(국립중앙도서관 소장).

俞吉濬 저, 蔡壎 역, 『西遊見聞』(신화사, 1983).

Henry Wheaton 저, W. Martin 역, 『萬國公法』(아세아문화사 영인본, 1981).

金瀏, 1988, 『국역 海上奇聞』, 세종대학교 출판부.

尹孝定, 『韓末秘史』(敎文社, 1995).

신헌 지음, 김종학 옮김, 『심행일기 ─조선이 기록한 강화도조약─』(푸른
    역사, 2010).

2. 2차 자료

① 저서

강만길 편, 2000, 『조선후기사 연구의 현황과 과제』, 창작과 비평사.

강재언, 1980, 『朝鮮の開化思想』, 岩波書店(1981, 『韓國의 開化思想』, 비봉
　　　출판사).

_____, 1983, 『근대한국사상사연구』, 한울.

_____, 1984, 『近代朝鮮の思想』, 未來社(1985, 『韓國의 近代思想』, 한길
　　　사).

_____, 1990, 『조선의 西學史』, 민음사.

古筠記念會 編, 1944, 『金玉均傳 上卷』, 慶應出版社.

구선희, 1999, 『韓國近代 對淸政策史 硏究』, 혜안.

權錫奉, 1986, 『淸末 對朝鮮政策史硏究』, 일조각.

권혁수, 2000, 『19世紀末 韓中關係史 硏究』, 백산자료원.

_____, 2007, 『근대 한중관계사의 재조명』, 혜안.

琴章泰 · 高光植, 1989, 『續儒學近百年』, 여강출판사.

김기혁, 2007, 『근대 한 · 중 · 일 관계사』, 연세대학교 출판부.

김도형, 2014, 『근대 한국의 문명전환과 개혁론』, 지식산업사.

金明昊, 2005, 『초기 한미관계의 재조명』, 역사비평사.

_____, 2008, 『환재 박규수 연구』, 창비.

김세민, 2002, 『韓國 近代史와 萬國公法』, 경인문화사.

金榮作, 1989, 『한말 내셔널리즘연구』, 청계연구소.

김용구, 2001, 『세계관 충돌과 한말 외교사, 1866~1882』, 문학과지성사.

김용덕 · 미야지마 히로시 편, 2001, 『근대교류사와 상호인식 I』, 고대 아세
　　　아문제연구소.

김원모, 2002, 『한미 외교관계 100년사』, 철학과 현실사.

김흥수, 2009, 『한일관계의 근대적 재편 과정』, 서울대학교출판문화원.

盧大煥, 2005, 『동도서기론 형성과정 연구』, 일지사.

道園相公記念事業推進委員會, 1977, 『開化期의 金總理』, 서울대학교 출판부.

동아일보사, 1982, 『한미수교 100년사 ─관계자료 및 년표』.

藤塚鄰 著, 朴熙永 譯, 1994, 『추사 김정희 또 다른 얼굴』, 아카데미하우스.

류영익 외, 1994, 『한국인의 대미인식』, 민음사.

망원한국사연구실, 1988, 『1862년 농민항쟁 ─중세말기 전국농민들의 반봉
            건투쟁』, 동녘.

문일평, 『湖岩全集(政治外交篇)』(민속원 영인, 1982).

미야케 히데토시, 1990, 『역사적으로 본 일본인의 한국관』, 풀빛.

閔斗基, 1985, 『中國近代改革運動의 硏究』, 일조각.

박노자, 2005, 『優勝劣敗의 신화』, 한겨레신문사.

朴銀淑, 2005, 『갑신정변 연구』, 역사비평사.

_____, 2011, 『김옥균 역사의 혁명가 시대의 이단아』, 너머북스.

배우성, 1998, 『조선후기 국토관과 천하관의 변화』, 일지사.

서울대동양사학연구실 편, 1989, 『講座 中國史(Ⅳ~Ⅵ)』, 지식산업사.

손형부, 1997, 『朴珪壽의 開化思想研究』, 일조각.

宋炳基, 1985, 『近代韓中關係史研究』, 단국대학교 출판부.

_____, 2000, 『개방과 예속』, 단국대학교 출판부.

辛勝夏, 1985, 『근대 중국의 서양인식』, 고려원.

신용하, 2000, 『初期 開化思想과 甲申政變研究』, 지식산업사.

연갑수, 2001, 『대원군집권기 부국강병정책 연구』, 서울대학교 출판부.

王家儉, 1964, 『魏源對西方的認識及其海防思想』, 國立臺灣大學 文學院.

原田環, 1997, 『朝鮮의 開國と近代化』, 溪水社.

유동준, 1987, 『俞吉濬傳』, 일조각.

유봉학, 1995, 『燕巖一派 北學思想 研究』, 일지사.

_____, 1998, 『조선후기 학계와 지식인』, 신구문화사.

柳永烈, 1985, 『開化期의 尹致昊 研究』, 한길사.

이광린, 1973, 『開化黨研究』, 일조각.

_____, 1979, 『韓國開化思想研究』, 일조각.

_____, 1982, 『韓國史講座(근대편)』, 일조각.

_____, 1986, 『韓國開化史의 諸問題』, 일조각.

_____, 1989, 『開化派와 開化思想 研究』, 일조각.

_____, 1993, 『開化期의 人物』, 연세대학교 출판부.

_____, 1995, 『(개정판) 韓國開化史研究』, 일조각.

이상익, 1997, 『서구의 충격과 근대 한국사상』, 한울.

李瑄根, 1961, 『韓國史(最近世篇)』, 震檀學會, 乙酉文化社.

이완재, 1989, 『初期開化思想研究』, 민족문화사.

_____, 1999, 『朴珪壽研究』, 집문당.

田保橋潔, 1940, 『近代日鮮關係の研究(上)』(民俗苑 영인본).

전복희, 1996, 『사회진화론과 국가사상 ―구한말을 중심으로』, 한울.

전해종, 1970, 『韓中關係史研究』, 일조각.

정병삼 외, 2002, 『추사와 그의 시대』, 돌베개.

井上角五郞, 1891, 『漢城之殘夢』(한상일 역, 1993, 『서울에 남겨둔 꿈』, 건
　　　국대학교 출판부).

_____, 1934, 『福澤先生の朝鮮御經營と現代朝鮮の文化とに就いて』,
　　　明治印刷株式會社.

정진석, 1985, 『韓國現代言論史論』, 전예원.

차기진, 2002, 『조선후기의 西學과 斥邪論 연구』, 한국교회사연구소.

崔德壽, 2004, 『개항과 조일관계』, 고려대학교출판부.

최　영, 1998, 『韓·中·日의 근대정치사상』, 현음사.

崔鍾庫, 1982, 『韓國의 西洋法受容史』, 박영사.

최　준, 1990, 『(新補版)韓國新聞史』, 일조각.

_____, 1993, 『韓國新聞史論攷』, 일조각.

하우봉, 1989, 『朝鮮後期 實學者의 日本觀研究』, 일지사.

한국근현대사회연구회, 1998, 『한국근대 개화사상과 개화운동』, 신서원.

韓國史研究協議會, 1984, 『韓露關係100年史』, 正和印刷文化社.

한국인문과학원 편, 1989, 『開化派 · 甲申政變』, 한국인문과학원.

한국역사연구회, 1990, 『조선정치사(1800~1863)』 상 · 하, 청년사.

_____, 1993, 『1894년 농민전쟁연구3』, 역사비평사.

한철호, 1998, 『親美開化派研究』, 국학자료원.

허태용, 2009, 『조선후기 중화론과 역사인식』, 아카넷.

Key-Hiuk Kim, 1980, *The Last Phase of The East Asian World Order*, University of California Press.

_____, 1999, *Opening of Korea*, Yonsei University Press.

② 논문

具仙姬, 1996, 「開化期 朝鮮의 對淸政策 研究」, 고려대 사학과 박사학위논문.

_____, 1998(a), 「개화기 조선의 초기개화정책 형성과 청의 영향」, 『사학연구』 55 · 56, 과천 한국사학회.

_____, 1998(b), 「개화파의 대외인식과 그 변화 −갑신정변 이전단계를 중심으로」, 『한국근대 개화사상과 개화운동』, 신서원.

권오영, 1989, 「金平黙의 斥邪論과 聯名儒疏」, 『한국학보』 55, 일지사.

김경태, 1975, 「불평등조약 개정교섭의 전개」, 『한국사연구』 11, 한국사연구회(1994, 「불평등조약 개정교섭과 방곡문제」, 『한국근대경제사연구』, 창작과비평사).

_____, 1978, 「개항초기의 정치사상상황」, 『이대사원』 15, 이화여대 사학회.

_____, 1994, 「중화체제 · 만국공법질서의 착종과 정치세력의 분열」, 『근대민족의 형성(1)』, 한길사.

김기승, 1998, 「이건창의 생애에 나타난 척사와 개화의 갈등」, 『인문과학논총』 6, 순천향대 인문과학연구소.

김명호, 1996, 「朴珪壽의 '地勢儀銘幷序'에 대하여」, 『진단학보』 82, 진단학회.

_____, 1997, 「朴珪壽의 '수계'에 대하여」. 『대동문화연구』 32, 성균관대 대동문화연구원.

_____, 1999, 「1861년 熱河問安使行과 朴珪壽」, 『한국문화』 23, 서울대 한국문화연구소.

_____, 2001, 「대원군정권과 박규수」, 『진단학보』 91, 진단학회.

_____, 2003, 「제너럴셔면호 사건과 박규수」, 『대동문화연구』 42, 성균관대 대동문화연구소.

김문용, 1998, 「동도서기론의 논리와 전개」, 『한국근대 개화사상과 개화운동』, 신서원.

김민수, 1981, 「姜瑋의 東文字母分解에 대하여」, 『國語學』 10, 국어학회.

金炳佑, 2001, 「高宗의 親政體制 形成期 政治勢力의 動向」, 『大邱史學』 63, 대구사학회.

김봉진, 1985, 「朝鮮의 萬國公法 受容에 관한 一考察 —開港前後에서 甲申政變에 이르기까지—」, 서울대 외교학과 석사학위논문.

_____, 1986, 「『漢城周報』의 발행과 조선의 萬國公法 수용」, 『사회와 역사』 4권, 한국사회사학회.

_____, 1991, 「福澤諭吉의 對外觀」, 『사회와 역사』 32, 한국사회사학회.

김수암, 2000, 「韓國의 近代外交制度 研究 —外交官署와 常駐使節을 중심으로—」, 서울대 외교학과 박사학위논문.

_____, 2003, 「1870년대 조선의 대일관 : 교린질서와 만국공법질서의 충돌」, 『한국정치외교사논총』 제25집 1호, 한국정치외교사학회.

김수자, 2010, 「黃遵憲의 『朝鮮策略』에 나타난 朝鮮自强策과 ‘地域’의식」, 『東洋古典研究』 40, 동양고전학회.

김시태, 1963, 「黃遵憲의 朝鮮策略이 韓末政局에 끼친 影響」, 『史叢』 8, 고대사학회.

김영호, 1972, 「實學과 開化思想의 聯關問題」, 『한국사연구』 8, 한국사연구회.

김예정, 2001, 「유길준의 대외관 연구 : 19세기말 한반도의 국제정세와 중화 —공법질서 문제를 중심으로」, 이화여대 정외과 석사학위논문.

金容燮, 1974, 「哲宗 壬戌年의 應旨三政疏와 그 農業論」, 『한국사연구』 10,

한국사연구회.

金正起, 1994, 「1876~1894年 淸의 朝鮮政策 研究」, 서울대 국사학과 박사학 위논문.

김종학, 2015, 「개화당의 기원과 비밀외교, 1879-1884」, 서울대 외교학 박사 학위논문.

김하원, 1993, 「초기 개화파의 대외인식 -오경석을 중심으로-」, 『부대사 학』17, 부산대 사학회.

김현기, 1986, 「姜瑋(1820~1884)의 開化思想研究」, 『경희사학』12·13, 경희 대 사학회.

盧大煥, 1999, 「19세기 東道西器論 形成過程 研究」, 서울대 국사학과 박사 학위논문.

문준섭, 2002, 「韓末 萬國公法의 수용과 인식에 관한 연구」, 서울대 사회학 과 석사학위논문.

민두기, 1986, 「19세기후반 조선왕조의 대외위기의식」, 『동방학지』52, 연 세대 동방학연구소.

朴敬子, 1999, 「衛正斥邪論者의 對西洋認識 -華西學派를 중심으로-」, 『韓 國思想史學』13, 한국사상사학회.

박성순, 1998, 「朝鮮後期의 對淸認識과 '北學論'의 意味」, 『史學志』31, 단국 사학회.

_____, 2000, 「조선후기 對서양인식에 관한 연구의 현황과 과제」, 『조선후 기사 연구의 현황과 과제』, 창작과 비평사.

박은숙, 2003, 「갑신정변연구 -참여층과 政令분석을 중심으로-」, 고려대 사학과 박사학위논문.

박찬식, 1988, 「申櫶의 國防論」, 『역사학보』117, 역사학회.

박한민, 2017, 「朝日修好條規 체제의 성립과 운영 연구(1876~1894)」, 고려대 학교 한국사학과 박사학위논문.

배경한, 2014, 「黃遵憲의 『朝鮮策略』과 '아시아주의'」, 『동양사학연구』127, 동양사학회.

徐坰遙, 1994, 「朝鮮朝 後期 學術의 考證學的 性格」, 『儒教思想研究』 7, 한
국유교학회.

서영희, 1996, 「개화와 척사」, 『한국역사입문③』, 풀빛.

宋炳基, 1994, 「朴珪壽의 對美開國論」, 『李基白先生古稀紀念 韓國史學論叢
(下)』, 일조각.

_____, 2000(a), 「개항 초기의 조청관계」, 『한국사』 37, 국사편찬위원회.

_____, 2000(b), 「조미조약의 체결」, 『한국사』 37, 국사편찬위원회.

송양섭, 2012, 「임술민란기 부세문제 인식과 삼정개혁의 방향」, 『한국사학
보』 49, 고려사학회.

신용하, 1985(a), 「吳慶錫의 開化思想과 開化活動」, 『歷史學報』 107, 역사학
회.

_____, 1985(b), 「김옥균의 개화사상」, 『동방학지』 46 · 47 · 48합집, 연세대
동방학연구소.

_____, 1998, 「개국론의 대두와 개화사상의 형성」, 『동양학』 28, 단국대 동
양학연구소.

안외순, 1994, 「大院君執政期 高宗의 對外認識 −遣淸 回還使 召見을 중심으
로−」, 『東洋古典研究』 3, 동양고전학회.

엄찬호, 1999, 「聯美論을 통해 본 高宗의 均勢政策」, 『史學研究』 58 · 59, 한
국사학회.

연갑수, 1993, 「개항기 권력집단의 정세인식과 정책」, 『1894년 농민전쟁연
구3』, 역사비평사.

원재연, 1999, 「19세기 조선의 러시아 인식과 문호개방론」, 『한국문화』 23,
서울대 한국문화연구소.

_____, 2001, 「海國圖志 收容 前後의 禦洋論과 西洋認識 −李圭景과 尹宗
儀를 중심으로−」, 『韓國思想史學』 17, 한국사상사학회.

유바다, 2016, 「19세기 후반 조선의 국제법적 지위에 관한 연구」, 고려대
한국사학과 박사학위논문

유봉학, 1998, 「京鄕 학계의 분기와 京華士族」, 『조선후기 학계와 지식인』,

신구문화사.

_____, 2002, 「추사의 시대 -정치적 추이와 추사 일문」, 『추사와 그의 시대』, 돌베개.

유영렬, 1987, 「斥邪運動과 開化運動」, 『한국사연구입문(제2판)』, 지식산업사.

유재곤, 1997, 「韓·日 兩國의 萬國公法 受容·認識」, 『한일관계사연구』 7, 한일관계사학회.

윤소영, 1995, 「轉換期의 朝鮮の 對外認識と 對外政策」, お茶の水女子大學 博士論文.

_____, 2003, 「1870년대 조선의 對日認識과 정책」, 『한국근현대사연구』 25, 한국근현대사학회.

_____, 2003, 「조일수호조규의 역사적 위치」, 『한일관계사연구』 18, 한일관계사학회.

이광린, 1989, 「開化思想의 形成과 그 發展」, 『한국사 시민강좌』 4, 일조각.

이근관, 2002, 「동아시아에서의 유럽 국제법의 수용에 관한 고찰 -『만국공법』의 번역을 중심으로-」, 『서울국제법연구』 9권 2호, 서울국제법연구원.

이배용, 1995, 「開化思想·甲申政變·甲午改革에 대한 연구현황과 과제」, 『한국사론』 25, 국사편찬위원회.

李普珩, 1952, 「美國 極東政策의 歷史的 變遷 -門戸開放 政策을 中心으로-」, 『歷史學報』 1, 역사학회.

_____, 1961, 「Shufeldt 提督과 1880年의 朝·美交涉」, 『歷史學報』 15, 역사학회.

이상일, 1996, 「갑신정변의 막후 지도자 유대치」, 『동북아』 4, 동북아문화연구원.

李彦娥, 1999, 「開港 前後 朝鮮政府의 러시아 인식 研究」, 고려대학교 사학과 석사학위논문.

李澤徽, 1986, 「華西 李恒老의 斥邪衛正論 研究」, 『논문집』 19, 서울교육대학.

이헌주, 2001, 「姜瑋의 對日開國論과 그 性格 −강화도조약 체결을 중심으로−」, 『한국근현대사연구』 19, 한국근현대사학회.

_____, 2004, 「병인양요 직전 姜瑋의 禦洋策」, 『韓國史研究』 124, 한국사연구회.

_____, 2006(a), 「자주적 개국론 형성에 관한 연구」, 『국사관논총』 108, 국사편찬위원회.

_____, 2006(b), 「제2차 수신사의 활동과 '조선책략'의 도입」, 『한국사학보』 25, 고려사학회.

_____, 2006(c), 「1880년대 초반 姜瑋의 聯美自强論」, 『한국근현대사연구』 39, 한국근현대사학회.

_____, 2007, 「北游日記」를 통해 본 姜瑋의 對外認識」, 『예성문화』 26, 예성문화연구회.

_____, 2009, 「1880년대 전반 조선 개화지식인들의 '아시아연대론' 인식 연구」, 『동북아역사논총』 23, 동북아역사재단.

_____, 2010, 「개항 직전 姜瑋의 현실 인식」, 『한국사상사학』 35, 한국사상사학회.

이혜순, 1997, 「姜瑋의 燕行詩에 나타난 시대정신」, 『이화어문논집』 15, 이화어문학회.

이훈종, 2002, 「漢字 사랑방 : 鄕里 出身의 두분 先覺者(1~3) −秋琴 姜瑋와 矩堂 俞吉濬−」, 『한글한자문화』 32 · 33 · 34, 전국한자교육추진총연합회.

任桂淳, 1984, 「朝露密約과 그 후의 朝露關係(1884 · 1894)」, 『韓露關係100年史』, 한국사연구협의회.

임성수, 2016, 「임술민란기 秋琴 姜瑋의 현실인식과 三政改革論」, 『朝鮮時代史學報』 79, 조선시대사학회.

張善喜, 1997, 「韓國 近代의 漢詩 研究 −姜瑋의 詩 活動을 중심으로−」, 전남대학교 국문과 박사학위논문.

장영숙, 1997, 「高宗의 對外認識轉換 연구(1863~1881)」, 『祥明史學』 5, 상명

사학회.

_____, 2003,「동도서기론의 연구동향과 과제」,『역사와 현실』 50, 한국역
　　　사연구회.

전해종, 1970,「淸代學術과 阮堂」,『韓中關係史硏究』, 일조각.

鄭玉子, 1981,「詩社를 통해서 본 朝鮮末期 中人層」,『韓㳓劤博士 停年記念
　　　史學論叢』, 지식산업사.

정용화, 1998,「유길준의 정치사상 연구 : 전통에서 근대로의 복합적 이행」,
　　　서울대학교 외교학과 박사학위논문.

정재훈, 2002,「청조 학술과 조선성리학」,『추사와 그의 시대』, 돌베개.

정진석, 1985,「漢城旬報 周報와 開化思想」,『韓國現代言論史論』, 전예원.

정진영, 1998,「19세기 후반 嶺南儒林의 정치적 동향 －萬人疏를 중심으
　　　로－」,『韓末 嶺南 儒學界의 동향』, 영남대 민족문화연구소.

정창렬, 1994,「근대국민국가 인식과 내셔널리즘의 성립과정」,『근대민족
　　　의 형성(1)』, 한길사.

조 　광, 1979,「洪大容의 政治思想 硏究」,『民族文化硏究』 14, 고려대 민족
　　　문화연구소.

_____, 1998,「實學의 발전」,『한국사』 35, 국사편찬위원회.

_____, 2000,「실학과 개화사상의 관계에 대한 재검토」,『조선후기사 연구
　　　의 현황과 과제』, 창작과 비평사.

曹秉漢, 1989,「淸代의 思想 －經世學과 考證學－」,『講座 中國史 Ⅳ』, 지식
　　　산업사.

조성산, 2000,「조선후기 성리학 연구의 현황과 전망」,『조선후기사 연구의
　　　현황과 과제』, 창작과 비평사.

_____, 2003,「朝鮮後期 洛論系 學風의 形成과 經世論 硏究」, 고려대 사학
　　　과 박사학위논문.

조항래, 1983,「『朝鮮策略』을 통해 본 防俄策과 聯美論 硏究」,『김철준박사
　　　화갑기념사학논총』, 김철준박사 화갑기념사학논총 간행준비위원회.

朱昇澤, 1986,「秋琴 姜瑋의 思想과 文學觀」,『韓國學報』 43, 일지사.

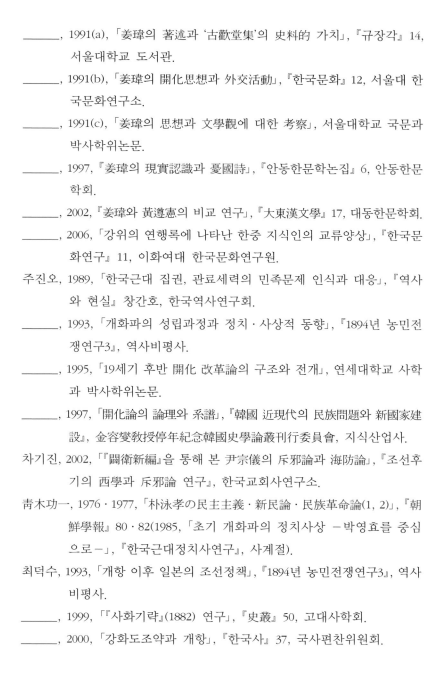

_____, 1991(a), 「姜瑋의 著述과 '古歡堂集'의 史料的 가치」, 『규장각』 14, 서울대학교 도서관.

_____, 1991(b), 「姜瑋의 開化思想과 外交活動」, 『한국문화』 12, 서울대 한 국문화연구소.

_____, 1991(c), 「姜瑋의 思想과 文學觀에 대한 考察」, 서울대학교 국문과 박사학위논문.

_____, 1997, 『姜瑋의 現實認識과 憂國詩』, 『안동한문학논집』 6, 안동한문 학회.

_____, 2002, 『姜瑋와 黃遵憲의 비교 연구』, 『大東漢文學』 17, 대동한문학회.

_____, 2006, 「강위의 연행록에 나타난 한중 지식인의 교류양상」, 『한국문 화연구』 11, 이화여대 한국문화연구원.

주진오, 1989, 「한국근대 집권, 관료세력의 민족문제 인식과 대응」, 『역사 와 현실』 창간호, 한국역사연구회.

_____, 1993, 「개화파의 성립과정과 정치·사상적 동향」, 『1894년 농민전 쟁연구3』, 역사비평사.

_____, 1995, 「19세기 후반 開化 改革論의 구조와 전개」, 연세대학교 사학 과 박사학위논문.

_____, 1997, 「開化論의 論理와 系譜」, 『韓國 近現代의 民族問題와 新國家建 設』, 金容燮敎授停年紀念韓國史學論叢刊行委員會, 지식산업사.

차기진, 2002, 「『闢衛新編』을 통해 본 尹宗儀의 斥邪論과 海防論」, 『조선후 기의 西學과 斥邪論 연구』, 한국교회사연구소.

靑木功一, 1976·1977, 「朴泳孝の民主主義·新民論·民族革命論(1, 2)」, 『朝 鮮學報』 80·82(1985, 「초기 개화파의 정치사상 −박영효를 중심 으로−」, 『한국근대정치사연구』, 사계절).

최덕수, 1993, 「개항 이후 일본의 조선정책」, 『1894년 농민전쟁연구3』, 역사 비평사.

_____, 1999, 「『사화기략』(1882) 연구」, 『史叢』 50, 고대사학회.

_____, 2000, 「강화도조약과 개항」, 『한국사』 37, 국사편찬위원회.

崔鳳永, 1987, 「星湖學派의 朱子大學章句 批判論」, 『東洋學』 17, 단국대 동
　　　　양학연구소.

최 　준, 1990, 「漢城旬報에 대한 고찰」, 『(新補版)韓國新聞史』, 일조각.

최진식, 1990, 「韓國近代의 穩健開化派研究」, 영남대 사학과 박사학위논문.

최진욱, 1997, 「申櫶의 內修禦洋策 研究」, 고려대학교 사학과 석사학위논
　　　　문.

秋月望, 2001, 「스에마쓰 지로(末松二郎)의 필담록에 나타난 '근대'」, 『근대
　　　　교류사와 상호인식 Ⅰ』, 고대 아세아문제연구소.

하우봉, 1999, 「開港期 修信使行에 관한 一研究」, 『한일관계사연구』 10, 한
　　　　일관계사학회.

하원호, 1998, 「개화사상과 개화운동의 역사적 변화」, 『한국근대 개화사상
　　　　과 개화운동』, 신서원.

하정식, 1998, 「서구열강의 중국침략과 조선의 반응」, 『동양학』 28, 단국대
　　　　동양학연구소.

한승훈, 2015, 「19세기 후반 朝鮮의 對英정책 연구(1874~1895) : 조선의 均
　　　　勢政策과 영국의 干涉政策의 관계 정립과 균열」, 고려대학교 한국
　　　　사학과 박사학위논문.

韓㳓劤, 1963, 「Shufeldt 提督의 韓·美修好條約 交涉推進 緣由에 대하여」,
　　　　『진단학보』 25, 진단학회.

_____, 1968, 「開港當時의 危機意識과 開化思想」, 『한국사연구』 2, 한국사
　　　　연구회.

한철호, 1994, 「統理軍國事務衙門(1882~1884)의 組織과 運營」, 『이기백선생
　　　　고희기념 한국사학논총(하)』, 일조각.

_____, 1998(a), 「시무개화파의 개혁구상과 정치활동」, 『한국근대 개화사
　　　　상과 개화운동』, 신서원.

_____, 1998(b), 「고종 친정 초(1874) 암행어사 파견과 그 활동 －지방관
　　　　징치를 중심으로－」, 『史學志』 31, 단국사학회.

_____, 2000, 「유길준의 생애와 사상」, 『한일관계사연구』 13, 한일관계사

학회.

_____, 2006(a), 「제1차 수신사(1876) 김기수의 견문활동과 그 의의」, 『한
국사상사학』 27, 한국사상사학회.

_____, 2006(b), 「제1차 수신사(1876) 김기수의 일본인식과 그 의의」, 『사
학연구』 84, 과천 한국사학회.

허동현, 1993, 「1881년 朝士視察團 硏究 －日本 見聞報告書의 內容을 中
心으로－」, 고려대학교 사학과 박사학위논문.

_____, 2002, 「1880년대 한국인들의 러시아 인식 양태」, 『한국민족운동사
연구』 32, 한국민족운동사학회.

홍은하, 2001, 「1880년-1905년 한국의 균세론 수용과 균세적 대외정책 연구」,
이화여대 정외과 석사학위논문.

찾아보기

일 반

【ㄱ】

이헌주(李憲柱)

고려대학교 사학과 졸업
고려대학교 대학원 사학과 졸업(문학박사)
고려대학교 · 충주대학교 · 수원대학교 강사
국사편찬위원회 편사연구사

■ 논저

『개항기의 재한 외국공관 연구』(2009, 공저)

『한국군사사 9』(2012, 공저)

『한국근현대사 강의』(2013, 공저)

「자주적 개국론 형성에 관한 연구」(2006)

「1880년대 전반 조선 개화지식인들의 '아시아 연대론' 인식 연구」(2009)

「강위의 연행과 대중국 인식의 변화」(2017) 등 다수